AF388773

CÉRÉMONIES

ET

COUTUMES RELIGIEUSES

DE TOUS

LES PEUPLES DU MONDE.

CÉRÉMONIES

ET

COUTUMES RELIGIEUSES

DE TOUS

LES PEUPLES DU MONDE,

Représentées par des Figures deſſinées & gravées par Bernard PICARD, & autres habiles Artiſtes.

OUVRAGE qui comprend l'Hiſtoire philoſophique de la Religion des Nations des deux hémiſpheres; telles que celle des Brames, des Peguans, des Chinois, des Japonois, des Thibetins, & celle des différens Peuples qui habitent l'Aſie & les Iſles de l'Archipélague Indien; celle des Mexicains, des Péruviens, des Bréſiliens, des Groënlandois, des Lapons, des Caffres, de tous les Peuples de la Nigritie, de l'Ethiopie & du Monomotapa; celle des Juifs, tant anciens que modernes, celle des Muſulmans & des différentes Sectes qui la compoſent; enfin celle des Chrétiens & de cette multitude de branches dans leſquelles elle eſt ſubdiviſée.

NOUVELLE ÉDITION,

Enrichie de toutes les Figures compriſes dans l'ancienne Édition en ſept Volumes, & dans les quatre publiés par forme de Supplément.

PAR UNE SOCIÉTÉ DE GENS DE LETTRES.

TOME TROISIEME.

A AMSTERDAM,

Et ſe trouve à PARIS,

Chez LAPORTE, Libraire, rue des Noyers, près l'Égliſe de Saint-Yves.

M. DCC. LXXXIII.

CÉRÉMONIES

ET

COUTUMES RELIGIEUSES

DE TOUS LES PEUPLES DU MONDE.

SUITE DE L'ARTICLE IV.

L'EGLISE catholique , répandue en divers endroits du monde, reconnoît un centre commun dans lequel réside la plénitude de l'autorité qui la gouverne. C'eſt de ce centre du pouvoir eccléſiaſtique, de ce foyer de lumiere , qui fut établi, pendant quelque tems, à Antioche, & qu'on transféra depuis à Rome , que le pape fixe ſes regards ſur toutes les égliſes chrétiennes. Ce grand prêtre, qui prend le titre de *Vicaire de Dieu en terre* , réunit l'autorité temporelle à la dignité pontificale. Il doit à ſon ſiége la qualité de premier évêque du monde chrétien ; mais c'eſt à la libéralité des françois qu'il eſt redevable de ſon trône, de ſa puiſſance & de la plupart des terres qui compoſent ſon domaine. La prétendue donation de Conſtantin n'a pas aujourd'hui plus de crédit parmi les gens ſenſés, que la fable du Labarum, ſi pompeuſement écrite par le vieil Euſebe. La puiſſance temporelle de ce

Tome III.   A

chef des évêques, autrefois très-formidable, ne lui permet plus aujourd'hui que de jouer un rôle fubalterne parmi les têtes couronnées
d'Europe : il n'eft cependant pas le moins riche des princes qui partagent
cette contrée. Tous les royaumes, foumis au catholicifme, lui paient
tribut ; & l'or des nations vient, par une infinité de fources, tomber
dans les coffres de la chambre apoftolique. Le droit de bulles pour
les bénéfices confiftoriaux, la béatification & la canonifation des faints,
& fur-tout les difpenfes, contribuent, avec beaucoup d'économie, à
rendre le pape, un des princes les plus opulens : auffi n'eft-il pas rare,
ajoute M. de la Croix, de voir des papes laiffer en mourant, dans
leurs coffres, un grand nombre de millions, tandis que la plupart
des autres princes ne laiffent à leurs fucceffeurs que des dettes à payer.
L'habillement ordinaire de ce prince de l'églife romaine confifte dans
une foutane de foie blanche, une ceinture de foie rouge avec des
agraffes d'or, un rochet de fin lin, un camail de velours rouge ou de
fatin incarnat, des fouliers de drap rouge, fur lefquels eft brodée une
croix en or, & un bonnet rouge. Pendant le carême, l'avent & les
jours de jeûne, il eft revêtu d'une foutane de laine blanche & d'un
camail de drap rouge : depuis le jeudi-faint jufqu'au famedi fuivant,
il porte un camail de damas blanc. Lorfqu'il célebre la meffe, il eft
paré des ornemens ordinaires aux prêtres, & porte la mitre : dans les
jours folemnels, il paroît couvert de la tiare & porte une calotte
blanche.

Long-tems le pape fut élu par le peuple romain : ce droit, que
tous les peuples devroient exercer à l'égard de leurs évêques & de
leurs curés, paffa enfuite au clergé qui le rempliffoit, de concert avec
les empereurs ; mais depuis Céleftin II, créé pape en 1145, l'élection de ces pontifes a toujours été faite par les feuls cardinaux. Honoré
III, élu en 1216, ordonna que l'élection du pape fe feroit dans un
conclave. Le célebre Innocent III, &, après lui, Grégoire X, qui
régnoit en 1271, réglerent la forme de cette élection. Voici comme
elle fe pratique aujourd'hui.

Le conclave où s'affemblent les cardinaux, pour y choifir un
pape, eft toujours fitué dans le palais du Vatican. Là, la chambre
apoftolique fait conftruire à fes dépens un grand nombre de petites
cellules de bois de fapin fur une même ligne, & féparées les unes
163. des autres par une ruelle affez étroite (*fig. 163*). Chaque cellule, qui eft tirée au fort par les cardinaux, a fon cabinet pour loger

les conclaviftes, & eft diftinguée des autres par un numéro particulier.
Les cardinaux font ordinairement tapiffer de ferge verte leurs cellules,
& les meubles qu'ils y mettent font auffi de la même couleur; mais
ceux qui font créatures du pape défunt, marquent leur deuil en les
faifant couvrir d'une ferge violette. Sur la porte de chaque cellule,
font placées les armes du cardinal qui l'habite.

Dix jours après la mort du pape, on célebre dans la chapelle grégorienne une meffe du faint-efprit; après quoi, un prélat exhorte les
cardinaux, dans un difcours latin, à élire un fucceffeur propre à remplir les fonctions éminentes du pontificat. Tous marchent enfuite proceffionnellement vers le lieu du conclave (*fig.* 164), efcortés des   164
gardes-fuiffes, & d'une foule prodigieufe de peuples. On chante pendant
la marche le *Veni créator* en mufique. Les cardinaux, lorfqu'ils ont
pris poffeffion de la cellule qui leur eft échue par le fort, s'affemblent
dans la chapelle Pauline, bâtie par Paul III, pour entendre lire les
bulles qui reglent la forme de l'élection du pape. La loi leur permet
enfuite de s'en retourner chez eux; mais elle exige qu'ils foient rentrés
dans le conclave avant trois heures de nuit. Les ambaffadeurs des puiffances catholiques ont droit de refter pendant vingt-quatre heures dans
le conclave; &, cet efpace de tems écoulé, ceux qui n'y font pas
néceffaires font obligés d'en fortir. On ferme alors les portes, on mure
le conclave, & l'on place des gardes à toutes les avenues. Le cardinal
doyen & le cardinal camerlingue vont examiner de tous côtés, s'il
n'y a pas quelques ouvertures, & un protonotaire apoftolique dreffe
l'acte de la clôture.

Indépendamment des cardinaux, il refte encore dans le conclave
plufieurs perfonnes confacrées au fervice de ceux qui y affiftent. Chaque cardinal peut garder deux conclaviftes, un d'églife & un d'épée:
les cardinaux princes, ceux qui font vieux & infirmes, ont le privilége
d'en avoir trois. On y fait entrer auffi un facriftain, un fous-facriftain,
un fecrétaire, un fous-fecrétaire, un confeffeur, deux médecins, un
chirurgien, deux barbiers, un apothicaire & leurs garçons; cinq maîtres
de cérémonies; un maçon, un charpentier & feize domeftiques. Jour
& nuit, les portes du Vatican, fermées par deux ferrures, l'une en
dehors, l'autre en dedans, font gardées par plufieurs fentinelles. Il
y a une principale porte que l'on n'ouvre jamais que pour laiffer fortir
les cardinaux & les conclaviftes, lorfqu'ils tombent malades dans le
conclave. Outre ces deux ferrures, cette porte eft encore fermée en

dedans par un fort cadenas. On ne parle jamais aux cardinaux , ni aux autres perfonnes enfermées dans le conclave , qu'aux heures permifes , à haute voix , en italien ou en latin. Les cardinaux, chefs d'ordre , donnent leur audience à travers un guichet qui ne s'ouvre que pour cet ufage. Il y a auffi des tours par où les ambaffadeurs , les gouverneurs de Rome, & du bourg Saint-Pierre, parlent aux cardinaux. Ces tours font gardées par des prélats chargés d'examiner les vivres que l'on fait tenir par-là aux cardinaux , dans la crainte qu'il ne s'y gliffe quelque billet.

« Tous les jours , dit l'auteur du tableau de la cour de Rome , fur
» le midi & vers le foir, les officiers de chaque cardinal viennent à
» la place de Saint-Pierre, dans le carroffe de fon éminence, & ,
» ayant mis pied à terre, ils vont demander au maître d'hôtel du
» conclave le dîner de leur maître ; ou ils le vont prendre , s'il a fa
» cuifine à part , puis ils le portent aux tours du conclave en cet
» ordre : premiérement, marchent deux eftafiers du cardinal, portant
» chacun leurs maffes de bois de couleur violette, avec les armes de
» fon éminence. Le valet-de-chambre du cardinal vient enfuite, portant
» la maffe d'argent; les gentilshommes fuivent deux à deux & tête
» nue : après eux paroît le maître-d'hôtel, la ferviette fur l'épaule ; il
» eft accompagné de l'échanfon & de l'écuyer tranchant. Les eftafiers
» qui les fuivent portent le boire & le manger du cardinal, avec un
» levier où pend une grande chaudiere dans laquelle il y a divers pots,
» affiettes, plats : d'autres eftafiers portent de grands paniers où il y
» des bouteilles de vin , du pain, du fruit, &c. En arrivant aux tours,
» ils nomment leur cardinal à haute voix, afin que fon valet-de-cham-
» bre qui attend dans l'intérieur du conclave, s'avance & faffe prendre
» ces provifions par des crocheteurs qui les portent à la cellule du
» cardinal. Toutes ces provifions font exactement vifitées par le prélat
» qui eft de garde en dehors, avec un des confervateurs du peuple
» romain, pour empêcher qu'il ne paffe ni lettres ni billets; ils peu-
» vent même ouvrir les viandes de peur de fupercherie. Les bouteilles
» & les flacons doivent être de verre blanc ou de cryftal, fans aucune
» couverture, afin qu'on puiffe voir ce qu'il y a dedans : mais l'exa-
» men ne s'exécute pas à la rigueur, parce que toutes les précautions
» qu'on pourroit prendre, n'empêcheroient pas que les cardinaux ne
» trouvaffent des expédiens pour entretenir des intrigues& pour favoir ce
» qui fe paffe au dehors.Il y en a qui , par le moyen d'une compofition ,

» favent tracer plufieurs lignes d'écritures fur la peau d'un chapon,
» fans que les examinateurs puiffent s'en appercevoir ; & très-fouvent
» même les mêts & les viandes qu'on préfente à leurs éminences,
» font deftinés à leur fervir d'hiéroglyphes & de fymboles. Après que
» les provifions font entrées , un curfeur du pape, qui affifte là en robe
» violette, & tenant fa maffe d'argent, ferme la porte des tours. Le
» prélat affiftant obferve fi tout eft bien fermé , & applique le fceau
» de fes armes fur la ferrure : les maîtres de cérémonies font la même
» chofe en dedans. A l'égard des prélats qui affiftent à cette fonction,
» ils font députés du collége ».

Pendant le tems que les cardinaux reftent dans le conclave , ils fe
rendent deux fois par jour dans la chapelle du fcrutin : un des maîtres
de cérémonies leur donne le fignal en fonnant une clochette par-tout
le conclave. Auffi-tôt qu'on s'eft accordé fur le choix d'un pape , la
cellule qu'il occupoit dans le conclave, ainfi que fon palais, eft abandonné au pillage de fes domeftiques & du peuple.

« Dès que le pape eft élu , ajoute l'auteur du Tableau de la cour de
» Rome, les cardinaux , chefs d'ordre, lui demandent fon confentement
» & le nom qu'il a réfolu de prendre dans fa nouvelle dignité. Les maîtres
» de cérémonies dreffent un procès-verbal de ce qu'il déclare, & en don-
» nent acte au facré collége. Les deux premiers cardinaux diacres pren-
» nent le nouveau pape , & le menent derriere l'autel, où, avec l'aide
» des maîtres de cerémonies & du facriftain, qui eft toujours de l'ordre
» des auguftins , on le dépouille de fes habits de cardinal , pour le
» revêtir de ceux de pape, qui, comme on l'a dit, font la foutane
» de taffetas blanc, le rochet de fin lin, le camail de fatin rouge, &
» le bonnet de même, avec les fouliers couverts de drap rouge en
» broderie d'or, & une croix d'or fur l'empeigne. Le pape , paré de
» la forte, eft porté dans fa chaire devant l'autel où s'eft faite l'élection ;
» & c'eft-là que le cardinal doyen , & enfuite les autres cardinaux,
» adorent à genoux fa fainteté, lui baifent le pied , puis la main droite.
» Le faint pere les releve , leur donne le baifer de paix à la joue
» droite. Après cela, le premier cardinal diacre, précédé du premier
» maître de cérémonies, qui porte la croix, & d'un chœur de mufi-
» ciens qui chantent l'antienne *ecce facerdos magnus, &c* : voici le
» grand prêtre, &c. s'en va à la grande loge de S. Pierre , afin que le
» cardinal puiffe paffer dans la baluftrade pour avertir le peuple de
» l'élection du pape, en criant de toute fa force : *Annuntio vobis gaudium*

» *magnum*, *habemus papam*; nous vous annonçons une grande joie,
» nous avons un pape. Alors, une grande coulevrine de Saint Pierre
» tire un coup fans boulet, pour avertir le gouverneur du château Saint-
» Ange de faire la décharge de toute fon artillerie : toutes les cloches
» de la ville fe font entendre en même tems, & l'air retentit du bruit
» des tambours, des trompettes & des timbales. Le même jour, deux
» heures avant la nuit, le pape, revêtu de fa chape & couvert de
» fa mitre, eft porté fur l'autel de la chapelle de Sixte, où les cardi-
» naux, avec leurs chapes violettes, viennent adorer une feconde
» fois le nouveau pontife, qui eft affis fur les reliques de la pierre facrée :
» on rompt cependant la clôture du conclave, & les cardinaux, pré-
» cédés de la mufique, defcendent au milieu de l'églife de Saint
» Pierre : le pape vient enfuite, porté dans fon fiége pontifical, fous
» un grand dais rouge embelli de franges d'or. Ses eftafiers le mettent
» fur le grand autel de Saint Pierre, où les cardinaux l'adorent pour
» la troifieme fois, & après eux, les ambaffadeurs des princes, en
» préfence d'une infinité de peuples dont cette vafte églife eft remplie
» jufqu'au bout de fon portique. On chante le *Te Deum*; puis le car-
» dinal doyen, étant du côté de l'épître, dit les verfets & les oraifons
» marqués dans le cérémonial romain. Enfuite on defcend le pape
» fur le marche-pied de l'autel; un cardinal diacre lui ôte la mitre,
» & il benit folemnellement le peuple; apres quoi, on lui change fes
» ornemens pontificaux, & douze porteurs, revêtus de manteaux
» d'écarlate, qui vont jufqu'à terre, le mettent dans fa chaire, & le
» portent, élevé fur leurs épaules, jufques dans fon appartement ».

165.   L'élection du pape eft bientôt fuivie de fon couronnement (*fig.* 165).
Le jour défigné pour cette cérémonie, ce pontife fe rend à la chapelle
de Sixte, foutenu par deux prélats, le maître de fa chambre & fon
échanfon. Les ambaffadeurs des têtes couronnées, le général de l'églife,
les princes du trône, le gouverneur de Rome, les gardes-fuiffes, les
chevaux-legers, en un mot, tout ce qui peut contribuer à la pompe
de ce grand jour, arrive auffi proceffionnellement à la chapelle. Là,
deux cardinaux diacres revètent le pape de la mitre, de l'aube, de la
ceinture, de l'étole & du pluvial rouge broché d'or. On le porte
enfuite en chaire à l'églife de Saint Pierre, avec beaucoup de pompe
& de folemnité. En arrivant fous le portique de Saint Pierre, le pape
s'affied fur un trône furmonté d'un dais. Autour de ce trône font des
bancs réfervés aux cardinaux, & fermés par une baluftrade. Les Cha-

noines & les bénéficiers de Saint Pierre, précédés du cardinal qui en eft archi-prêtre, viennent lui baifer les pieds. On le porte eufuite fur le marche‑pied du grand autel, où il fait fa priere à genou, & la tête découverte, De-là on le tranfporte à la chapelle Grégorienne où il s'affied fur un trône ; il reçoit les hommages des cardinaux & des prélats : les premiers lui baifent la main, & les autres le genou. Le faint pere donne enfuite fa bénédiction au peuple, & quitte fes paremens rouges pour en prendre de blancs. On procéde alors à la proceffion, pendant laquelle le premier maître des cérémonies tient d'une main un cierge allumé, & de l'autre un baffin dans lequel on voit des châteaux & des palais faits avec des étoupes ; il y met le feu jufqu'à trois fois, difant chaque fois au pape : « Saint pere, » voilà comment paffe la gloire du monde ». La proceffion étant arrivée au bas du maître autel, le pape commence la meffe, dont l'épître & l'évangile font chantés en grec & en latin. Pendant cette meffe folemnelle, les cardinaux & tout le clergé romain viennent, en habit de cérémonie, adorer fa fainteté. Les patriarches, les archevêques & les évêques lui baifent le pied & les genoux ; les abbés & les pénitenciers de Saint Pierre ne lui baifent que le pied. Si l'ambaffadeur de France ou celui d'Empire fe trouvent à cette meffe, c'eft à eux qu'il appartient de donner à laver au pontife romain.

Après la meffe, où fe font une multitude de cérémonies que nous avons cru devoir omettre ici, le cardinal archi-prêtre de Saint Pierre, accompagné de deux chanoines, préfente au pontife une bourfe de damas blanc dans laquelle il y a vingt-cinq jules de monnoie ancienne ; c'eft la récompenfe que le chapitre de Saint Pierre lui donne, « pour » avoir bien chanté la meffe ». Le pape donne cet argent aux cardinaux diacres qui ont chanté les deux évangiles, & les cardinaux le diftribuent à ceux qui leur ont porté la queue. Le pape eft enfuite porté à la grande loge de Saint Pierre, qu'on appelle la *loge de la bénédiction.* Le dais fous lequel on le porte eft foutenu par les confervateurs & les *caporions.* Deux palfreniers du pape, habillés de rouge, tiennent chacun, aux deux côtés de la chaife, un éventail de queue de paon. Le pape monte fur un trône que, le jour précédent, le facré collége a fait dreffer au milieu de la loge : c'eft-là qu'on lui met fur la tête la tiare pontificale ou le *tri-regne*, en lui difant : « Recevez cette tiare ornée » de trois couronnes, & fachez que vous êtes le pere des princes & » des rois, le gouverneur de l'univers, & le vicaire en terre de notre

» fauveur Jéfus-Chrift ». Le pontife bénit enfuite trois fois le peuple, &
deux cardinaux publient en latin & en italien, une indulgence pleniere:
ainfi fe termine cette pompeufe cérémonie, pendant laquelle toutes
les troupes du pape font fous les armes, & toute l'artillerie du château
Saint Ange fe fait entendre. Le refte de la fête fe paffe en illuminations, en feux d'artifice, en bals, en feftins & en divers autres
divertiffemens dont les romains modernes font très-jaloux.

Lorfque le pape a été couronné à Saint Pierre, l'ufage veut qu'il aille
166. prendre poffeffion de fon pontificat à Saint Jean-de-Latran (*fig.* 166):
cette cérémonie fe fait quelques jours après fon couronnement. La proceffion, qui fe fait à cette occafion eft des plus pompeufes & des plus
magnifiques. Douze trompettes & douze chevaux-legers commencent
la marche par fix rangs de quatre cavaliers chacun, qui font fuivis par
les porte-manteaux des cardinaux qui envoient chacun le fien, bien
monté, portant des valifes d'écarlate brodées d'or : les maffiers des
mêmes cardinaux viennent après, auffi à cheval, & tenant fur les
épaules des maffes d'argent aux armes de leurs éminences. Les gentilshommes & aumôniers des cardinaux, des ambaffadeurs & des princes
avec plufieurs gentilshommes & barons romains, fuivent immédiatement. Plufieurs anfpeffades avec des armes blanches, caracolent hors
des rangs pour régler la marche : on voit enfuite quatre écuyers du
pape, avec de grandes chapes rouges, puis fon tailleur & deux porte-
manteaux vêtus de même, avec deux valifes de velours rouges brodées d'or. Les valets d'écurie du pape, vêtus de cafaques de ferge
rouge, viennent après, menant les haquenées blanches que le royaume
de Naples doit envoyer tous les ans au pape : ces haquenées ont des
houffes d'étoffes de foie à franges d'or afforties de feuillages de lames
d'argent battues en demi-relief. Il vient enfuite plufieurs mules capa-
raçonnées & bardées de velours rouge avec des franges d'or, que
plufieurs autres domeftiques du pape menent par la bride. Trois litieres
marchent enfuite couvertes de velours rouge & d'écarlate brodé d'or:
deux officiers à cheval marchent devant ces litieres, & le maître de
table à cheval & les eftafiers à pied, ferment cette file. La nobleffe
romaine & les titulaires marchent fans ordre, pour éviter les difcuf-
fions de préféance, montés fur d'excellens chevaux, dont le crin eft
orné d'un grand nombre de rubans de diverfes couleurs : toute cette
nobleffe eft accompagnée d'eftafiers à pied. Cinq maffiers du pape,
marchent après, couverts de grandes robes de drap violet, orné

d'un

d'un galon de velours noir : ils portent des maffes d'argent & des colliers d'émail. Quatorze tambours à pied les fuivent, vêtus de fatin rouge garni d'or, avec des plumets au chapeau, & ils portent chacun l'enfeigne d'un des quatorze quartiers de Rome : ceux-ci font fuivis d'un chœur de trompettes du pape, habillés de rouge, avec des galons d'or : marchent enfuite les cubiculaires apoftoliques & les camériers hors des murs, en habit rouge ; le commiffaire & le fifcal de la chambre apoftolique en habit violet ; les avocats confiftoriaux en noir ; les chapelains du commun de la famille du pape, en rouge ; les camériers fecrets & d'honneur ; les quatre participans, qui font les derniers de ce rang, habillés en violet, & portant les quatre chapeaux de velours cramoifi du pape. Après ceux-ci, viennent fur de beaux chevaux, quarante officiers du peuple romain, favoir, les juges, les maîtres jufticiers, les fecrétaires, les notaires, les contrôleurs, tous habillés de grandes robes fénatoriales de velours noir, & le bonnet de même, avec les houffes de leurs chevaux faites auffi de velours noir. Les abbréviateurs du grand parquet, les clercs de la chambre, les auditeurs de rote, & le maître du facré palais, vont à la gauche du doyen de la rote, & font fuivis de quatorze maréchaux du peuple romain, habillés de vefte de fatin blanc, avec des juftaucorps de fatin violet & des toques de fatin noir. Les quatorze capitaines des quartiers marchent après, vêtus de grandes robes de velours cramoifi, doublées de toiles d'argent avec les chauffes de fatin blanc, à galon d'or, & la toque de velours noir, enrichie de pierreries. Le gouverneur de Rome, & les confervateurs romains viennent après, en laiffant, à la gauche du gouverneur, une place vuide pour le fénateur romain qui n'affifte point à cette cavalcade, pour ne pas céder la préféance que le gouverneur lui difpute. Les princes du trône pontifical, les parens du pape & les ambaffadeurs des têtes couronnées, marchent avec toute leur fuite, fuivant le rang dû à leur caractere, & deux maîtres de cérémonies du pape viennent enfuite, devant le fous-diacre apoftolique, qui porte la croix à triple croifon, retournée vers le pape. Le fous-diacre chargé de la croix, eft au milieu de deux officiers qui portent des baguettes rouges. Le pape vient enfuite dans une litiere, entourée de cinquante jeunes gentilshommes romains, vêtus de fatin blanc, & les eftafiers & curfeurs du pape marchent autour de cette litiere, avec les maîtres d'eftrade. Le capitaine de la garde-fuiffe marche à la tête de deux files de cavaliers bien armés, qui efcortent le pape. La litiere dans laquelle on porte ce pontife, est de velours rouge brodé à franges d'or. Il est revêtu d'une soutane de tabis blanc, avec le rochet, l'étole & la mosete de velours rouge l'hiver, ou le satin rouge, si c'est l'été, avec la calotte de même sous le chapeau rouge. Le maître-de-chambre du pape, son échanson, son secrétaire, son médecin, se tiennent aussi tout auprès de sa litiere, & au-devant de la garde-suisse. Les cardinaux viennent à cheval deux à deux, au milieu de quelques hallebardiers, immédiatement après la garde du pape. Après leurs éminences, suivent les patriarches, les archevêques, les évêques, les protonotaires apostoliques, les auditeurs, les trésoriers de la chambre apostolique, les prélats référendaires de l'une & de l'autre signature ; enfin, après les relais & les trompettes du pape, la marche est fermée par deux compagnies de chevaux-legers, précédés de leurs officiers vêtus de justeaucorps d'écarlate, avec des manches pendantes fort étroites de velours rouge & jaune, & portant tous la lance en arrêt ; ce qui fait le plus beau coup-d'œil du monde Le chemin qu'on tient est le long du bourg de Saint Pierre, jusqu'au pont Saint-Ange : de-là on va à Saint-André de la Vallée & au Capitole, où le peuple romain dresse

167. un arc de triomphe au pape (*fig.* 167). Le sénateur lui présente les clefs *in campo*, & tenant un sceptre à la main, il lui adresse une harangue analogue à la circonstance. La cavalcade passe de-là à *Campovacino*, où le duc de Parme fait dresser un autre arc devant son palais. On passe ensuite à travers le colisée où les juifs font dresser un troisieme arc de triomphe. Là, dit le cérémonial romain, ce peuple proscrit vient à la rencontre du pape, & lui présente à genou le pentateuque de Moïse, en faisant en hébreu l'éloge de ce livre, & en exhortant le peuple à le respecter. Ce pontife, après avoir écouté patiemment leur exhortation, leur fait cette réponse : « Nous louons & respec-
» tons la loi sainte que Dieu lui-même a donnée à Moïse, mais nous
» condamnons les vaines interprétations que vous en faites, parce que
» la foi apostolique nous apprend que le sauveur, que vous attendez
» encore en vain, est arrivé depuis long-temps ». Alors les juifs se retirent sans dire mot ; & la cavalcade, sortant du colisée, s'en va par des rues tapissées & remplies d'un grand nombre de peuples, tout droit à Saint Jean de Latran. Le cérémonial romain observe que, s'il se trouvoit un roi ou l'empereur lui-même à cette cérémonie, leur devoir seroit de tenir le pontife romain, & de conduire sa haquenée par la bride.

Arrivé à Saint Jean de Latran, le premier chanoine de cette églife lui préfente la croix à baifer : le cardinal diacre la reçoit & l'approche de la bouche du pontife auquel il a auparavant retiré la tiare. On lui met enfuite la mitre fur la tête, & l'on donne la tiare à un auditeur ; puis le pape eft conduit, par les chanoines, devant la principale porte de l'églife qu'on nomme *ftercoraire* : là ils le font affeoir fur un fiége de marbre, de maniere qu'il paroît comme couché. Un inftant après, les cardinaux s'approchent & le relevent refpectueufement, en difant : « Il tire l'indigent de la pouffiere, & le pauvre de deffus le » fumier, pour le faire affeoir avec les princes, & le placer fur le » trône de la gloire ». En fe relevant , le pontife prend, dans une bourfe que lui préfente le camérier, autant de pieces de monnoie qu'il en peut tenir dans fa main, mais parmi lefquelles il n'y en a aucunes d'or ni d'argent ; il les jette au peuple, en difant : « Ce que » j'ai, je vous le donne ». Il entre enfuite dans l'églife, &, après avoir fait fa priere devant le grand autel, & béni le peuple, il fe place fur un trône où les chanoines de Saint Jean viennent lui baifer les pieds : le cardinal archiprêtre lui fait une harangue au nom du chapitre. On conduit enfuite le pape au palais de Latran, d'où il paffe à la chapelle de Saint Silveftre : là font deux fiéges de porphyre percés, qui peut-être ont donné naiffance à la fable de la papeffe Jeanne, qu'on dit avoir accouché dans une proceffion femblable à celle-ci. Le pape s'affied dans le premier, & le premier chanoine de S. Jean vient lui offrir à genoux une férule, fymbole de la correction & du gouvernement ; les clefs de la Bafilique & du palais de S. Jean de Latran, pour marquer le pouvoir qu'il a de fermer & d'ouvrir la porte des cieux. Le pape s'affied enfuite fur le fecond fiége, & là il rend au premier chanoine la férule & les clefs : celui-ci ceint le pontife d'une ceinture de foie rouge, où pend une bourfe de la même étoffe & de la même couleur, dans laquelle il y a douze pierres précieufes avec du mufc. Il reçoit alors, de la main de fon camérier, quelques pieces d'argent qu'il jette au peuple, en difant : « Il a répandu fes biens fur » le pauvre ; fa juftice demeure dans les fiecles des fiecles ». Le pape va enfuite faire fa priere à la chapelle de Saint Silveftre, quitte la plupart de fes ornemens, & ne gardant que la chape & la mitre fimple, il s'affied fur un trône, où les cardinaux viennent lui rendre leurs hommages. Le pontife termine la cérémonie en diftribuant aux cardinaux des médailles d'or.

Tome III.　　　　　　　　　　　　　　　B 2

Nous avons trop parlé de ces prélat romains, & ils tiennent aujourd'hui un rang trop diftingué à la cour pontificale, pour que nous omettions les cérémonies dont on fait ufage pour les promouvoir à cette dignité. Les cardinaux font d'inftitution moderne, & ils n'appartiennent pas comme tels, à la hiérarchie eccléfiaftique. Une bulle de Sixte-Quint, du 3 décembre 1586, veut que le facré collége foit compofé de foixante-dix membres, partagés en trois ordres ; fix cardinaux évêques, cinquante cardinaux prêtres, & quatorze cardinaux diacres. Les cardinaux évêques ont chacun un évêché voifin de Rome, & les cardinaux prêtres & les cardinaux diacres ont chacun une églife dans cette métropole. Lorfque le pape fe difpofe à procéder à la promotion d'un cardinal, il déclare fon intention à fon confiftoire fecret. La veille de la cérémonie, le cardinal patron avertit le nouveau cardinal de fe trouver le lendemain à l'audience du pape : là, fon valet-de-chambre le revêt des habits de fa nouvelle dignité ; le barbier du pape lui fait la tonfure à la cardinale ; après quoi, le cardinal patron va le préfenter au faint pere ; il fe profterne à fes pieds, le pape lui met la calotte rouge, & fait fur lui le figne de la croix, en difant : « *efto cardinalis*, foyez cardinal ». A ces paroles, le promu ôte fa calotte & baife les pieds du pontife. La cérémonie finit par des complimens que la nouvelle éminence fait au faint pere, pour lui témoigner fa reconnoiffance. Lorfque le candidat réfide dans un pays étranger, c'eft le nonce du pape, ou tout autre prélat, qui lui donne la calotte.

Les cérémonies qui s'obfervent lorfque le nouveau cardinal reçoit le chapeau rouge, font beaucoup plus nombreufes : le nouveau cardinal fe rend à la chapelle de Sixte, quand la cérémonie fe doit faire au Vatican, & dans une chambre du palais apoftolique, quand c'eft à *Monte-cavallo*. Les anciens cardinaux entrent deux à deux dans la chambre du confiftoire, &, après avoir baifé la main au pape, deux cardinaux vont chercher le nouveau cardinal, & le conduifent devant le pape, auquel il fait trois révérences profondes, l'une à l'entrée de la chambre du pontife, l'autre au milieu & la troifieme au bas du trône : il monte enfuite les degrés, baife les pieds au pape, qui l'admet auffi *ad ofculum oris*, à lui baifer la bouche. Après cela, le nouveau cardinal va *ad ofculum pacis*, c'eft-à-dire, qu'il embraffe tous les anciens cardinaux, & leur donne le baifer de paix.

Cette premiere cérémonie étant faite, le chœur des muficiens

entonne le *Te Deum.* Les cardinaux s'en vont deux à deux à la chapelle papale, ou refont le tour de l'autel avec le nouveau cardinal,
accompagné d'un ancien qui lui cede la main droite cette fois-là feulement : après quoi, le nouveau cardinal vient s'agenouiller fur les
marches de l'autel, où le premier maître des cérémonies lui met fur
la tête le capuchon qui pend derriere fa chape ; &, quand on chante
le *Te ergò* du *Te Deum*, il fe profterne en telle maniere qu'il paroît
couché fur le ventre, & demeure en cette pofture, non-feulement
jufqu'à la fin de ce cantique, mais encore pendant que le cardinal doyen
qui eft pour lors à l'autel du côté de l'épître, dit quelques oraifons
marquées dans le pontifical romain.

Lorfque ces prieres font finies, le nouveau cardinal fe releve; on
lui abaiffe le capuchon ; après quoi, le cardinal doyen, en préfence
de deux chefs d'ordre & du cardinal camerlingue, lui préfente la bulle
du ferment qu'il doit prêter : après l'avoir lue, il jure qu'il eft prêt de
répandre fon fang pour la fainte églife romaine, & pour le maintien
des priviléges du clergé auquel il eft agrégé. Tous les cardinaux retournent enfuite dans la chambre du confiftoire, dans le même ordre
qu'ils avoient gardé pour en fortir : le nouveau cardinal s'y rend auffi
à la droite de l'ancien qui l'accompagnoit à la chapelle. Il s'agenouille
devant le pape ; un maître des cérémonies lui tire un capuchon fur la
tête, & le pape lui met le chapeau de velours rouge fur le capuchon,
en difant quelques oraifons.

Le pape fe retire alors, & les cardinaux, en fortant du confiftoire,
s'arrêtent en cercle dans la falle. Le nouveau cardinal vient leur faire la
révérence au milieu du cercle, & les remercier, l'un après l'autre,
de l'honneur qu'ils lui ont fait de l'avoir reçu au nombre de leurs
confreres. Quand il a achevé fes remerciemens, les anciens cardinaux
viennent auffi tour-à-tour le complimenter fur fa nouvelle promotion :
enfin chacun retourne chez foi. Mais quand le pape régnant a quelque
neveu dans le collége des cardinaux, le cardinal neveu retient ordinairement à dîner le nouveau collégue.

Les nouveaux cardinaux affiftent au premier confiftoire fecret qui fe
tient après leur promotion ; & lorfqu'on a terminé, en leur préfence,
les affaires fur lefquelles on avoit à délibérer, le pape vient leur mettre
le doigt fur la bouche, & la leur fermer, pour leur fignifier qu'ils
doivent garder un profond fecret fur tout ce qui fe paffe au confiftoire. Au confiftoire fuivant, ils fortent de la falle où il fe tient, &

 un moment après, on les fait rentrer ; le pape leur ouvre alors la bouche, & leur met au doigt un anneau de grand prix qu'il paie communément fort cher. Le pontife leur diſtribue enſuite des titres plus
ou moins conſidérables, ſelon qu'il le juge à propos.

L'ordre exige, en parlant du pape & des cardinaux, que l'on diſe
un mot du jubilé qui attiroit autrefois à Rome un concours prodigieux d'étrangers de toutes les parties du monde. Cette inſtitution, qui
doit ſon établiſſement au pape Boniface VIII, remonte à l'an 1300.
On ne célébra d'abord le jubilé que tous les cent ans : dans la ſuite,
Clément VI en abrégea le terme, en ordonnant qu'on le célébreroit
tous les cinquante ans : pluſieurs papes en ont depuis changé l'époque.
Sixte IV & Paul II l'ont fixé à vingt-cinq ans ; & c'eſt ainſi qu'on le
célebre depuis leur regne. « Le pape, dit l'auteur du tableau de la cour
» de Rome, intime le jubilé univerſel, dans la capitale de la chrétienté,
» par une bulle qu'il fait publier le jour de l'aſcenſion de l'année pré-
» cédente, quand il donne la bénédiction ſolemnelle. Un ſous-diacre
» apoſtolique commence à publier ce jubilé devant toute la cour
» romaine, par la lecture de la bulle qui eſt en latin ; & un autre
168. » ſous-diacre la lit, à haute voix, devant le peuple, en italien (*fg.* 168).
» Incontinent après, les douze trompettes ordinaires du pape com-
» mencent des fanfares, &, quelques momens enſuite, douze veneurs
» donnent de leurs cors d'argent, avec une eſpece de concert qui
» s'accorde avec les trompettes, & en même temps, le château Saint
» Ange fait une décharge de toute ſon artillerie. Le quatrieme diman-
» che de l'avent, les ſous-diacres apoſtoliques publient une ſeconde fois
» la bulle du jubilé ; & les trois jours qui précedent immédiatement les
» fêtes de noël, les cloches de la ville annoncent, de toutes parts, une
» ſolemnité dont l'ouverture ſe doit faire le lendemain. Le vingt-quatrié-
» me jour du mois de décembre, tout le clergé régulier & ſéculier s'aſſem-
» ble au palais apoſtolique, & de-là s'en va en proceſſion à S. Pierre du
» Vatican ; mais le clergé étant arrivé dans la grande place qui eſt devant
» Saint Pierre, trouve les portes de cette égliſe fermées, & toutes les
» entrées du portique occupées par des gardes qui empêchent la foule
» d'entrer. Le pape, les cardinaux, & les évêques, revêtus de leurs
» paremens de damas blanc & la mitre en tête, s'aſſemblent à la
» chapelle de Sixte, où ſa ſainteté entonne le *Veni creator*, tenant
» à la main un cierge allumé : tous les cardinaux en ayant de même,
» chacun en ſon rang, vont ſous le portique des ſuiſſes, où le pape

» nomme trois d'entr'eux légats *à latere*, pour aller faire l'ouverture
» de la porte de Saint Jean de Latran, de Sainte Marie-majeure, &
» de faint Paul hors des murs ».

Le pape fe réferve le foin d'ouvrir la porte de Saint Pierre
(*fig.* 169); ce qu'il fait avec les cérémonies fuivantes. « Armé d'un
» marteau d'or, qui lui a été préfenté par le prince du trône, il heurte
» à la porte fainte, à trois reprifes différentes, difant à chaque fois :
Aperite mihi portas juftitiæ, ouvrez-moi les portes de juftice » : le clergé
qui le fuit, lui répond par ces paroles : « c'eft ici la porte de l'éternel,
» les juftes y entreront ». Sa fainteté va s'affeoir enfuite fur un trône
dreffé au milieu du grand portique, pendant que les maîtres maçons
abattent le mur qui ferme la porte fainte, & en mettent les débris à
quartier : la porte eft enfuite nettoyée & lavée, avec de l'eau bénite,
par les pénitenciers de Saint Pierre ; après quoi, le pape vient fe mettre
à genoux devant cette porte fainte, entonne le *Te Deum*, puis fe releve
& entre dans l'églife, où l'on dit les premieres vêpres. Dès que l'ouverture de la porte de Saint Pierre eft faite, les cardinaux nommés
pour cet office, vont faire la même cérémonie aux trois autres églifes
dont on vient de parler. Le lendemain, après la meffe du jour, fa
fainteté monte à la grande loge de Sainte Pierre, qu'on appelle la
loge de la bénédiction, & donne la bénédiction folemnelle au peuple,
en forme de jubilé.

Les perfonnes qui veulent gagner les indulgences du jubilé, doivent
vifiter fept églifes de Rome, les deux Bafiliques de Saint Pierre & de
Saint Paul, celle de Saint Jean de Latran, de Sainte Marie-majeure,
de Saint Laurent, de Saint Sébaftien & de Sainte Croix ; mais l'un
des principaux actes de piété du jubilé, confifte à monter à genoux
l'echelle fainte (*fig.* 170). On donne ce nom à vingt-huit degrés,
qui font, dit-on, les mêmes que monta le Meffie lorfqu'il fe préfenta au tribunal de Pilate. Il y a plus, on y conferve une goutte
de fang de Jéfus, couverte d'une grille de cuivre. Cette fainte échelle
conduit à une chapelle nommée *le faint des faints*. Les pélerins, après
s'être traînés à genoux jufques fur le dernier degré, récitent une
priere & entrent enfuite religieufement dans le faint des faints. Les
femmes n'ont pas le privilége d'entrer dans ce lieu facré ; la loi veut
qu'elles reftent à la porte, & ne leur permet que de regarder la
chapelle à travers une grille de fer.

Lorfque l'année du jubilé eft révolue, le fouverain pontife, après avoir officié folemnellement aux premieres vêpres de la veille de noël dans l'églife de Saint Pierre , entonne une antienne qui commence par ces paroles : « *Cùm jucunditate exibitis* , vous for- » tirez avec joie ». Tous les affiftans fortent auffi-tôt avec empreffe- ment par la porte fainte. Le pape, après avoir béni les pierres & le ciment deftinés à mûrer cette porte, pofe lui-même la premiere pierre, fous laquelle on enfouit quelques médailles, pour perpétuer le fouvenir de cette cérémonie : les maçons achevent de mûrer la porte, au milieu de laquelle ils enchâffent une croix de cuivre.

Quoique le nombre des pélerins qui vifitent Rome pendant le jubilé, ne foit pas fi confidérable aujourd'hui qu'il le fut autrefois, il s'y en préfente cependant beaucoup qui y arrivent de tous les pays catholiques. Les prélats & les feigneurs les plus diftingués de Rome , leur lavent humblement les pieds : le pape lui-même & les cardinaux, à fon exemple, ne dédaignent pas de les fervir à table : ils ne s'en retournent jamais fans être garnis de chapelets, de médailles & d'*agnus*, que le pontife romain leur fait diftribuer ; & , ce qui eft plus impor- tant, après avoir obtenu la rémiffion entiere de leurs péchés , par le moyen d'un coup de baguette que les pénitenciers leur donnent fur l'épaule.

L'une des fêtes les plus folemnelles & les plus auguftes dont l'églife romaine puiffe donner le fpectacle au monde chrétien , confifte dans la canonifation des faints : cette cérémonie coûte des fommes immenfes; & telle eft la prodigalité qu'on y emploie , que les fouverains feuls peuvent faire face à de pareilles dépenfes. Celui qui defire faire placer authentiquement quelque grand perfonnage dans le catalogue des faints, commence par préfenter une requête à ce fujet au fouverain pontife : celui-ci , après avoir pris l'avis des cardinaux , commet à quelques évêques le foin de faire une information générale & préliminaire fur la réputation du fujet qu'on propofe , fur fes miracles & fur les fenti- mens du peuple à fon égard. Si leur rapport eft favorable , le pontife les charge d'en venir à une information particuliere ; & c'eft fur cette feconde information que l'on dreffe le procès-verbal de canonifation. L'inftruction de ce procès eft confiée à trois cardinaux qui en font leur rapport en trois confiftoires : on lit publiquement les dépofitions des témoins touchant les vertus & les miracles ; on difcute le tout avec la plus fcrupuleufe exactitude. L'examen étant fini , le pape recueille les fuffrages des cardinaux ; fi le plus grand nombre opine pour la

canonifation,

canonisation, le pape se détermine à la faire; mais il tient encore sa résolution secrete. Il assemble ensuite en consistoire tous les prêtres qui se trouvent en cour de Rome; il leur fait un précis du procès, & demande leur avis, qui est ordinairement conforme à celui des cardinaux; après quoi le pontife fait composer, par quelques cardinaux, l'office du saint futur, & regle le jour & l'église où doit se faire la canonisation.

On n'oublie rien pour rendre cette fête pompeuse & magnifique; on dresse un vaste théatre dans l'église où doit se faire la cérémonie (*fig.* 171). Sur ce théatre, enrichi de tapisseries superbes, est le trône pontifical, aussi magnifiquement décoré. A l'un des côtés du trône, est une statue qui représente l'église, & l'autre celle de la justice. Le milieu du trône, qui fut bâti le 22 mai 1712, au sujet de la canonisation du pape Pie V, d'André Avellino, de Felix de Cantalice & de Catherine de Bologne, avoit cinquante-cinq palmes romaines de hauteur; sa largeur étoit de trente-six: la foi & l'espérance étoient placées aux deux extrémités du théatre. Une infinité de cierges l'éclairoient, ainsi que l'église; & l'on voyoit de toutes parts une multitude de symboles propres à caractériser la dignité de cette fête. La procession générale qui se fit à Rome à cette occasion, fut l'une des plus brillantes dont l'histoire nous ait conservé la mémoire (*fig.* 172). Les enfans de l'hôpital apostolique de Saint Michel, marchoient les premiers, tenant à la main des cierges allumés; ensuite les orphelins & cette foule de moines qui peuplent la ville de Rome. Les séculiers, précédés de leur banniere, suivoient en bon ordre, chacun selon son rang: un camerlingue, revêtu de son étole, régloit l'ordre de la marche. Sainte Marie au de-là du tibre, & Saint Laurent *in damaso*, qui, d'année en année, ont alternativement le pas l'un sur l'autre, paroissoient ensuite: après eux marchoit le chapitre de Sainte Marie - Majeure, celui de Saint Pierre du Vatican & celui de Saint Jean de Latran.

On vit paroître après celui-ci les ordinaires de la chapelle du pape; ses écuyers en soutane, les procureurs généraux des cinq ordres de mendians vêtus de l'habit de l'ordre, les cubiculaires en robe rouge; le procureur fiscal, le commissaire de la chambre apostolique, les avocats consistoriaux, les chapelains secrets du pape, les cubiculaires d'honneur, les musiciens de la chapelle, chantant sans relâche pendant la marche: *Ave maris stella.* Immédiatement après la musique, parurent quatre bannieres superbes:; c'étoient les étendards des quatre saints; on y voyoit leurs images & leurs principaux miracles, le tout sorti du pinceau de quelques excellens peintres. Comme on avoit réglé le pas en faveur de Sainte Catherine de Bologne, son étendard marcha le premier, celui de Saint Felix de Cantalice parut ensuite ; Saint André Avellino suivit Saint Felix, & Saint Pie V parut le dernier, comme *serviteur des serviteurs*. Six religieux d'entre les mineurs observantins, chacun son cierge à la main, marchoient devant la banniere de Sainte Catherine, que la confrérie des Bolonois de Sainte Petronne accompagnoit. La banniere étoit soutenue par quatre des principaux peres de l'ordre : celle de Saint Felix, qui l'étoit par dix capuçins, marchoit à la tête d'un gros détachement des stigmates de Saint François. Un autre détachement de cette même confrérie, suivoit l'étendard de Saint André Avellino, & la confrérie des agonisans, celui de Saint Pie V ; chacun portoit l'habit de sa confrérie : les confreres agonisans étoient revêtus d'un sac.

A la suite de tous ces pénitens, marchoient les référendaires qui précédoient les abréviateurs du grand parquet, les votans de la signature & les clercs de la chambre. Le maître du sacré palais marchoit entre les auditeurs de rote : ensuite l'acolyte apostolique, faisant la fonction de thuriféraire, marchoit tout seul, l'encensoir à la main. Après lui, on voyoit sept autres acolytes qui, en marchant, faisoient la figure d'un croissant : ceux-ci portoient chacun un superbe chandelier d'argent garni d'un cierge allumé. Le sous-diacre porte-croix paroissoit au milieu d'eux, revêtu de ses paremens blancs, tenant la croix pontificale, & ayant à ses côtés deux officiers apostoliques munis de leur baguette rouge. Après eux venoient les pénitenciers du Vatican, de la compagnie de Jésus, vêtus de paremens blancs, & la barette sur la tête ; les abbés, les généraux d'ordre, les prélats assistans, enfin le sacré collége, dont on voyoit d'abord les cardinaux diacres, après eux les prêtres, & en dernier lieu les évêques. L'envoyé de Bologne alloit à la gauche du prieur des capitaines de quartier, & ceux-ci étoient suivis des conservateurs qui précédoient le connétable & le gouverneur de la ville. Les cardinaux diacres assistans, ayant entr'eux deux le cardinal diacre de l'évangile, marchoient devant la chaise du pape : ce pontife parut alors, porté par huit officiers apostoliques, vêtus d'écarlate ; huit des plus anciens référendaires soutenoient sur la tête du saint pere, un dais superbe avec des piques garnies d'argent ; & la garde-suisse marchoit avec le sabre nu autour de la chaise. Sa sainteté étoit suivie d'un sous-diacre apostolique, appellé *auditeur de la mitre* ;

cet auditeur marchoit entre deux cubiculaires fecrets, en robe rouge, actuellement affiſtans du pape : les protonotaires apoſtoliques, du nombre des participans avec leurs adjoints & les ordres des mendians, ayant leurs généraux à leur tête, fermoient la marche. Telle fut cette proceſſion fameuſe qui marcha vers l'égliſe de Saint Pierre, où le pape fut reçu par le clergé de cette cathédrale. Parmi pluſieurs autres cérémonies qui furent faites dans cette égliſe, & dont le détail ne feroit qu'ennuyer nos lecteurs, nous obſerverons feulement que le pape, s'étant aſſis devant l'autel, fit un difcours au peuple, dans lequel il l'exhorta à prier Dieu de ne pas permettre qu'il fe trompât dans une affaire auſſi importante que celle dont il étoit queſtion. On chanta enſuite le *Veni creator*, après quoi, le pape déclara que ceux qui étoient l'objet de la fête, devoient être honorés déformais comme des ſaints ; & il marqua en même tems les jours auxquels l'égliſe célébreroit leur fête à l'avenir : le chœur entonna alors le *Te Deum* ; &, dans le même moment, une décharge générale de l'artillerie du château S. Ange annonça à toute la ville de Rome qu'elle avoit quatre nouveaux interceſſeurs auprès de Dieu : les fanfares des trompettes fe mêlerent aux acclamations du peuple. Le pape célébra la meſſe à l'honneur des nouveaux ſaints, & il les nomma expreſſément dans la bénédiction qu'il donna aux fidéles.

La politique romaine ne permet pas qu'on renouvelle fouvent ces fortes de cérémonies ; & en effet, elles paroiſſent d'autant plus auguſtes qu'elles font plus rares. Auſſi y voit-on, comme au jubilé, un grand nombre d'étrangers qui y accourent de toutes les contrées catholiques. Indépendamment du plaifir qu'ils goûtent à fatisfaire leur curiofité, par un fpectacle auſſi pompeux, ils y gagnent auſſi beaucoup du côté de l'ame. Le pontifical romain aſſure que tous ceux qui aſſiſtent à cette cérémonie avec les difpofitions requifes, gagnent une indulgence de fept ans & de fept quarantaines.

Le clergé catholique eſt diſtribué en deux ordres, le féculier & le régulier : on vient de faire connoître tous ceux qui compoſent le premier ordre, les moines & les chanoines réguliers forment le fecond. Les religieux, quoique beaucoup moins nombreux qu'ils ne l'étoient autrefois, font cependant encore répandus dans toutes les provinces catholiques. La france, l'efpagne, le portugal & l'italie en comprennent un très-grand nombre de l'un & de l'autre fexe. Chacun eſt attaché à un ordre particulier, & a pour fondateur quelques ſaints anachoretes, dont il tient la regle qu'il obferve : le chef de tous ces moines eft communément un abbé ou un prieur. En france, les abbés font prefque tous commandataires, & n'exercent par conféquent aucuns pouvoirs fur le monaftere dont ils tirent leur fubfiftance ; l'abbé régulier eft un prélat inférieur à l'évêque. Il eft le pere de fes religieux, & repréfente, difent les canons, l'églife de Dieu dans fon monaftere : ce prélat doit être béni par l'évêque, en préfence de deux abbés affiftans (*fig.* 173). Le célébrant bénit d'abord l'habit par une priere & par l'afperfion d'eau bénite ; il dépouille enfuite le futur abbé, en lui difant : « Que Dieu vous dépouille du vieil homme & de fes œuvres »; & à l'inftant, il le revêt de l'habit monacal. Alors, l'abbé dit tout haut, en préfence de fes moines : « Recevez-moi, feigneur, felon votre » fainte parole, afin que je ne fois pas confondu ». Les moines répondent : « Seigneur, nous avons reçu votre miféricorde ». Après quoi, le célébrant leur préfente leur nouvel abbé, & ils lui donnent le baifer de paix : enfin, l'évêque lui impofe les mains, lui donne la regle felon laquelle il doit gouverner le couvent, le bâton paftoral, la mitre, s'il a le droit de la porter, & les gants épifcopaux. Après l'offertoire de la meffe, l'abbé nouvellement élu, préfente à genoux au célébrant, deux cierges, deux pains & deux barils : ce font communément les moines qui élifent eux-mêmes leurs abbés : la dignité des uns eft perpétuelle, & celle des autres ne dure qu'un tems. Les abbés réguliers de france confervent ordinairement leur prélature jufqu'à leur mort. Il n'y a que ceux de Sainte Génevieve ou congrégation de france, dont l'office eft triennal.

Les cérémonies qui s'obfervent à la profeffion des religieufes, font à peu-près les mêmes que celles dont on fait ufage pour confacrer des moines (*fig.* 174). La plupart des communautés de filles ont une abbeffe à leur tête, que l'évêque bénit, comme cela fe pratique à l'égard des abbés. Il en eft cependant plufieurs qui fe difpenfent de cette cérémonie, qui n'ajoute rien à leur pouvoir, ni même à leur caractere. Celles des abbeffes qui jugent à propos de fe faire confacrer, commencent par prêter le ferment de fidélité à l'évêque du lieu : enfuite le prélat, ou tout autre à fa place, pofe les deux mains fur fa tête, lui donne la regle, benit le voile qui doit la couvrir, & le lui met fur la tête. Cette cérémonie fe termine par la bénédiction que le célébrant donne à la nouvelle abbeffe ; & ce prélat la préfente enfuite à fes religieufes, qui lui donnent toutes le baifer de paix (*fig.* 173). Dans les

tems de ténebre & d'ignorance, les moines & les religieufes confom-
moient leurs vœux dès le berceau ; & cet affreux ufage, que nous ne
rapportons qu'en frémiffant, a duré plufieurs fiecles parmi nous. En
vain des conciles, des fynodes, des capitulaires, des ordonnances
avoient fagement profcrit ces facrifices prématurés; le zele indifcret,
l'ambition, la cupidité l'emporterent fouvent fur tous ces réglemens :
enfin l'édit de 1768 a réglé la difcipline de l'églife françoife à ce
fujet ; & depuis cette époque, les moines ne peuvent plus prononcer
leur dernier vœu qu'à vingt-un ans, & les religieufes à dix-huit.

Il eft inutile de tracer ici le tableau des différentes regles qu'obfervent les moines établis parmi nous, ni des habillemens qui les diftin-
guent des uns des autres : ces fortes de chofes font trop connues de la
plupart de nos lecteurs. Nous nous arrêterons feulement ici à confidérer l'état & les maximes d'un ordre de religieux, dont l'inftitut n'eft
prefque pas connu des françois, & qui offrent des fingularités extrêmement curieufes. C'eft la congrégation de Saint Paul, autrement
nommée les *peres de la mort*, & qui a une maifon très-célebre dans
la ville de Czeftochowa, en pologne.

De tous les ordres religieux, il n'en eft aucun où l'on puiffe mourir plus fouvent que chez ces bons peres. A la profeffion, le novice eft
mis dans un cercueil, couvert d'un drap mortuaire. Le chœur entonne
le *De profundis*, chante le *Libera*, fait l'office des morts, comme fi
on alloit le mettre en terre : chaque frere jette de l'eau benite fur le
profès, en lui difant : « Mon frere, vous êtes mort ». Ce fut ainfi
que l'orgueilleux & inconféquent Charles-Quint fit faire fes obfeques
fix mois avant fa mort.

Ce n'eft encore-là que le commencement de la mort religieufe. Il
faut mourir tous les jours par le facrifice continuel de foi-même, &
par le fouvenir non interrompu de la mort, afin de l'avoir inceffamment préfente devant les yeux ; les freres font vêtus de noir, portent
fur leurs poitrine une tête de mort & deux os en forme de croix, tels
qu'on les voit fur les draps mortuaires. Dans le réfectoire & dans leurs
cellules, ils ont toujours devant leurs yeux le crâne de quelque mort.
Quand ils appellent un frere, ils lui difent: «*Memento mori* ; fouviens-
» toi qu'il faut mourir ». S'ils fe faluent, c'eft par ces paroles qu'ils
fe rappellent réciproquement la mort : lorfqu'ils demandent la bénédiction à leur prieur, celui-ci leur répond : « Souvenez-vous, frere,
» de votre dernier moment, & vous ne pécherez jamais ». Le religieux

baise ensuite la terre pour se souvenir qu'il n'est que poussiere, & qu'il retournera en poussiere.

Ce n'est pas seulement par ces simples cérémonies extérieures qu'ils apprennent à mourir & à se rendre la mort familiere : ces objets, cesseroient avec le tems de faire impression sur leurs sens, s'ils n'étoient soutenus par la pratique continuelle de la mortification. C'est donc par la vie dure & pénitente qu'ils menent, plutôt que par ces dehors apparents de mort, qu'ils passent leurs jours dans la méditation rarement interrompue d'un anéantissement prochain.

Les uns, séparés entiérement du commerce des hommes, retirés dans les forêts & les déserts, vivent dans leurs petits hermitages, distans les uns des autres d'un quart de mille, uniquement occupés des grandes vérités de l'éternité. On leur envoie tous les jours, du couvent voisin, la portion de la communauté, & un servant pour répondre leur messe, s'ils jugent à propos de la dire. Ils ne sortent de leur cellule qu'une fois par mois, pour se présenter au monastere le jour du chapitre, afin d'y confesser publiquement leurs fautes. On ne permet pas d'ailleurs ce genre de vie à tous les freres ; la regle ne l'accorde qu'à ceux qui ont deux ans de profession, & qui, après avoir été soigneusement éprouvés, laissent appercevoir un goût décidé pour la solitude. Les autres vivent en cénobites dans les couvents qu'ils ont à la ville ou dans la campagne ; car la regle permet d'en avoir dans ces deux différens endroits : mais la vie qu'ils y menent, à la solitude près, n'est pas plus douce que celle des hermites. Ils jeûnent l'avent, le carême, le mercredi & le vendredi de chaque semaine ; & les trois derniers jours de la semaine sainte, le jeûne est au pain & à l'eau. Ils ne mangent point de viande le soir à souper, à l'exception du dimanche & des fêtes de la premiere & seconde classes. A la collation, on ne sert qu'un morceau de pain sec sur une table nue, & la regle ne permet de boire qu'un coup ou tout au plus deux. L'obligation du jeûne est si rigoureuse, que celui qui l'enfreint est condamné par la regle à trois jours de jeûne au pain & à l'eau & à la discipline : hors le repas, il est défendu de boire sans permission, même de l'eau, sous peine de manger à terre pendant trois jours.

Il faut que les freres soient toujours prêts à recevoir le fouet, ce sont les termes de la regle, *in flagellâ parati estote*, sur-tout la seconde, la quatrieme & la sixieme férie de chaque semaine, jours destinés a la discipline. Avant cette flagellation, le prieur a coutume de faire une exhortation tendre, pathétique, afin d'exciter dans le cœur des freres des fentimens de componction & de fyndérefe. La regle n'affujettit point les freres au cilice, mais le prieur peut leur en permettre l'ufage, à proportion de leur befoin & de leur ferveur.

On tient deux fois par femaine le chapitre des péchés, le lundi & le vendredi immédiatement après la meffe conventuelle. Tous les profès y affiftent avec piété & recueillement, tenant en main leur difcipline, afin de venger fur eux-mêmes les fautes dont ils ont pu fe rendre coupables. Le prieur fe profterne le premier fort humblement devant le fous-prieur & tous les freres, pour faire fa confeffion ; &, après avoir dit fon *Confiteor*, & avoir reçu la pénitence & l'abfolution du fous-prieur, il va à fa place pour écouter les péchés des freres : cet exercice eft de rigueur, & il ne doit jamais l'omettre.

Les peines prononcées par la regle font très-féveres ; & les moindres infractions aux maximes reçues font punies d'une maniere exemplaire. Il eft défendu, par exemple, de recevoir ou d'écrire ancune lettre, fans permiffion, fous peine de trois jours de jeûne au pain & à l'eau. La regle prive de fa portion, quiconque fe préfente au réfectoire après le *Benedicite*. Celui qui vient à l'office après le premier pfeaume, mange à terre ; s'il s'abfente entiérement d'une petite heure, il eft puni d'une difcipline publique.

On porte le plus profond refpect au prieur ; on ne lui parle jamais que nue tête, à genoux, & après avoir baifé la terre. La défobéiffance eft un péché irrémiffible. On ne donne point de délai au coupable pour fe reconnoître ; il eft fur le champ mis en prifon & condamné pour un mois de jeûne au pain & à l'eau.

Chaque religieux doit fe regarder comme un étranger & un pélerin fur la terre. La regle veut qu'il foupire fans ceffe après la patrie célefte. Pour les affermir de plus en plus dans ces fentimens, & pour les détacher davantage de toutes les chofes d'ici-bas, on les fait changer tous les mois de cellules : aucune d'elles ne ferme à clef. A toutes les portes il y a une fenêtre qui ne ferme pas en dedans, afin que le prieur, lorfqu'il fait fa vifite, puiffe voir ce qui fe paffe chez les freres. On n'y fouffre ni chien, ni chat, ni oifeau, ni fleurs, ni quoi que ce foit à boire on à manger, fous peine d'être traité comme propriétaire. Il eft défendu d'entrer dans les cellules de fes voifins, & la regle veut que l'on puniffe par les verges & par la prifon, ceux qui y entrent après la priere du foir.

Cet inſtitut, n'a, comme on l'a dit, aucun établiſſement en france. La petite ville de Czeſlochowa, en pologne, en eſt le chef-lieu : la piété des polonois & des étrangers, a fort enrichi ce monaſtere. Les religieux y montrent le véritable portrait de la Vierge, peint par Saint Luc, ſur la table où la ſainte famille prenoit ſes repas.

175. L'égliſe catholique, comme la plupart des autres qui partagent le monde, a le droit de mettre en uſage l'excommunication (*fig.* 175). Ce châtiment le plus rigoureux qu'elle puiſſe infliger, eſt le dernier moyen qu'elle emploie pour corriger les hérétiques opiniâtres & les pécheurs ſcandaleux : on en diſtingue de deux eſpeces : l'excommucation majeure & l'excommunication mineure ; la premiere retranche entiérement celui qui en eſt frappé, de la communion des fideles ; la ſeconde ne le prive que de la participation aux ſacremens, & du droit de poſſéder quelque bénéfice, ſi l'excommunié appartient au corps du clergé. Pour inſpirer aux fideles une crainte plus ſalutaire de l'excommunication, on l'accompagnoit autrefois de cérémonies terribles & effrayantes. On la prononçoit à la lueur d'un cierge, qu'on éteignoit enſuite, qu'on jettoit par terre, & qu'on fouloit aux pieds. Dans certain pays, le peuple avoit coutume de porter une bierre devant la porte de celui qui venoit d'être excommunié : chacun lançoit à l'envi des pierres contre ſa maiſon, en vomiſſant contre lui un torrent d'injures. Toutes ces cérémonies, propres à allumer dans les familles le flambeau de la diſcorde, ſont heureuſement abolies ; il n'eſt même qu'un très-petit nombre de circonſtances où le clergé croie devoir ſe permettre de faire uſage de l'excommunication publique.

Dans le ſecond concile, tenu à Limoges en 1031, où ſe trouverent grand nombre d'évêques, d'abbés, de prêtres & de diacres, on rapporta divers exemples propres à montrer le reſpect que l'on doit avoir pour les foudres de l'excommunication. L'évêque de Cahors, qui étoit préſent, raconta une hiſtoire qui lui étoit arrivée peu de tems auparavant. « Un chevalier de mon diocèſe, dit-il, ayant été tué dans » l'excommunication, je ne voulus pas acquieſcer aux prieres de ſes » amis qui me ſollicitoient vivement de lui donner l'abſolution ; je » voulois en faire un exemple, afin que les autres fuſſent touchés de » crainte. Mais il fut enterré par des ſoldats, ſans cérémonies ecclé- » ſiaſtiques, & ſans ma permiſſion, hors la préſence des prêtres ; » dans une égliſe dédiée à Saint Pierre. Le lendemain matin, on » trouva ſon corps hors de terre, & jetté nud loin de ſon tombeau,

» demeurant

» demeurant entier , & fans aucune marque qu'on y eût touché. Les fol-
» dats, qui l'avoient enterré, ayant ouvert la foffe, n'y trouverent que
» les linges où il avoit été enveloppé. Ils l'enterrerent donc de nouveau ,
» & couvrirent la foffe d'une énorme quantité de terre & de pierres.
» Le lendemain, ils trouverent de nouveau le corps hors du tombeau,
» fans qu'il parût qu'on y eût travaillé : la même chofe arriva jufqu'à
» cinq fois ; à la fin , ils l'enterrerent comme ils purent , loin du cime-
» tiere, dans une terre profane : ce qui remplit les feigneurs voifins
» d'une fi grande terreur , ajoute l'évêque de Cahors , qu'ils me vin-
» rent tous demander la paix ».

Autrefois ceux qui avoient encouru l'excommunication , ou commis quelques crimes importans dont ils vouloient obtenir le pardon ,
étoient forcés d'aller fe profterner aux pieds des prêtres , & de demander eux-mêmes une pénitence propre à effacer leurs prévarications
paffées (*fig.* 175). On les recevoit, dit M. de Fleuri , dont les 175.
recherches vont nous guider fur ce fujet, on les recevoit avec une
grande charité ; mais on leur faifoit fentir que c'étoit une grace qu'on
ne devoit pas accorder inconfidérément. On éprouvoit auparavant , par
quelques délais, fi leur retour étoit fincere. C'étoit à l'évêque qu'il
appartenoit d'impofer la pénitence ; c'étoit lui qui jugeoit des caufes
qui pouvoient autorifer le pécheur à y prétendre ; combien elle devoit
durer , & fi elle devoit être fecrete ou publique. On n'admettoit pas
facilement les jeunes gens à la pénitence , à caufe de la fragilité de
l'âge qui faifoit craindre que leur converfion ne fût pas folide. On
tenoit auffi pour fufpecte la converfion de ceux qui attendoient l'extrémité d'une maladie pour demander la pénitence ; & s'ils revenoient
en fanté , on les forçoit d'accomplir la pénitence canonique.

Ceux qu'on affujettiffoit à la pénitence publique, venoient le premier jour de carême , fe préfenter à la porte de l'églife , en habits
pauvres , fales & déchirés (*fig.* 176). Entrés dans le temple, ils 176.
recevoient de la main du prélat des cendres fur la tête & des cilices
pour s'en couvrir , puis demeuroient profternés , tandis que le prélat,
le clergé & tout le peuple faifoient pour eux des prieres à genoux.
L'évêque leur faifoit une exhortation pour les avertir qu'il alloit les
chaffer pour un tems de l'églife , comme Dieu chaffa autrefois Adam
du paradis terreftre ; il les mettoit enfuite en effet hors de l'églife ,
dont on fermoit auffi-tôt les portes devant eux. Les pénitens demeuroient ordinairement enfermés , & occupés à divers exercices laborieux.

On les faisoit jeûner tous les jours, souvent au pain & à l'eau, selon la gravité du crime qu'ils avoient commis (1). On les faisoit prier long-temps à genoux ou prosternés, veiller, coucher sur la terre, distribuer des aumônes selon leur pouvoir. Pendant la pénitence, la loi exigeoit qu'ils s'abstinssent non-seulement de tout divertissement, mais encore des affaires civiles & domestiques, & de tout commerce avec leurs amis. Ils ne sortoient que les jours de fêtes pour se présenter à la porte de l'église, ils observoient pendant quelque tems cette étiquette religieuse. Ensuite on les faisoit entrer pour entendre les lectures & les sermons, mais sous la condition de sortir avant les prieres ; puis ils étoient admis à prier avec les fideles, mais prosternés ; & enfin debout comme les autres : on les distinguoit aussi quelquefois du reste des fideles, en les plaçant dans l'église du côté gauche.

Il y avoit donc, ajoute M. l'abbé Fleuri, quatre ordres de pénitens ; *les pleurans*, *les auditeurs*, *les prosternés & les consistans*, c'est-à-dire, ceux qui pleuroient debout ; & tout le tems de la pénitence étoit distribué en quatre ordres. Celui, par exemple, qui avoit tué volontairement, demeuroit quatre ans entre les pleurans, c'est-à-dire, qu'il se trouvoit à la porte de l'église, aux heures de la priere, & demeuroit dehors, non pas sous le vestibule, mais dans la place, exposé aux injures de l'air. Il étoit revêtu d'un cilice ; il avoit de la cendre sur la tête, & se laissoit nonchalamment croître la barbe & les che-

____

(1) La formule suivante d'absolution, dont usa Saint Dominique envers un nommé Roger, nouvellement réconcilié avec l'église, suffira pour nous faire connoître quel étoit autrefois l'usage de l'église romaine à ce sujet. « A tous ceux qui ces présentes lettres verront : frere Dominique, » chanoine d'Osma, & le dernier des prêcheurs, salut, en Jésus-Christ. De l'autorité du seigneur » abbé de cîteaux, legat du saint siége, & en vertu du pouvoir qu'il nous en a donné, nous » avons réconcilié Ponce Roger, porteur de cet acte, qui a quitté l'hérésie pour rentrer dans » le sein de l'église ; ordonnant, en conséquence du serment qu'il a fait, qu'il ira nu par trois » dimanches consécutifs, depuis la porte de la ville jusqu'à l'église, & que le prêtre qui le conduira » le frappera de verges. Nous lui avons enjoint de s'abstenir pour toujours de viande, d'œufs & » de fromage, excepté les jours de pâques, de la pentecôte & de noël, jours auxquels il mangera » de la viande. Pour mieux marquer l'abnégation de son hérésie, il fera trois carêmes par an » pendant lesquels il s'abstiendra de poisson. Toutes les semaines, il jeûnera pendant trois jours, » s'abstenant de poisson, d'huile & de vin, à moins que les maladies ou les grandes chaleurs de » l'été ne l'en fassent dispenser. Il portera toujours l'habit religieux, sur lequel il y aura deux croix » cousues. Il entendra tous les jours la messe, s'il le peut ; & les dimanches, il assistera aux vêpres » à l'église. Il récitera sept fois le *pater noster* pendant le jour, & vingt fois au milieu de la nuit. » Il présentera tous les mois cet acte à son curé qui aura soin de veiller particuliérement sur » sa conduite. Il observera exactement toutes ces choses, jusqu'à ce que l'abbé de cîteaux nous ait » fait connoître sa volonté. S'il ne les observe pas, qu'il soit retranché de la communion des fideles, » comme un parjure, un hérétique & un excommunié ».

veux. Il prioit en cet état les fideles qui entroient dans l'églife d'avoir pitié de lui, & de prier pour fon ame. Les cinq années fuivantes, il étoit au rang des auditeurs : il entroit à l'églife pour entendre les inftructions; mais il demeuroit fous le veftibule avec les catéchumenes, & il en fortoit avant que les prieres commençaffent. De-là il paffoit au troifieme rang, & prioit avec les fideles, mais au même lieu, près de la porte, profterné fur le pavé de l'églife, & il fortoit avec les catéchumenes. Après avoir refté fept ans dans cet état, il paffoit au dernier, où il demeuroit pendant quatre ans, affiftant aux prieres des fideles, & priant debout comme eux, fans cependant pouvoir offrir ni communier. Enfin les vingt ans de fa pénitence étant accomplis, il étoit reçu à participer aux chofes faintes. Les quinze ans de pénitence infligée pour l'adultere, fe paffoient de la même maniere : le pénitent demeurant quatre ans parmi les pleurans, cinq parmi les auditeurs, quatre entre les profternés, & deux ans confiftant. Il y avoit certains crimes dont la pénitence duroit tout autant que la vie, & dont on n'obtenoit l'abfolution qu'à l'article de la mort.

Il arrivoit fouvent que de puiffans motifs déterminoient le clergé à abréger le tems de la pénitence. Cette difpenfe s'appelloit *indulgence;* &, pendant les perfécutions, dit M. de Fleuri, on l'accordoit fouvent aux prieres des confeffeurs, prifonniers ou exilés. Quand l'évêque jugeoit à propos de finir entiérement la pénitence, il choififfoit ordinairement la fin du carême pour cette opération, afin que le pénitent pût participer aux myfteres qui fe célébroient à la fête de pàques. Le jeudi-faint, les pénitens fe préfentoient à la porte de l'églife : le prélat, après avoir fait pour eux plufieurs prieres, les faifoit rentrer, à la follicitation de l'archidiacre, qui lui repréfentoit que le tems invitoit à la clémence, & qu'il étoit jufte que l'églife reçût des brebis égarées dans fon bercail, en même tems qu'elle augmentoit fon troupeau par les nouveaux baptifés. Le prélat leur faifoit une exhortation fur la miféricorde de Dieu & fur le changement qu'ils devoient faire paroître dans leur vie ; & il les obligeoit de lever la main, en figne des nouveaux engagemens qu'ils alloient contracter : enfin, perfuadé de leur converfion, il leur donnoit la bénédiction folemnelle. Alors, ils fe faifoient faire la barbe & couper les cheveux; ils quittoient leurs habits de pénitence, & admis à la participation des myfteres, ils fe confondoient dans les affemblées religieufes, parmi les autres fideles.

Chez les catholiques romains, le mariage eft placé parmi les facremens , c'eft-à-dire qu'il produit la grace dans l'ame de ceux qui le reçoivent. En quelques pays, il eft précédé des fiançailles , promeffes folemnelles que fe font réciproquement les futurs époux, en face de l'églife , de s'unir inceffamment par les liens facrés du mariage. Quelques rituels permettent de fiancer des enfans, pourvu qu'ils aient atteint l'âge de fept ans ; mais rarement en France on procéde à cet engagement, avant que les deux contraĉtans foient parvenus à l'âge de puberté, fixé par les canons à douze ans pour les filles, & à quatorze pour les garçons : la perfonne fiancée ne peut fe marier avec une autre fans avoir obtenu des difpenfes. La loi civile, de fon côté, veut que le fiancé qui fe dégage, perde tous les effets qu'il a donnés à fa fiancée , & toutes les dépenfes qu'il a pu faire pour elle : mais fi le mariage ne fe fait pas par la faute de la fiancée, celle-ci eft obligée de rendre au fiancé tous les préfens qu'elle en a reçus.

Ce font le prêtres qui, chez les catholiques, font les feuls miniftres du mariage. Les futurs époux commencent par régler leurs intérêts civils chez un notaire ; enfuite, accompagnés de leurs parens & de leurs amis, ils fe rendent à l'églife, & fe préfentent au curé de la paroiffe de l'époufe, munis du confentement de celui de l'époux & du certificat des trois publications de bancs, ou d'une difpenfe de l'évê-que (*fg.* 177). Le prêtre, revêtu de fon aube & de fon étole, les reçoit communément au bas du fanĉtuaire, à la table de la communion. Là, il bénit un anneau & treize pieces d'argent : après la bénédiĉtion, l'époux prend l'anneau qu'il met au quatriéme doigt de la main gauche de fa future époufe, & lui donne les pieces de monnoie. Le mari met enfuite la main dans celle de la mariée ; puis le prêtre, en les appellant par les noms qu'ils ont pris au baptême, leur demande s'ils font bien dans l'intention de s'époufer. Sur leur réponfe affirmative, il prononce la bénédiĉtion nuptiale, en ces termes : « Je vous » unis en mariage, au nom du Pere, du Fils & du Saint-Efprit ». Ces trois mots uniffent pour jamais les deux époux ; & les prieres qui fuivent les bénédiĉtions, les exhortations, ne font que des accompagnemens à la cérémonie. Il eft encore quelques diocèfes en France, où l'on tient un voile ou poêle fur la tête des deux époux, pendant une partie de la meffe qui fuccéde à la bénédiĉtion nuptiale. Cet ufage, dont on ignore l'origine, a vraifemblablement pour objet de figurer l'union étroite qui doit régner déformais entre les nouveaux conjoints. Il eft auffi des diocèfes où l'on eft dans l'ufage de bénir le lit nuptial.

Le divorce n'eft pas reçu parmi les catholiques. La feule reffource
qu'aient en france, deux époux mécontens l'un de l'autre, eft d'obtenir des tribunaux une féparation légale : cette opération, à laquelle le
mari ne fe prête communément que par force, rend aux deux conjoints
la liberté civile , & permet à l'époufe, auparavant renfermée dans
les liens de la tutelle de fon mari, de difpofer librement des fruits de
fes biens , & de s'engager civilement jufqu'à la concurrence des domaines qui ne fe trouvent pas hypothéqués par fon contrat de mariage.

Le premier facrement des catholiques, c'eft le baptême (*fig.* 1 7 8). 178.
On a déja trop parlé de cette cérémonie, pour que nous nous occu-
pions à tracer ici ni fon origine, ni les opinions que les théologiens
ont publiées fur ce facrement : c'eft par-là que l'on fe range fous les
étendards du chriftianifme ; & quiconque croiroit tous les dogmes en-
feignés par l'évangile, & n'eût pas reçu le baptême, ne feroit pas
réputé chrétien. L'églife, dans le fein de laquelle il ne feroit pas compris, ne pourroit fe difpenfer de le confidérer comme une ame morte
& dévouée à la damnation éternelle. Il eft trois manieres de conférer
le baptême, par immerfion, par afperfion & par infufion : la premiere
eft communément pratiquée dans tout l'orient ; la feconde ne paroît
pas avoir été fouvent mife en ufage dans aucune églife chrétienne ,
& la troifiéme eft celle qu'emploient les catholiques. De quelque maniere
que l'on baptife, le rituel exige que l'on emploie la formule fuivante:
« Je te baptife au nom du Pere, du Fils & du Saint-Efprit ». Et il
eft abfolument néceffaire au falut de l'enfant, que ce foit la même
perfonne qui verfe l'eau & qui prononce les paroles, & qu'elle les
prononce en même tems qu'elle verfe l'eau.

L'eau dont on fe fert pour baptifer, doit être naturelle ; & il eft
indifférent, difent les canons du concile de Florence, qu'elle foit froide
ou chaude. Les latins l'emploient toujours froide, & les grecs, jaloux
de ménager la fanté des enfans, la font chauffer avant de la faire fervir
au baptême. Les catholiques font ufage de diverfes cérémonies pour
conférer ce facrement. Les fonts baptifmaux font communément
placés à la porte de l'églife, parce que celui qui fe préfente, pour
recevoir le baptême, n'a pas le droit d'entrer dans le lieu faint, jufqu'à ce qu'il ait reçu ce figne facré du chriftianifme. Le prêtre commence par fouffler fur lui , afin de chaffer, par cette fainte opération,
le démon qui exerce fon autorité fur le corps de ceux qui n'ont pas
été régénérés dans les eaux baptifmales : il fait enfuite un figne de croix

fur fon front & fur fa poitrine ; lui met dans la bouche du fel béni , fymbole de la fageffe chrétienne ; puis il fait plufieurs exorcifmes propres à chaffer le démon qui obféde l'ame de l'enfant, renouvelle le figne de la croix, & met de la falive aux narines & aux oreilles du catéchumene, pour imiter Jéfus-Chrift qui guérit , avec de la falive , un homme fourd & muet; puis il lui demande s'il renonce à fatan , à fes œuvres & à fes pompes. Sur la réponfe faite par le miniftere du parrain & de la marraine, il lui oint, avec de l'huile, la poitrine & les épaules, en forme de croix. Il l'interroge enfuite fur fa croyance, & il lui demande s'il perfifte dans l'intention de fe faire baptifer. C'eft alors que le prêtre confomme le facrement, & infcrit au nombre des croyans le jeune catéchumene, en lui verfant trois fois fur la tête de l'eau en forme de croix , & en prononçant la formule que l'on vient de rapporter. Après quoi, il lui fait une nouvelle onction avec le chrême, fur le fommet de la tête , en forme de croix. Enfin, il le revêt d'une petite tunique blanche, & lui met en main un cierge blanc, fymbole de l'innocence qui caractérife le néophyte.

    Les catholiques confiderent ce facrement comme abfolument effentiel au falut ; il eft permis à tout le monde, aux femmes même, de
178. baptifer leurs enfans, en cas de néceffité (*fig.* 178). Si l'enfant, ainfi régénéré , revient en fanté, on le tranfporte à l'églife , où l'on fait en fa préfence les cérémonies que la précipitation n'a pas pu permettre d'employer, & que les prêtres feuls peuvent mettre en ufage. Quelque fois auffi on confere ce facrement dans les chapelles domeftiques, fur-tout lorfqu'on a des motifs pour retarder la cérémonie publique. Cette maniere de donner le baptême s'appelle *ondoyer* : il n'y a que les princes & les grands feigneurs qui obtiennent ce privilége de l'évêque d'où ils dépendent ; & quelle que foit leur qualité, on ne doit pas le leur accorder fans la permiffion du curé, dont les canons exigent que l'on refpecte la jurifdiction.

    Au facrement du baptême, fuccede chez les catholiques celui de la
179. confirmation (*fig.* 179). Il paroît, par un paffage de Saint Jérôme, qu'autrefois les prêtres le conféroient ; mais ce privilége eft demeuré aux évêques, qui cependant pourroient déléguer un fimple prêtre pour l'adminiftrer. L'églife romaine ne croit pas que la confirmation foit, comme le baptême , d'une néceffité indifpenfable , & elle ne doute pas du falut de ceux qui mourant d'ailleurs en état de grace, auroient négligé de recevoir ce facrement. Les cérémonies qu'on y emploie

font fort fimples : elles confiftent uniquement dans l'impofition des mains, & dans l'onction que l'évêque fait fur le front de ceux qu'il confirme, en prononçant ces paroles : « Je te marque du figne de la » la croix, & je te confirme avec le chrême du falut ». Le prélat termine le facrement, en donnant un foufflet au nouveau confirmé.

On fait que l'églife catholique ordonne la confeffion auriculaire à fes fideles (*figure* 180). Nous ne difcuterons point ici ni l'origine de cette pratique, ni les conteftations fcandaleufes auxquelles elle a donné naiffance au commencement du XVI fiécle. Ce que nous favons, c'eft que le concile de Latran exige, fous peine d'excommunication, que cette confeffion fe faffe au moins une fois l'année à fon propre curé : c'eft ce que l'on appelle la *confeffion pafchale.* Long-tems on a crié contre l'inconvénient qu'offre un ufage qui rend les prêtres dépofitaires des plus importans fecrets des familles ; mais les canons ont prévu l'abus que la fragilité humaine pouvoit en faire, & ils fe font efforcés d'y remédier. Un confeffeur qui auroit l'imprudence de révéler ce qu'il a appris au tribunal de la pénitence, eft condamné de droit à une dégradation infâmante : la loi civile ajouteroit encore des peines à celles prononcées par les canons ; & quiconque feroit convaicu d'une malverfation femblable, ne pourroit échapper à une punition exemplaire, dont la moindre en france feroit les galeres perpétuelles. Voici un fait, que rapporte M. de Saint-Foix à ce fujet, qui paroît fortir de la regle générale.

« Pierre Mathieu, dit-il, rapporte qu'un gentilhomme de Norman- » die, étant allé à confeffe à un cordelier, s'étant accufé d'avoir » voulu tuer François Ier, ce cordelier en avertit le prince ; & que » ce gentilhomme, par arrêt du parlement, fut condamné à avoir » la tête tranchée ». Le même auteur nous apprend que Pierre de Craon, affaffin du connétable de Cliffon, follicita fi vivement le roi Charles VI, que ce prince porta un édit en 1396, qui ordonnoit de donner des confeffeurs aux criminels condamnés à mort, confolation qu'on leur avoit jufqu'alors impitoyablement refufée.

Ceux des fideles qui fe font ainfi confeffés, communient ordinairement à la premiere meffe qui fuit leur confeffion (*fg.* 181). Cette communion, qui, dans l'églife catholique, ne fe fait que fous la feule efpece du pain facré, comprend, felon la décifion du concile de Trente, le corps & le fang de Jéfus même, mort en judée pour les chrétiens. Ce dogme terrible, qui apprend aux hommes que Dieu même peut leur servir de nourriture , n'a pas moins occasionné de disputes , de guerres & de combats que celui de la confession ; & l'on voit dans les écrits des protestans , & sur-tout dans ceux des calvinistes, que ces novateurs furent toujours singuliérement scandalisés de la doctrine de la transubstantiation , & des hommages que les catholiques romains rendent à l'eucharistie. Des plumes savantes, nourries dans le sein de l'église romaine , ont souvent terrassé leurs adversaires sur ce point important ; & l'on voit qu'on n'a jamais pu répondre que foiblement aux preuves qu'ils rapportoient pour démontrer que cette croyance fût celle des premiers chrétiens. » Après la consécration, dit l'un des plus » savans hommes de cette communion , en parlant de la primitive » église , l'évêque prenoit la communion , puis la donnoit aux prê- » tres, puis aux diacres & aux sous-diacres, ensuite aux ascetes ou » aux moines , aux diaconesses , aux vierges & aux autres religieuses, » aux enfans & enfin à tout le peuple. Pour abréger cette action , » qui étoit toujours fort longue , plusieurs prêtres en même tems dis- » tribuoient le corps de Notre-Seigneur, & plusieurs diacres donnoient » le calice. Pour éviter la confusion , les prêtres & les diacres alloient » porter la communion par les rangs, en sorte que chacun demeuroit » à sa place : les hommes recevoient le corps de Jésus-Christ dans » leurs mains, & les femmes dans des linges destinés à cet usage. On » donnoit aux petits enfans les particules qui restoient de l'eucharis- » tie : pendant la communion on chantoit un pseaume dont il n'est » resté que l'antienne. Dès le quatriéme siecle , la communion n'étoit » plus si fréquente qu'auparavant ; & Saint Chrysostôme se plaint de » ce que plusieurs assistoient aux saints mysteres sans communier, & » que plusieurs ne communioient qu'à l'occasion des fêtes : il mar- » que qu'il y en avoit qui ne communioient qu'une ou deux fois » l'année ». Cette négligence, cette tiédeur des chrétiens, força le clergé à faire une loi qui ordonnoit que l'on communieroit aux trois grandes fêtes de noël, de pâques & de la pentecôte. On a été enfin réduit à restreindre cette ordonnance à la seule fête de pâques ; mais la loi est encore si rigoureuse à ce sujet, qu'un catholique qui s'abstien- droit de la communion paschale, sans un motif grave, s'exposeroit, sur-tout dans les campagnes, à une vive réprimande de la part de son curé, & à passer, parmi ses concitoyens, pour un hérétique ou un pécheur obstiné. Lorsque le pape est en voyage, il porte commu- nément avec lui le saint-sacrement , pour communier ceux des

princes

princes & des grands seigneurs qui desirent recevoir l'euchariftie de sa main (*fig.* 182).

Le dernier sacrement que l'églife romaine donne à ses enfans, eft l'extrême-onction (*fig.* 180). Il eft des diocèfes en france, où l'on donne aux malades le viatique avant l'extrême-onction ; d'autres où l'on confere ce dernier facrement avant l'euchariftie. Le viatique (*fig.* 181). n'eft autre chofe que la communion, & l'ufage veut qu'on l'adminif-tre aux malades qui font en danger de mort, & qui ont obtenu la rémiffion de leurs péchés par une abfolution facramentelle. L'extrême-onction, que les proteftans n'ont pas jugé à propos d'élever à la di-gnité de facrement, & dont la plupart même ne font aucun ufage, confifte dans différentes onctions accompagnées de prieres. Les évêques & les prêtres en font les feuls miniftres : celui qui l'adminiftre fait cinq onctions fur les cinq fens du malade, avec de l'huile d'olive bénite le jeudi-faint par l'évêque. En faifant chacune des onctions, il prononce cette formule : » Que Dieu, par cette onction de l'huile facrée, & par » fa très-pieufe miféricorde, vous pardonne les péchés que vous avez » commis par la vue, par l'ouïe, par l'odorat, &c. ». L'objet de ce facrement eft de fortifier l'ame du malade, contre les attaques du démon, qui, dit le rituel, multiplie fes efforts contre les hom-mes au moment de l'agonie. Quoiqu'il ne foit pas abfolument néceffaire au falut, on ne peut fe difpenfer de le recevoir fans de puiffans motifs.

On eft affez communément en ufage dans l'églife catholique, de prévenir le peuple de la mort prochaine d'un fidele, par le fon lugubre d'une cloche de la paroiffe. Lorfque le malade eft fur le point de rendre l'ame, fes parents & fes amis s'affemblent pour réciter la priere des ago-nifans. Bientôt le fon des cloches annonce le trépas; un prêtre fe rend alors au logis du mort, & récite auprès de fon lit, diverfes prieres pour le repos de fon ame. Ce miniftre refte ordinairement auprès du défunt pendant les vingt-quatre heures qui s'écoulent entre le trépas & les funé-railles. Peu de temps avant l'enterrement, on expofe le mort renfermé dans une biere couverte de drap noir, à la porte de la maifon où il eft décédé (*fig.* 183). On place à côté du cercueil, un bénitier & une croix, & l'ufage exige que les paffans s'arrêtent pour l'arrofer d'eau bénite, & dire quelques prieres propres à foulager fon ame. A l'heure fixée pour l'enterrement, les prêtres, revêtus d'un furplis & tenant chacun un cierge à la main, arrivent proceffionnellement à la maifon du défunt. Le célébrant entonne une oraifon, & auffi-tôt des hommes,

Fig. 183

Tome III. E

 payés pour cet office & vêtus de robes noires, se saisissent du cercueil & le portent vers l'église (*fig.* 184.) Si le mort appartient à quelques communautés ou confréries, tous ceux du même corps, vêtus de noir & un cierge à la main, assistent au convoi. Si le mort est un prêtre, on met une étole sur son cercueil. Etoit-il duc, marquis, on y met sa couronne, & seulement son épée, s'il n'étoit que gentilhomme ; si c'est une vierge, on le décore d'une couronne de fleurs, & le drap mortuaire est blanc. Lorsqu'on est arrivé à l'église, on dit la messe des morts, si le convoi se fait avant midi. L'usage veut que pendant ce sacrifice, les plus proches parents du défunt aillent à l'offrande Après la messe solemnelle, le célébrant, revêtu d'une chape noire, & accompagné de la croix & de deux acolytes, se rend auprès du défunt, récite différentes prieres tirées de l'office des morts, & fait autour du corps plusieurs aspersions d'eau bénite & divers encensemens : on porte ensuite le corps au cimetiere, à moins que, par un privilége spécial, il n'ait le droit de se faire enterrer dans l'église. Là se trouve une fosse de six pieds de long sur quatre de profondeur dans laquelle on le descend ; puis le prêtre jette de nouveau de l'eau bénite sur le cercueil avec une pellerée de terre, en prononçant quelques prieres ; & la cérémonie se termine par remplir la fosse de la terre qu'on en avoit tirée.

Rien de plus lugubre & de plus triste que le spectacle d'un pape mourant : le désordre & la confusion régnent alors dans tout son palais : ses parens & ses domestiques n'attendent pas qu'il ait rendu l'esprit pour enlever tous les meubles qui lui appartiennent ; & lorsque les Officiers de la chambre apostolique, viennent se saisir de la dépouille du pape défunt, il ne reste que les quatre murailles & le cadavre couché sur une méchante paillasse, auprès de laquelle on laisse à peine un bout de cierge allumé.

» Alors le cardinal camerlingue vient, en habit violet, accompagné » des clercs de la chambre, en habits noirs, reconnoître le corps du » pape (*fig.* 185). Il l'appelle trois fois par son nom de baptême ; » & comme il ne lui donne ni réponse, ni aucun signe de vie, il fait » dresser un acte de sa mort par les protonotaires apostoliques. Il prend » des mains du maître de la chambre du pape, l'anneau du pêcheur, » qui est le sceau du pape, d'or massif, du prix de cent écus. Il le » fait mettre en pieces, & donne ces pieces au maître de cérémo- » nies à qui elles appartiennent. Le dataire & les secrétaires qui ont

» les autres fceaux du pape défunt, font obligés de les porter au car-
» dinal camerlingue, qui les fait rompre en préfence de l'auditeur de
» la chambre, du tréforier & des clercs apoftoliques ; & il n'eft per-
» mis à aucun autre des cardinaux, d'affifter à cette fonction.

» Enfuite le cardinal patron & les neveux du pape font obligés de
» quitter le palais ; ce qui arrive ordinairement au Vatican, ou à
» Monte-cavallo, quand il ne finit pas fa vie par quelque mort fou-
» daine & imprévue. Le cardinal camerlingue prend poffeffion du
» palais au nom de la chambre apoftolique ; & après qu'il y eft entré
» avec toutes les formalités dont nous venons de parler, il fait faire un
» inventaire fommaire des meubles qui s'y rencontrent, mais il n'y
» refte le plus fouvent aucune chofe, comme nous l'avons dit.

» Cependant les penitenciers de Saint Pierre & les chapelains du
» défunt, prennent le foin de faire embaumer fon corps. Après l'avoir
» bien fait rafer, on le revêt des habits pontificaux, la mitre en tête,
» le calice à la main : le camerlingue prend foin d'envoyer inconti-
» nent des gardes pour fe faifir des portes de la ville, du château
» Saint-Ange, & des autres portes. Les capitaines de quartier font
» nuit & jour la patrouille avec leurs milices, pour empêcher les fé-
» ditions de ceux qui cabalent pour l'élection d'un nouveau pape ».

Après que le camerlingue a pourvu à la fûreté de Rome, il fort
du palais apoftolique, & fait en carroffe le tour de la ville, accompagné des fuiffes ou du capitaine des gardes, qui efcortoient ordinairement le pape défunt (*fig.* 185). Lorfque cette marche commence, 185.
on fonne la groffe cloche du capitole : cette cloche ne fonne jamais
que pour annoncer la mort du fouverain pontife.

Au fignal de cette cloche, la rote & tous les tribunaux ceffent de
rendre la juftice. La daterie fe ferme; &, fuivant la bulle *de ineligendis*
de Pie IV, il ne fe fait plus aucune expédition de bulles. Toutes les congrégations ordinaires ceffent auffi, de maniere qu'il n'y a
plus que le cardinal camerlingue & le cardinal grand pénitencier qui
continuent les fonctions de leur charge.

Comme les papes ont choifi l'Eglife de Saint Pierre pour le lieu de
leur fépulture, quand ils font morts au mont Quirinal, appellé *Monte-
cavallo*, ou en quelqu'autre endroit de leur palais, on les porte au
Vatican dans une grande litiere ouverte, au milieu de laquelle le corps
du pape eft expofé à la vue du peuple, revêtu de fes ornemens pontificaux.

Tome III.   E 2

La litiere eſt précédée d'une avant-garde de cavaliers, de trompettes ſourdes couvertes de crêpes moitié noirs & moitié violets. Ces trompettes marchent à la tête de la premiere compagnie, montés ſur des chevaux pommelés & de même couleur que les banderoles attachées à la bouche des trompettes ; mais celles de l'avant-garde ſont de velours noir, avec des crépines d'or & d'argent. Ces cavaliers portent la lance baiſſée; ils ont leurs étendards qui précédent chaque eſcadron, au milieu de leurs timbaliers qui font entendre ſur leurs timbales un ſon lugubre.

Quelques bataillons ſuiſſes viennent après : la moitié de ces ſuiſſes portent des mouſquets, l'autre moitié des hallebardes renverſées. Ceux-ci ſont ſuivis de vingt-quatre palfreniers qui conduiſent autant de haquenées couvertes d'un drap noir, traînant juſqu'à terre. Pluſieurs eſtafiers du pape défunt marchent confuſément au milieu de ces haquenées, portant à la main des torches de cire jaune allumées.

Les douze pénitenciers de Saint Pierre viennent après, chacun la torche à la main, au milieu de la garde des ſuiſſes qui portent des eſpadons & des hallebardes autour de la litiere du pape. Le porte-croix marche immédiatement devant la litiere, monté ſur un grand cheval caparaçonné d'un treillis de fil-d'archal, comme un cheval de bataille: Derriere celui de parade ſur lequel eſt le corps du pape, on voit ſon maître de table ſur un cheval noir ſans oreilles, & qui n'a, pour tout harnois, que des bandes de toiles, un drap de ſatin blanc, & une aigrette à trois rangs de fils-d'archal & de clinquant ſur la tête.

On voit enſuite vingt-quatre autres palfreniers conduiſant des mules noires avec des couvertures blanches, & une douzaine d'eſtafiers avec des haquenées blanches couvertes de velours noir. Ceux-ci ſont ſuivis d'une compagnie de chevaux-legers, dont les cavaliers ſont habillés de violet. Après cela vient une compagnie de cuiraſſiers, & enfin le reſte de la garde des ſuiſſes, dont la marche eſt fermée par une compagnie de carabiniers qui eſcortent quelques pieces de canon de bronze doré, qu'on fait tirer ſur leurs affûts.

Si le pape eſt mort au Vatican, on le porte d'abord, par un eſcalier ſecret, dans la chapelle de Sixte. Après l'y avoir laiſſé vingt-quatre heures, on l'embaume, & le même jour on le tranſporte dans l'égliſe de Saint Pierre, ſans autre compagnie que celle des pénitenciers, des chapelains & autres eccléſiaſtiques qui ſuivent le corps du pontife défunt, juſques ſous le portique de la Baſilique. Les chanoines de la même églife viennent le recevoir, en chantant les prieres ordinaires pour les morts ; enfuite de quoi, ils le portent dans la chapelle de la Sainte Trinité, où il demeure expofé trois jours fur un lit de parade affez élevé, à la vue du peuple qui vient en foule baifer les pieds de fa fainteté, à travers une grille de fer, qui fert de baluftrade & de clôture à cette chapelle.

Au bout de trois jours, on met le cadavre embaumé de nouveaux parfums, dans un cercueil de plomb, au fond duquel les cardinaux de fa promotion font mettre des médailles d'or & d'argent, qui repré-fentent d'un côté le pape défunt, leur bienfaiteur, & de l'autre fes actions les plus remarquables. On couvre enfuite ce cercueil d'une caiffe de cyprès, & on le laiffe en dépôt derriere la muraille de quelque cha-pelle, jufqu'à ce qu'on lui ait élevé un maufolée à Saint Pierre, ou ailleurs, s'il ne l'a pas fait dreffer lui-même de fon vivant ; car c'eft un ordre que quelques-uns donnent d'avance. Mais quand le pape déclare par teftament ou de vive voix, qu'il choifit quelqu'autre églife que celle de Saint Pierre, la tranflation de fon corps ne doit fe faire qu'un an après qu'il a été mis en dépôt dans quelqu'une des chapelles de cette Bafilique ; & l'on ne peut en ôter le corps du pape, fans donner une groffe fomme d'argent au chapitre de Saint Pierre. Il en coûte quel-quefois plus d'un million, quand il s'agit d'avoir le cadavre de quel-que pontife mort en odeur de fainteté, & qu'on efpere pouvoir être un jour canonifé.

La chambre apoftolique paye les frais de la fépulture du pape, qui font réglés à cent cinquante mille livres, tant pour les obfé-ques dont nous venons de parler, que pour dreffer un maufolée dans Saint Pierre, avec une chapelle ardente, où tous les matins on chante une meffe de *Requiem*, pendant huit jours, en préfence du facré collége, pour le repos de l'ame du pontife défunt. La clôture de cette cérémonie funébre fe fait le neuvieme jour par une autre meffe folemnelle, chantée par un cardinal évêque, affifté à l'autel par quatre autres cardinaux en mitre, qui vont, avec le célébrant, faire à la fin de l'office, les encenfemens fur la repréfentation du cercueil, & les afperfions ordonnées dans le rituel, en préfence des autres cardinaux & de tous les prélats & officiers de la cour du pape dé-funt, qui fe retirent auffitôt qu'ils ont entendu le dernier *requiefcat in pace*, à quoi ils répondent *amen*. Si les papes ne font pas fauvés, ajoute l'auteur du tableau de la cour de Rome, ce n'eft pas faute de prieres. Le premier & le dernier jour de la neuvaine qui se fait pour le repos de leur ame, on dit deux cents messes, & les autres jours cent.

Après les funérailles du pape, celles des cardinaux sont les plus magnifiques. Mais la plupart des cérémonies qui les accompagnent, sont si parfaitement semblables à celles du pontife romain, qu'on ne pourroit en faire ici le tableau, sans s'exposer à des répétitions fréquentes & ennuyeuses : celles des évêques, sont beaucoup moins pompeuses ; les cérémonies en sont prescrites par le rituel de chaque diocèse. La plupart exigent que, lorsqu'un prélat de cet ordre sent sa derniere heure approcher, il reçoive le viatique des mains du principal dignitaire de sa cathédrale, &, revêtu des ornemens pontificaux, il doit ensuite assembler son clergé, faire devant lui sa confession de foi, & demander publiquement pardon à Dieu des fautes qu'il a pu commettre dans le gouvernement de son diocèse. Après la mort de l'évêque, les chanoines qui ont assisté à son trépas, doivent réciter tour-à-tour le verset *à portâ inferi*, l'asperger d'eau bénite, & lui fermer les yeux. Les domestiques du prélat lavent ensuite son corps avec de l'eau chaude & du vin ; puis on le revêt des ornemens pontificaux, & spécialement du *pallium*, si le défunt avoit le droit de le porter. On l'expose en cet état sur un lit de parade, environné de cierges allumés, & portant sur les jambes son chapeau : au pied du lit, est une crédence qui supporte deux cierges allumés, le bénitier, l'aspersoir, le missel, l'encensoir, la navette, le surplis, l'étole & le pluvial noir. Le clergé séculier & régulier viennent alternativement chanter auprès du prélat l'office des morts. Lorsqu'il a reçu ainsi, pendant trois jours, les hommages & les prieres de la plupart des corps ecclésiastiques de la métropole, on l'enterre dans un caveau pratiqué pour cet usage dans la cathédrale ; & pendant toute cette cérémonie lugubre, toutes les cloches de la ville sont en mouvement, & les prêtres sont obligés, dans toute la matinée, de faire mémoire du défunt dans le canon de la messe. Quelques rituels fixent aussi un certain nombre de messes que chaque ecclésiastique du diocèse doit célébrer pour le repos de l'ame du prélat.

L'EVÊQUE designé se presente avec les deux ASSISTANS.

L'EVÊQUE designé prête le SERMENT.

L'EVÊQUE designé se PROSTERNE.

L'EVÊQUE designé est OINT.

On OINT les mains de L'EVÊQUE.

On lui donne le BÂTON PASTORAL.

On donne l'ANNEAU à l'EVÊQUE .

On lui presente le LIVRE des EVANGILES .

Le nouvel EVÊQUE presente les flambeaux, le Pain, et le Vin .

On met la MITRE sur la tête de l'EVÊQUE consacré .

On lui donne le BÂTON PASTORAL .

L'ARCHEVÊQUE recevant le PALLIUM .

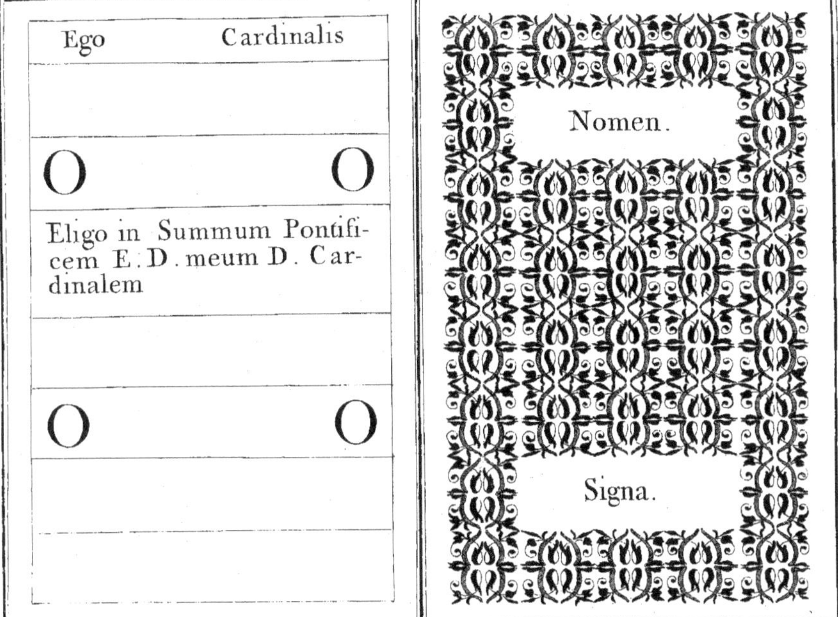

FIGURE.
Representant le côté imprimé d'un Billet pour le Scrutin.

FIGURE.
Representant le Revers d'un Billet pour le scrutin & pour l'avoir couvert de fleurons.

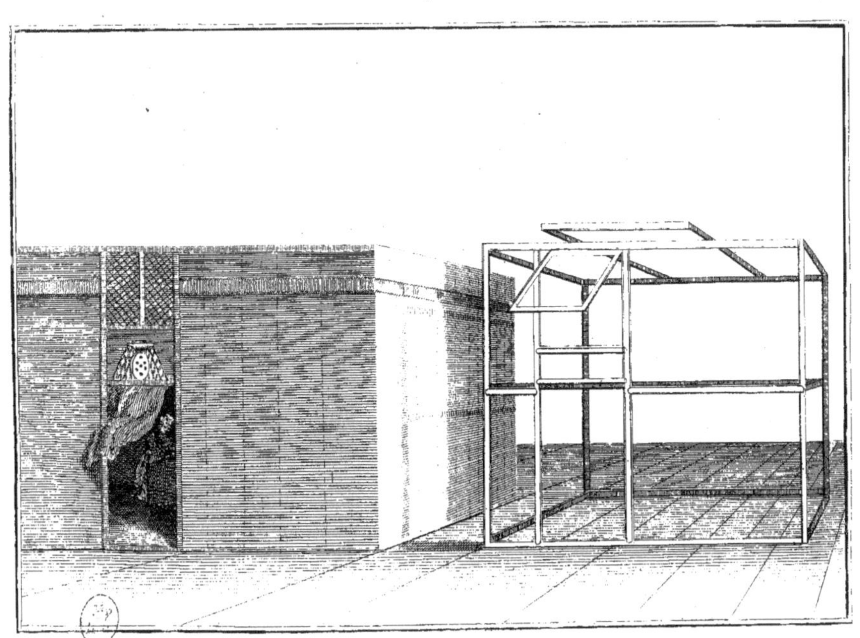

La Structure et la charpente des cellules des Cardinaux.

Tom.I. N°17.

L'ENTRÉE des CARDINAUX au CONCLAVE.

La MESSE du SAINT ESPRIT.

Premiere CONGREGATION generale des CARDINAUX.

Le SCRUTIN des CARDINAUX pour L'ELECTION d'un PAPE.

MANIERE dont on porte les VIVRES au CONCLAVE.

L'EXAMEN des VIVRES.

L'ADORATION du PAPE dans la CHAPELLE.

L'ADORATION du PAPE sur le grand AUTEL de St PIERRE.

Les ÉTOUPES brulées devant le PAPE.

Le COURONNEMENT du PAPE.

Les JUIFS presentant le PENTATEUQUE au PAPE dans le Colisée.

Les CLEFS presentées au PAPE sous le vestibule de St Jean de Latran.

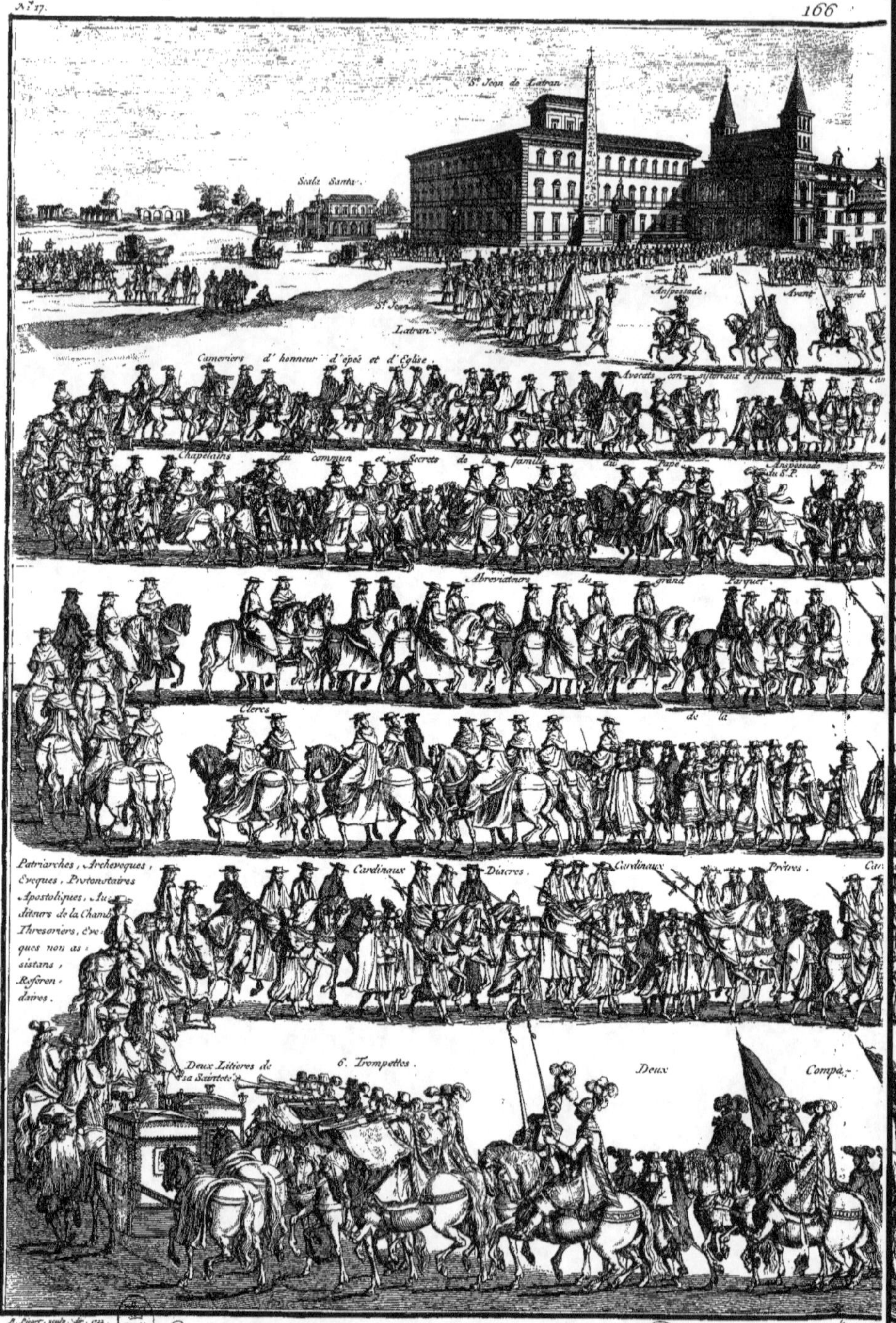

B. Picart sculp. dir. 1722.

Le PAPE va en CEREMONIE prendre POSSESION

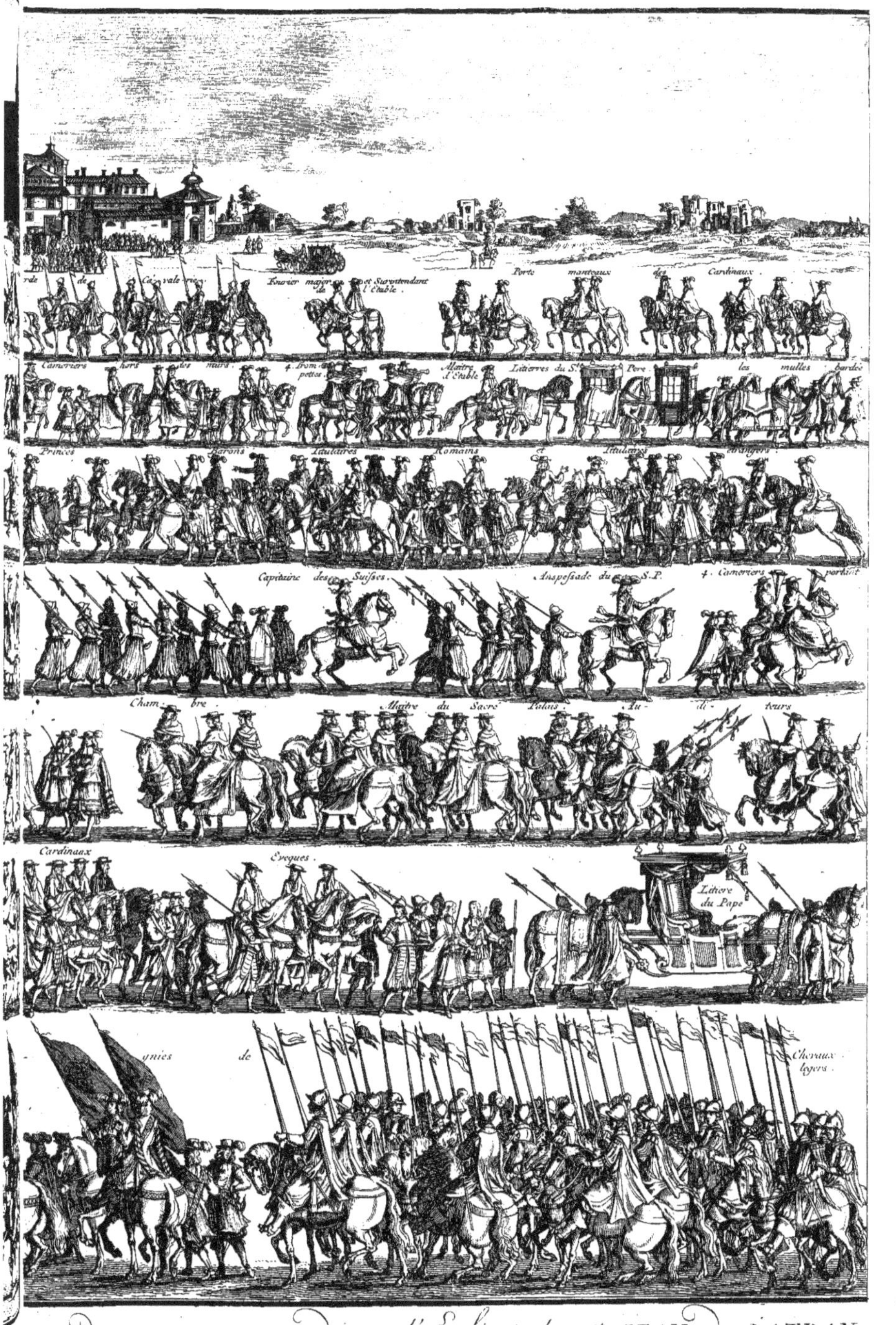

ON du PONTIFICAT dans l'Eglise de St. JEAN de LATRAN.

qui est la Capitale de toutes celles qui relevent de

la jurisdiction du PAPE dans la Chretieneté.

La proclamation du JUBILÉ au son des trompettes dans l'église de St. PIERRE

Les Penitenciers ayant balayé la PORTE Ste. après qu'elle a été demurée, le PAPE prend sa croix, et y entre en chantant le TEDEUM.

Le PAPE députe trois CARDINAUX pour aller ouvrir les portes de St. JEAN DE LATRAN, de Ste. MARIE MAJEURE, et de St. PAUL.

Marche des CARDINAUX députez par sa SAINTETÉ pour aller faire l'ouverture de la PORTE SAINTE aux trois autres Eglises.

La garde de la PORTE SAINTE, est commise aux Milice.

Les PENITENCIERS remettant les pechez aux PELERINS, en les touchant de leurs Baguettes.

Tom. II. p. 168

Le PAPE faisant l'ouverture de la PORTE SAINTE.

Vue des LOGES d'où la NOBLESSE regarde la Cérémonie de l'ouverture de la PORTE SAINTE.

Les Pellerins vont en Procession visiter les Sept Églises.

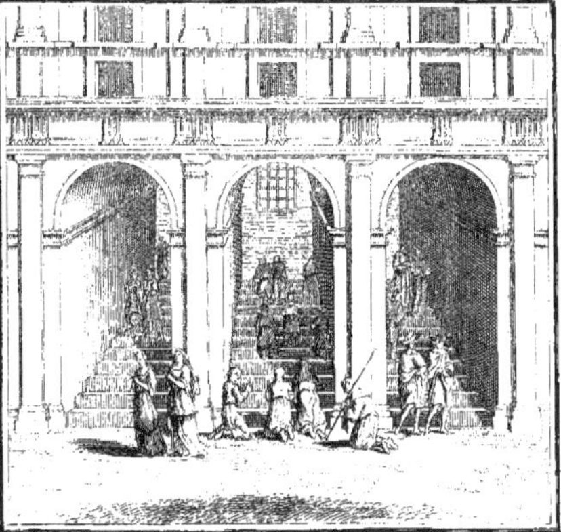

Les Pelerins montent à genoux LA SCALA SANTA.

Les PRELATS, et BARONS Romains, vetus en Penitens lavent les pieds des Pelerins, et les servent.

Le PAPE benit les Tables des Pelerins, et leur sert a manger avec les CARDINAUX et autres PRELATS.

Le PAPE distribue aux Pelerins des Chapelets, Medailles, et Agnus Dei, et ils lui baisent les pieds.

A La fin du Jubilé, le PAPE pose la premiere pierre, pour fermer la PORT SAINT.

Tom. II. N.º 30.

THEATRE dressé dans L'EGLISE de S.t PIERRE pour la CANONISATION de quelques SAINTS sous le Pontificat de CLEMENT XI. en 1712.

Ordre de la PROCESSION, pour la CANONIZATION de quelques SAINTS, dans l'EGLISE de St PIERRE, sous le Pontificat de CLEMENT XI en 1712.

On donne L'HABIT ECCLESIASTIQUE à L'ABÉ.

On lui IMPOSE les MAINS.

On donne le VOILE à L'ABESSE.

La CONSECRATION des RELIGIEUSES.

BENEDICTION des HABITS des RELIGIEUSES.

Les RELIGIEUSES reçoivent le VOILE.

Tom. I. N.º 25.

L'EVÊQUE donne L'ANNEAU aux Nouvelles RELIGIEUSES.

On COURONNE la Nouvelle RELIGIEUSES.

On fait la Lecture de L'ANATHEME.

Les RELIGIEUSES présentent des CIERGES.

L'EVÊQUE COMMUNIE les RELIGIEUSES.

On leur donne le BREVIAIRE.

DÉGRADATION de L'EVÊQUE.

RETABLISSEMENT de celui qui avoit été DÉGRADÉ.

L'EXCOMMUNICATION à chandelles éteintes.

RETABLISSEMENT d'un EXCOMMUNIÉ.

RECONCILIATION de L'HERETIQUE.

L'HERETIQUE conduit aux pieds de l'Autel par L'EVÊQUE.

Les PENITENS se PRESENTENT.

On leur met le CILICE.

On les met hors de L'EGLISE.

Ils sont devant la porte de l'Eglise, les CIERGES ETEINTS.

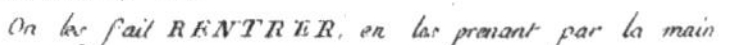

On les fait RENTRER, en les prenant par la main.

Pendant qu'ils sont à genoux, on RECITE les LITANIES.

Tom. II. N.º 10.

Ceremonie de MARIAGE.

Benediction du LIT NUPTIAL.

Le *BAPTÊME ADMINISTRÉ par un* PRÊTRE.

Le *BAPTÊME ADMINISTRÉ par la* SAGE-FEMME.

CEREMONIE *de la* CONFIRMATION.

Autre Maniere de CONFIRMER.

La CONFESSION.

EXTREME ONCTION.

La COMMUNION.

B. Picart, del.

Le VIATIQUE.

Tom. II. N.º 8.

MANIERE de porter le S. SACREMENT quand le PAPE est en Vojage.

L'EXPOSISION du CORPS à la Porte du Logis.

L'OFRANDE du PAIN et du VIN à la MESSE des MORTS.

Le CONVOI F[...]

Le CORPS EXPOSÉ dans le CHOEUR.

FUNÉBRE.

On jette L'EAU BENITE sur le CORPS apres qu'on la DESCENDU dans la FOSSE.

La RECONNOISSANCE du CORPS du PAPE défunt &c.

Les OBSÈQUES du PAPE DÉFUNT.

Le CORPS du PAPE porté à L'EGLISE de SAINT PIERRE.

Le CORPS du PAPE exposé trois jours au peuple dans l'Eglise de St. PIERRE.

CATAFALQUE du PAPE DÉFUNT.

CONVOI FUNEBRE du PAPE.

ARTICLE V.

Religion des Grecs fchifmatiques.

L'ÉGLISE grecque eft toute auffi ancienne que l'églife romaine, elle reconnoît, comme celle-ci, les apôtres même pour fondateurs. Auffi, long-temps fon patriarche, j'entends celui de Conftantinople, prefque égal au pape en dignité, exerça-t-il une autorité refpectable dans tout l'orient. L'ambition de ce pontife occafionna le fchifme qui, depuis près de mille ans, divife ces deux églifes, autrefois le boulevart du chriftianifme. Dès le fixieme fiecle, la queftion touchant la procef-fion du Saint-Efprit avoit divifé les grecs d'avec les latins ; mais les foudres des conciles, & les anathêmes que fulminoient les évêques contre ceux qui ne croyoient pas à cette doctrine, avoient refferré cette difpute dans l'étroite enceinte des écoles. Photius, le plus favant homme de fon fiecle, Photius que la raifon & la philofophie guidoient déjà dans un temps où les fophifmes & la pédanterie bouleverfoient la terre, fit revivre cette ancienne querelle, & jetta les fondemens d'un fchifme beaucoup plus dangereux pour l'églife romaine, que tous ceux dont on avoit été menacé jufqu'alors. Il n'eft pas d'horreurs, point d'infa-mies, point d'invraifemblance, que la cabale n'ait publié contre ce grand homme ; mais il paroît que l'ambition fut fon principal défaut. Les empereurs fous lefquels il vécut, connurent tout fon mérite, & ils furent affez éclairés pour le mettre à profit. Il n'étoit encore que laïque, lorfqu'en 858, il fut élevé fur le fiége de Conftantinople, à la place d'Ignace, homme foible, ignorant, fuperftitieux & crédule : en fix jours, il fut fait moine, lecteur, fous-diacre, diacre, prêtre & patriar-che : cette marche eft encore celle de l'églife grecque.

Cette églife reconnoiffoit alors la fuprématie du pape ; ainfi, comme Ignace avoit refufé de donner fa renonciation au patriarchat, le pontife romain fut pris pour juge de cette grande conteftation : des légats partirent de Rome pour juger les deux prétendans ; &, après avoir dégradé ignominieufement l'ancien patriarche, ils confirmerent la poffeffion de Photius. Les partifans d'Ignace, mécontens d'un tel jugement, eurent recours à Rome, & firent entendre au pape Nicolas, qui régnoit alors, que la religion de ces légats avoit été furprife, &

que leur fentence étoit manifeftement injufte. Le pontife défavoua auffi-tôt la conduite de ces repréfentans ; & dans une lettre, qu'il écrivit aux églifes d'orient, il déclara nulle la dépoffeffion d'Ignace, & l'ordination de Photius : il affembla enfuite un concile à Rome, dans lequel il défavoua folemnellement fes légats, excommunia Photius & fes adhérens, & rétablit Ignace dans la dignité de patriarche de Conftantinople.

Michel III occupoit alors le trône des Céfars. Dans un fiecle auffi pufillanime & auffi dégénéré que celui dont il eft queftion, ce prince n'étoit pas fans vertu ni fans courage ; l'indolence, la molleffe & l'incrédulité qui l'environnoient, ne l'empêcherent pas de fe plaindre hautement de la hardieffe du pontife romain. Celui-ci, indigné qu'une tête couronnée osàt prendre part à une conteftation dont lui feul étoit le juge, fit auffi-tôt partir fes légats pour l'orient, & les chargea de lettres adreffées aux principaux membres de l'empire, & qui fappent en divers endroits les fondemens de cette autorité refpectable que les nations ont confiée aux fouverains.

L'excommunication que le pape avoit prononcé contre Photius, irrita ce patriarche. Aimé de l'empereur, auquel il faifoit appercevoir les attentats que le pontife romain ne ceffoit de commettre contre fon autorité, il obtint la permiffion d'affembler un concile œcuménique, dans lequel le pape Nicolas fut condamné comme hérétique, dépofé folemnellement, & excommunié avec tous ceux qui demeureroient dans fon parti. Les actes de ce concile furent fignés par mille évêques, tous affemblés à Conftantinople. Après cet éclat, Photius écrivit une lettre au patriarche d'Alexandrie, & aux autres prélats qui compofoient alors l'églife grecque. Son objet étoit en leur développant les héréfies prétendues du pape Nicolas, de les engager à abdiquer fa communion ; mais l'activité du pape, l'éloquence de fes émiffaires, & le grand nombre d'ennemis que Photius s'étoit fait par fon mérite, rendirent fes déclarations inutiles. La mort de Michel, qui fut alors affaffiné par Bafile, fon collégue à l'empire, déconcerta tous fes projets. Le nouvel empereur, prince auffi foumis à l'églife qu'il étoit fanguinaire, fit dépofer Photius, & fe recommanda dévotement au pape Adrien, fucceffeur de Nicolas. Le pontife affembla un concile où les actes de celui de Photius furent brûlés. Le pere Mainbourg, l'exagérateur le plus hardi de tous ceux qui fe font mêlés d'écrire l'hiftoire, rapporte à ce fujet un miracle très-digne du fiecle où ce jéfuite hiftorien le fait opérer : » Le

feu

» feu , dit-il , loin de s'éteindre, par une grosse pluie qui survint en
» même tems, en devint plus grand & plus violent, comme si l'eau
» se fût changée soudainement en huile ». Quoi qu'il en soit de ce
miracle, auquel le pere Mainbourg étoit fort éloigné de croire , le
pape Adrien assembla , en 869 , un nouveau concile à Constantinople,
où l'on renouvella les anathêmes prononcés contre Photius. Non-seulement le pape triompha de ce rebelle , mais il parvint à donner dans
l'orient, à l'autorité du siége de Rome , une étendue qu'elle n'avoit pas
eue jusqu'alors. Le pape , qui n'y avoit jamais exercé que le droit de
suprématie , s'arrogea dans ce concile , des titres qui mettoient l'église de
Constantinople sous sa dépendance ; & ce pontife , jettant les fonde-
ments de ces prétentions exhorbitantes , que ses successeurs ont si long-
tems soutenues, sembloit déjà vouloir se placer au-dessus du concile
universel.

Cependant Photius trouvoit dans ses lumieres , dans sa prudence
& dans son activité , des ressources que la superstition & l'ignorance
fournissoient à la cour de Rome. Les différentes proscriptions prononc-
cées contre lui, ne l'empêcherent pas de se réconcilier avec Basile ,
autrefois son ennemi juré. Ignace étant mort, il remonta sur le siége
patriarchal : cet événement força le pape à le reconnoître , & la seule
condition qu'il mit à la réconciliation , fut que le nouveau prélat
demanderoit pardon en plein concile : c'étoit Jean VIII qui occupoit
alors la chaire de Saint Pierre. Marin , son successeur, ne crut pas devoir
marcher sur ses traces : il condamna solemnellement Photius , &
Adrien III , qui succéda à Marin , n'employa pas plus de ménagement
à ce sujet. Ce fut alors que le patriarche de Constantinople écrivit
une lettre contre les latins , sur la procession du Saint-Esprit. Un homme
tel que Photius , devoit être fort dangereux en fait de controverses ;
aussi la plaie qu'il fit alors à l'église romaine , ne s'est jamais fermée.
En vain ce prélat fut chassé de son siége pour la troisieme fois,
par Léon le philosophe ; en vain les papes s'efforcerent de décréditer sa doctrine , & d'anathématiser ses sectateurs ; l'église grecque con-
serva toujours sa liberté , & le pape cessa d'exercer sur elle cette autorité qu'il tient de la prééminence de son siége.

L'église romaine trouva dans Michel Cerularius , l'un des successeurs de Photius , un adversaire aussi puissant & aussi adroit que le fut
celui-ci. Ce prélat attaqua vivement le pape sur quatre griefs , qui
étoient, 1°. que dans l'église latine , on se servoit pour la consécration

du pain fans levain ; 2°. qu'on mangeoit du fromage & des viandes étouffées ; 3°. qu'on jeûnoit les famedis ; 4°. qu'on ne chantoit pas *Alleluia* pendant le carême : Léon IX étoit alors fur la chaire de Saint Pierre. Ce pontife réfuta les accufations de Cerularius, & lui fit de vifs reproches fur l'aigreur & l'animofité qu'il témoignoit dans fa conduite. Le patriarche feignit de fe rendre à fes obfervations ; & ayant paru defirer la paix, le pape envoya des légats à Conftantinople pour terminer cette affaire : cette démarche n'eut aucune fuite heureufe. Cerularius refufa obftinément de voir les légats ; & ceux-ci, après avoir fait tous leurs efforts pour le perfuader par la douceur, furent enfin obligés de l'excommunier publiquement : le patriarche fe vengea de cet attentat commis contre fon autorité, en excommuniant à fon tour les légats. Il peignit enfuite l'églife romaine fous des couleurs fi noires, que le peuple fe fût oppofé à la réconciliation, s'il eût été queftion de renouer les négociations : cependant Cerularius, dont l'obftination l'avoit rendu odieux à l'empereur grec, attira fur fa tête la foudre qui avoit crevé fur celle de Photius, & il mourut en exil.

Il y eut quelques propofitions de paix faites entre le pape & le patriarche, fous l'empire de Jean Vataces ; mais elles n'eurent aucun fuccès. Ce grand différend eût été terminé fous Michel Paléologue, fi fes fujets, moins perfuadés que lui de la fuprématie de l'églife romaine, ne fe fuffent oppofés à la réunion. Ce prince envoya au concile de Lyon des ambaffadeurs chargés de préfenter une profeffion de foi conforme à celle de l'églife latine, & fignée de vingt-fix métropolitains d'Afie. Cette conduite fouleva contre lui tous fes fujets, & en vain il employa, pour les fubjuger, les perfécutions & les fupplices, il ne put convertir perfonne : un autre événement déconcerta encore fon projet. Ses ambaffadeurs étant revenus du concile de Lyon avec les nonces du pape, il apprit de leur bouche, que, pour confommer la réunion, il falloit que l'empereur réformât le fymbole, & y ajoutât ces mots : « *Filioque*, & du fils ». L'empereur, flatté d'ailleurs de trouver cette occafion pour retirer fa parole, refufa de foufcrire à cette demande ; & auffi-tôt il fut excommunié.

La réconciliation parut beaucoup plus avancée fous Jean Paléologue : ce prince foible, harcelé de toutes parts par les turcs, crut ne pouvoir fe tirer d'embarras, qu'en facrifiant la religion de fes peres, à fes befoins. L'acte de réunion fut dreffé, & déjà il fe croyoit affuré des fecours du pape & des princes d'occident, lorfque fon peuple refufa opiniâtrément d'accéder à ce concordat. Ayant , peu de tems après , perdu fa capitale prife par Mahomet, il ne penfa plus qu'à défendre le refte du patrimoine des Céfars, & le fchifme prit encore de nouvelles racines : depuis cette époque, il n'a plus été queftion de réconciliation , & tout nous porte à croire qu'elle ne s'effectuera jamais. Cette foule d'héréfies, qui, depuis le feizieme fiecle , déchire l'églife romaine, la perte que fait chaque jour le pape de cette prépondérance qu'il exerçoit autrefois fur tout le monde chrétien , & fur-tout l'ignorance profonde où gémit aujourd'hui le clergé des grecs, oppofe à ce fujet aujourd'hui des obftacles invincibles aux vœux des latins.

Le clergé des grecs a à peu-près la même forme que celui de l'églife romaine. Il eft compofé de patriarches, de métropolitains, d'archevêques, d'évêques, de prêtres, de diacres & de moines. Plufieurs évêques doivent concourir à la confécration d'un prélat : on commence par lui faire faire trois fois le tour de l'autel ; enfuite le confécrateur reçoit des mains de l'archivifte, un petit livre qui contient les actes du nouvel évêque ; il prend ce livre de la main gauche, & y lit le formulaire de l'élection, pendant qu'il tient la main droite pofée fur la tête de celui qu'il confacre. Après quoi , il fait un figne de croix fur la tête du nouvel évêque , & les prélats affiftans lui touchent la tête à l'endroit que le confécrateur a affigné ; puis celui-ci met fur la tête de l'évêque défigné, le livre des évangiles ouvert ; & tous les prélats affiftans mettent la main fur ce livre : le confécrateur le lui ôte , & lui donne le pallium. La cérémonie, que l'on accompagne de diverfes prieres, finit par plufieurs baifers & bénédictions.

Quant à l'ordination des prêtres , elle eft à peu-près la même que celle des prêtres latins : on obferve feulement que l'archiprêtre , & celui qui tient le premier rang après lui , font faire trois tours au candidat autour de l'autel , en chantant l'hymne des martyrs.

L'églife grecque a quatre principaux patriarches, qui font ceux de Conftantinople (*fg.* 186), de Jérufalem, d'Alexandrie & d'Antio- 186. che. Autrefois il y en avoit un auffi en Ruffie ; mais cette grande dignité, dont l'éclat offufquoit fouvent celle du trône , fut anéantie par le Czar Pierre Ier : telle étoit l'autorité que ce pontife mofcovite tenoit de l'ignorance de fes compatriotes, qu'elle fe montroit fouvent redoutable aux fouverains. La defcription fuivante d'une cérémonie autrefois pratiquée à Mofcow , fuffira pour donner une idée des

honneurs exceffifs qu'on lui rendoit. « Le dimanche des rameaux,
» dit Perry, on couvroit un cheval d'un drap de toile blanche, qui
» pendoit jufqu'à terre ; on alongeoit fes oreilles avec cette toile,
» comme celles d'un âne ; le patriarche étoit affis de côté fur ce cheval,
» comme une femme, & avoit fur fes genoux un livre, fur lequel il
» tenoit de la main gauche un crucifix d'or, & dans la main droite
» il avoit une croix d'or, avec laquelle il donno t la bénédiction au
» peuple : un boyard tenoit le cheval par la bride, de peur d'accident,
» & le czar par les rênes, marchant à pied, & ayant en main un
» rameau de palmes. Les nobles marchoient immédiatement après,
» avec environ cinq cents prêtres revêtus de leurs habits différents, &
» fuivis d'une multitude innombrable de peuples. La proceffion mar-
» choit au fon de toutes les cloches, & fe rendoit à l'églife. De-là, le
» czar, accompagné des boyard, des métropolitains & des évêques,
» alloient dîner chez le patriarche ». Depuis l'anéantiffement de la
dignité de patriarche, l'églife de Ruffie, n'a pour chef que le fouverain : elle eft compofée, comme ailleurs, d'evêques (*fg.* 187), de
prêtres, de diacres & de moines. Lorfqu'il eft queftion de ftatuer fur
la croyance, ces miniftres s'affemblent en concile., mais leurs décrets
n'ont force de loi, que quand ils ont été approuvés par leur fouverain.

Les patriarches de Conftantinople exercent à peu-près, le même
pouvoir fur leurs fideles, dont ufent les papes chez les latins : il n'y a
que le patriarche d'Alexandrie qui ne foit pas foumis à leur jurifdiction. Ils prennent le titre d'*écuménique*, & cette qualité, qui fut la fource
des conteftations fréquentes qu'ils eurent avec les papes, leur fut confirmée dans un concile tenu à Conftantinople en 518 : la jurifdiction
de cet évêque n'eft pas aujourd'hui fort étendue, & l'invafion des turcs
dans les terres dépendantes de l'empire d'orient lui a enlevé la plus
grande partie de fes priviléges. Ce pontife eft élu par les évêques
fes fuffragans ; mais l'election doit être confirmée par le grand feigneur.
Ce prince, en lui accordant fon agrément, lui fait préfent d'un cheval
blanc, d'un capuchon noir, d'une croffe & d'une vefte brodée. On
affure que Mahomet II honora Gennadius, qui étoit patriarche au
moment de la conquête, de divers priviléges très-importans : ce prince
lui mit, dit-on, lui-même le bâton paftoral à la main ; il lui donna
un riche *pallium*, un cafetan de zibeline, une haquenée blanche & une
penfion confidérable : il lui accorda la permiffion d'aller à cheval par
la ville, & de porter la croix d'or fur le devant du bonnet patriarchal :

on ajoute que le prince lui affigna une place dans le divan. Il voulut encore que le patriarche exerçât une autorité temporelle fur les grecs ; & il lui permit de les châtier, fuivant la rigueur des anciens canons. Trois patriarches jouirent confécutivement de cette prérogative : un quatriéme, nommé *Chilo carabes*, ayant offert, pour parvenir à la dignité patriarchale, non-feulement de renoncer à la penfion, mais de payer un tribut au grand feigneur, l'éclat qui environnoit cette dignité commença à difparoître. Mahomet, indigné des manœuvres qu'on employoit pour y parvenir, révoqua lui-même les priviléges qu'il avoit accordés à ce fiége ; &, depuis cette époque, la fimonie, les brigues, les crimes, toutes les paffions fe font réunies pour avilir le patriarchat & les autres dignités qui lui font fubordonnées.

La commiffion que le fultan donne au patriarche de Conftantinople, & à tous les autres prélats fes inférieurs, pour qu'ils puiffent exercer les fonctions de leur charge, s'appelle *baratz*. C'eft en vertu de ces lettres que l'églife grecque fubfifte, que les couvents font protégés, & que la fubordination regne parmi les chrétiens orientaux. Le chevalier Ricault en rapporte une accordée à l'évêque latin de Scio, conçue en ces termes : « L'ordonnance & le décret de la noble &
» royale fignature du grand état, & du fiége fublime du beau fein
» impérial qui force tout l'univers, qui, par l'affiftance de Dieu &
» par la protection du fouverain bienfaiteur, eft reçu de tout côtés, &
» auquel tout obéit, comme il s'enfuit.

» Le prêtre, nommé *Andrea Soffiano*, qui a entre fes mains ce
» bienheureux commandement de l'empereur, eft, par la vertu
» de ces patentes du grand état, créé évêque de ceux de l'île de Scio,
» qui font profeffion de fuivre le rit latin. Ce prêtre ayant rapporté
» fon ancien baratz pour le faire renouveller, & ayant payé à notre
» tréfor le droit ordinaire de fix cents âpres, je lui accorde le préfent
» baratz, comme une perfection de félicité. C'eft pourquoi je lui
» commande d'aller être évêque de ceux du rit latin dans l'île de Scio,
» felon leur ancienne coutume, & leurs vaines & inutiles cérémonies ;
» voulant & ordonnant que tous les chrétiens de cette île, tant grands
» que petits, prêtres, religieux & autres, faifant profeffion du rit
» latin, reconnoiffent ledit André Soffiano pour leur évêque ; que
» dans toutes les affaires qui releveront de lui, & appartiendront à
» fa charge, on s'adreffe à lui, fans éluder les fentences légitimes qu'il
» aura rendues ; que, de même, perfonne ne trouve à redire que, felon

» ſes vaines & inutiles cérémonies, il établiſſe ou dépoſe des prêtres
» ou des perſonnes religieuſes, comme il jugera qu'ils l'auront méri-
» tés ; qu'aucun prêtre ou moine ne marie qui que ce ſoit ſans la
» permiſſion de cet évêque : tout teſtament fait en faveur des pauvres
» égliſes, par quelques prêtres mourans, ſera bon & valide, pourvu
» qu'il ſoit confirmé par ce prélat. S'il arrive que quelque femme
» chrétienne, ſoumiſe à cet évêque, quitte ſon mari, ou qu'un mari
» quitte ſa femme, tout autre que lui ne pourra ni accorder le divorce,
» ni ſe mêler en quoi que ce ſoit de cette affaire. Enfin, il poſſé-
» dera les vignes, les jardins, les vergers, les villes, les prairies, les
» parcs, les moulins & les couvents de ſon égliſe, ainſi que les legs
» pieux faits à celles de ſa dépendance. Il jouira de tous ces privilé-
» ges de la maniere qu'en ont joui ceux qui ont exercé ſa charge avant
» lui : on ne pourra le troubler ni l'inquiéter à cet égard, en quel-
» que maniere que ce puiſſe être : ce qui ſoit connu à tous ; & foi
» ſoit ajoutée à cette noble ſignature ».

Le patriarche de Conſtantinople ayant été ainſi agréé par le ſultan, ſe rend au ſiége patriarchal, accompagné d'un grand nombre d'offi-ciers turcs de ſon clergé & d'une foule d'ames dévotes, qui adreſſent à Dieu des prieres pour la proſpérité de ce nouveau prélat. Les prin-cipaux métropolitains & pluſieurs membres de leur clergé, tenant en main un cierge, le reçoivent reſpectueuſement à la porte de l'égliſe : c'eſt à l'archevêque d'Héraclée, comme premier métropolitain, qu'il appartient de faire la cérémonie du ſacre. Ce prélat revêtu des ha-bits pontificaux, adreſſe au peuple un diſcours analogue à la ſolemni-té ; enſuite il donne au patriarche la croix, la mitre & les autres ornemens de ſa dignité ; puis il le prend par la main & le place dans la chaire patriarchale ; alors le peuple s'approche en foule de ſon chef, & ſe proſterne humblement à ſes pieds : cette auguſte cérémonie eſt terminée par la meſſe que le nouveau prélat célebre avec la plus grande ſolemnité.

Les revenus du patriarche de Conſtantinople ſont plus ou moins conſidérables, ſelon qu'il eſt plus ou moins attaché à la religion qu'il profeſſe. Depuis que les turcs ſe ſont rendus maîtres de ſa capitale, il ne jouit d'aucuns domaines propres à ſon ſiége. La ſimonie forme la principale ſource d'où il tire ſa ſubſiſtance : dès qu'il eſt monté ſur ſon ſiége, il cherche à ſe dédommager des frais qu'il a été obligé de faire pour parvenir à ſa dignité. Il vend au plus offrant tous les bénéfices vacans dans l'étendue de fa jurifdiction : les évéchés , les cures & les monafteres lui payent annuellement une certaine fomme fixée par le fynode ; chaque prêtre de Conftantinople lui doit environ fix francs de notre monnoie par chaque année. Tous ceux qu'il ordonne diacres ou prêtres , lui font un préfent ; les archevêques & les évêques qu'il facre , lui en font également un , à proportion de leurs facultés & de l'importance de la dignité à laquelle ils font deftinés. Chaque mariage qui fe célebre dans le reffort de Conftantinople , lui doit environ quatre francs de france; cette contribution double au fecond , & triple au troifieme : malheureufement pour lui , l'églife grecque ne permet pas les quatriemes nôces.

Les héritages forment auffi une branche effentielle des reve- nus de ce patriarche ; les biens des prêtres qui meurent fans enfans lui appartiennent ; & ce genre de cafuel doit être affez important chez un peuple où l'avarice & la cupidité font les vertus principales des prêtres.

Il eft peu de grecs , pour peu qu'ils foient dévots , qui ne lui def- tinent une place dans leurs teftamens. Chaque année , pendant le carême , on fait pour lui la quête dans les églifes de Conftantinople & de Galata ; & tous les trois ans , il leve douze deniers par tête dans toutes les paroiffes dépendantes de fon patriarchat ; enfin ce pré- lat reçoit annuellement un préfent de la cour de Ruffie , en témoi- gnage du refpect qu'elle porte à fa dignité.

Les miniftres qui accompagnent le patriarche dans fes fonctions , font encore les mêmes que ceux que l'on voyoit dans l'églife grecque aux plus beaux jours de fa profpérité. Tous étoient autrefois eccléfiaf- tiques , on les a prefque tous fécularifés dans les derniers fiecles ; & cette opération , en augmentant les revenus du patriarche , favorife l'ambi- tion des féculiers. Le premier de ces officiers eft le grand *économe* ; c'eft lui qui a foin des revenus du patriarchat , & qui pourvoit aux dé- penfes que cette charge éminente exige : deux fois l'année il rend compte au patriarche de fon adminiftration , & il affifte à fon tribu- nal chaque fois qu'il donne audience à fes jufticiables. C'eft au grand économe qu'il appartient de gouverner les évéchés après la mort des titulaires ; & ce grand officier donne le premier fa voix dans les élections.

Le grand *facellaire* eft le grand maître de la chapelle du patriarche : il affifte ce prélat dans les cérémonies eccléfiaftiques , & dans tous les jugemens qu'il prononce. Il partage avec le grand économe, les fonctions de nos archidiacres, & ils préfentent également l'un & l'autre au patriarche ceux qui afpirent à la prêtrife. Le grand facellaire eft le chef de tous les monafteres fitués dans toute l'étendue du patriarchat; il a le droit de les vifiter, de demander compte aux fupérieurs de leur adminiftration, & d'examiner leurs comptes de recettes & de dépenfes.

Le *grand tréforier* eft le gardien des vafes facrés de l'églife & des ornemens pontificaux : lorfque le patriarche célebre la meffe, il fe tient à l'entrée de la facriftie, préfente au prélat les ornemens & tout ce qui peut être néceffaire à la célébration des myfteres; c'eft à lui qu'appartient l'adminiftration du temporel des évêchés vacans.

Le *grand official* reffemble affez à ceux de nos évêques : dépofitaire d'une partie de l'autorité du patriarche, il juge celles des conteftations dont les occupations de ce prélat ne lui permettent pas de prendre connoiffance. Toutes les matieres bénéficiales font de fon reffort; & il juge fouverainement tous les différends qui ont le mariage pour objet : c'eft lui qui eft chargé de préfenter les prêtres qui doivent recevoir la communion aux jours folemnels.

Le *grand logothete* eft le chancelier du patriarche : c'eft lui qui porte la parole dans les cérémonies d'éclat; il garde le fceau du patriarchat, & l'appofe à toutes les lettres qui doivent en être revêtues.

Le *grand référendaire*, appellé autrefois *palatin*, eft, à proprement parler, le miniftre du patriarche : c'eft lui qui met les ordres de ce prélat à exécution. Chaque fois qu'il a quelque affaire importante à négocier, c'eft lui qu'il députe. Cet officier occupe un rang diftingué parmi les juges eccléfiaftiqnes.

Le *grand protonotaire* exerce des fonctions toutes auffi importantes que celles dont ces derniers font chargés : c'eft à lui qu'il appartient d'écrire & d'expédier les brefs, les mandemens, les ordonnances & les décrets. Il a le droit d'examiner deux fois l'année ceux qui s'occupent de la jurifprudence eccléfiaftique; & c'eft fur le rapport qu'il en fait à la cour du patriarche, qu'on fufpend ou que l'on continue leur fervice. Les contrats, les teftamens, tous les actes publics, font foumis à fon infpection. Lorfque le patriarche célebre les myfteres, il l'accompagne dans fes fonctions, & c'eft lui qui préfente à laver à ce prélat.

Indépendamment de ces officiers, qui tiennent le premier rang à la

cour

cour du patriarche , il en eſt encore pluſieurs autres d'une moin-
dre importance , & dont chacun remplit certaines fonctions eccléſiaſtiques. On remarque ſur-tout le *proto-ſyncelle* : cet officier eſt en
quelque ſorte le pere ſpirituel du patriarche & ſon ſurveillant. Il
a le droit d'habiter dans le palais patriarchal, avec pluſieurs autres ſyn-
celles qui lui ſont ſubordonnés : ſon appartement touche communément à celui du patriarche ; & le principal objet de ſon inſtitution,
eſt d'examiner attentivement la conduite de ce prélat. Autrefois le
ſyncelle , ſemblable au coadjuteur de nos évêques , avoit toujours
l'expectative du patriarchat ; mais depuis que les brigues, le crédit &
la ſimonie ſe ſont mis en poſſeſſion de nommer ce prélat , le proto-
ſyncelle n'a de droit à ſon ſiége qu'autant qu'il a aſſez d'intrigue &
d'argent pour y parvenir.

Le *proto-papas* (*fig.* 186) , ou archiprêtre , occupe la premiere 186.
dignité eccléſiaſtique ; & les priviléges attachés à ſon rang ſont très-
importans. C'eſt lui qui communie le patriarche dans les meſſes
ſolemnelles , & ce prélat le communie à ſon tour. Lorſque le proto-
papas eſt abſent, c'eſt le *deutereuon* qui remplit ſes fonctions. Enfin
on voit à la cour du patriarche, des viſiteurs, des exarques, des préfets ,
des aſſeſſeurs , des primicaires , des laocinates , & pluſieurs autres
officiers , parmi leſquels ſont partagées les diverſes branches de
l'adminiſtration eccléſiaſtique.

L'office des grecs , aſſez ſemblable à celui des catholiques romains ,
s'appelle *ſynaxis* : il comprend neuf parties , ſavoir , le nocturne ,
matines , laudes , prime , tierce , ſexte , nones , vêpres & complies.
A la fin de chaque office, on chante le *triſagium* , *ſaint Dieu*, *ſaint
fort* , *ſaint éternel*, & l'on répete trois fois le *gloria patri*. Ces peuples
ont quatre liturgies différentes : la premiere eſt celle de Saint Jacques ,
ſur laquelle l'égliſe grecque s'accorde univerſellement. Cet office dure
cinq heures , & c'eſt pour cela qu'on n'en fait uſage qu'une fois l'année ,
le 23 Octobre , fête de Saint Jacques. La ſeconde liturgie eſt celle
de Saint Baſile ; ce pere, voyant que la longueur de la liturgie de Saint
Jacques épuiſoit l'attention de l'aſſemblée par ſa longueur , crut devoir
l'abréger. On s'en ſert les dimanches du carême, excepté celui des
Rameaux , le jeudi & le ſamedi-ſaint, aux vigiles de noël & de l'épiphanie , le jour de l'exaltation de la croix, & à la fête de Saint Baſile.
La liturgie de S. Chryſoſtôme eſt la troiſieme, & beaucoup plus courte
& moins ennuyeuſe que les deux autres ; elle forme l'office ordinaire

Tome III. G

 de toute l'année. Enfin la derniere, émanée de Saint Grégoire, n'eft qu'un recueil de prieres propres à infpirer aux fideles les difpofitions néceffaires pour recevoir la communion.

On fait que les grecs ont, comme les catholiques romains, l'ufage de la meffe ; & ce qui les différencie les uns des autres à ce fujet, c'eft que l'églife grecque y emploie du pain levé (*fig.* 188), & l'églife latine du pain azyme. Les cérémonies dont les grecs font ufage dans leurs meffes folemnelles, font beaucoup plus multipliées que ne le font celles des romains. Le prêtre, preparé au faint myftere par la confeffion, entre avec un diacre dans le chœur de l'églife ; l'un & l'autre fe tournent vers l'orient, font trois inclinations devant les images de Jéfus & de la Vierge. Ils font enfuite uné courte priere, & recommencent trois inclinations vers l'orient. Le diacre fait bénir au prêtre fa tunique & fon étole, & l'un & l'autre prennent les ornemens convenables à leur dignité.

Le prêtre & le diacre vont à la *prothefe*, table fituée à la gauche de l'autel, & s'y lavent les mains, en difant en grec le *lavabo* : c'eft là que le prêtre prépare le facrement ; le diacre y porte le pain & le vin, la patene & le calice. Alors le prêtre prend de la main gauche le pain qui doit être offert, & de la droite il y fait avec un couteau, une croix, & rompt enfuite le pain, en prononçant diverfes prieres prefcrites par le rituel : alors le diacre verfe le vin & l'eau dans le calice.

Le célébrant prend un fecond pain, qu'il éleve & met enfuite au côté gauche de la premiere portion : il en prend ainfi jufqu'à neuf portions dont il fait le même ufage que des précédentes, & qui repréfentent, dit-on, les neuf hiérarchies des anges. Après cela, le prêtre prend encore du pain & en confacre de nouvelles portions ; les premieres étoient deftinées aux divers faints qui font le plus en vénération parmi les grecs ; & l'on réferve celles-ci pour le prélat du diocèfe auquel appartient le prêtre qui célébre, pour le clergé, pour les fondateurs, enfin pour tous les fideles.

Cette cérémonie terminée, le diacre prend l'encenfoir & préfente l'encens au prêtre afin qu'il le béniffe : le prêtre encenfe enfuite l'*aftérique*, étoile d'argent qui décore un voile que le prêtre pofe fur le pain facré. Cet encenfement & divers autres qu'il fait en cette occafion, font accompagnés de plufieurs prieres prefcrites par la lithurgie.

Pendant toutes ces cérémonies, le prêtre & le diacre fe tiennent

debout devant la crédence : alors le premier baiſe l'évangile, & le
diacre la ſainte table ; celui-ci s'incline enſuite devant le prêtre, &,
tenant ſon livre élevé de la main droite, il demande la bénédiction au
célébrant : après l'avoir reçue, celui-ci récite pluſieurs prieres dans leſquelles il adreſſe à Dieu des vœux pour la paix, pour le ſalut des
fideles, pour le patriarche ou l'archevêque & les dignités inférieures
de l'égliſe, pour les ſouverains, pour la fertilité de la terre, pour les
voyageurs, les malades & les captifs. Après ces prieres commence la
premiere antienne, & à celle-ci ſuccedent diverſes autres oraiſons, diverſes cérémonies, pluſieurs encenſemens, qui ſont couronnés par la lecture
de l'évangile que le diacre chante ſur la tribune, comme chez les
catholiques.

Ici ſe montrent les catéchumenes ; on prie pour eux avec la
plus ardente ferveur, & à la fin de chaque oraiſon, prononcée à ce
ſujet par le diacre, le chœur répond *Kyrie eleiſon* : le célébrant déploie
alors le corporal ; & le diacre, les épaules couvertes d'une écharpe, va
prendre ſur la crédence le calice & le pain qui doit ſervir à la conſécration, & apporte le tout ſur le grand autel. Le célébrant & lui ſe proſternent trois fois devant le calice ; le prêtre fait enſuite diverſes prieres
& pluſieurs inclinations ; puis on récite le ſymbole, qui ne differe de
celui des catholiques qu'en ce qui concerne la proceſſion du Saint-
Eſprit : le prêtre entonne enſuite la préface *Surſum corda*, comme cela
ſe pratique chez les latins ; il récite encore une oraiſon ſecrete ; le
diacre prend le voile qui couvroit le calice, fait le ſigne de la croix
ſur la patene, l'eſſuie avec le corporal & la baiſe ; il paſſe enſuite au
côté droit, il agite l'air ſur le pain & ſur le vin avec une eſpece
d'éventail (*fig.* 188). Le célébrant procéde alors à la conſécration ;
&, en élevant reſpectueuſement la main droite, comme font les latins
pour conſacrer le pain, il prononce tout haut : « Prenez, mangez ;
» *ceci eſt mon corps* ». Il en eſt ainſi de l'élévation du calice, qui eſt
accompagnée de ces paroles ſacramentelles : « Buvez tous ; *ceci eſt mon*
ſang » : le reſte de la meſſe reſſemble aſſez à ce qui ſe pratique chez
les catholiques romains ; ce ſont à peu-près les mêmes prieres, les
mêmes cérémonies, & cette conformité entre les deux peuples nous
diſpenſe d'entrer dans d'autres détails, qui d'ailleurs ne feroient qu'ennuyer nos lecteurs.

Nous obſerverons cependant ici que chez les grecs, le peuple,
comme le clergé, communie ſous les deux eſpeces. Cette commu-

nion des laïcs commence ordinairement à l'issue des dernieres oraisons prononcées par le célébrant. Les hommes communient d'abord , ensuite les femmes, & tous communient debout à la porte du sanctuaire. Si l'on en croit le chevalier Ricaut, les grecs, avant de recevoir la communion, se retirent au fond de l'église & demandent pardon à l'assemblée. Si quelqu'un se plaint alors en particulier , d'avoir reçu quelque outrage de celui qui doit communier, ce dernier se retire jusqu'à ce qu'il ait fait une réparation convenable : la formule de cette réparation est conçue en ces termes : *Pardonnez-nous , frere , nous avons péché par nos discours & par nos actions* ; l'offensé répond : *Dieu vous pardonne.*

Les grecs, dont les principes religieux sont à peu-près les mêmes que ceux des catholiques , sont assujettis, comme eux à plusieurs jeûnes très-rigoureux : au lieu d'un carême que ceux-ci observent , l'église grecque en a quatre; le premier commence le 15 de novembre, ou quarante jours avant noël ; le second est le même que celui des latins ; le troisieme, qu'on appelle le *jeûne des saints apôtres*, commence dans la semaine d'après la pentecôte, & dure jusqu'à la Saint Pierre : ainsi le nombre des jours de celui-ci est plus ou moins grand , selon que la pentecôte est plus ou moins avancée. Le quatrieme carême commence le 1er août , & ne dure que jusqu'au 15 : la loi ecclésiastique rend ce jeûne aussi rigoureux qu'il est court. Les femmes, les vieillards, les enfans même au berceau , sont obligés de s'y assujettir ; & les caloyers n'osent pas même manger de l'huile pendant cette quinzaine.

A ces quatre carêmes, la liturgie grecque ajoute encore divers autres jeûnes, dont l'objet est de préparer les fideles à l'observation de quelques fêtes importantes. Les grecs observent communément tous ces jeûnes avec autant de patience que d'austérité ; ils ne connoissent pas, comme chez les latins, ces dispenses qui alterent si souvent la regle générale, & quelle que soit l'autorité qu'ils donnent à leur patriarche, ils ne croient pas qu'il ait assez de pouvoir pour autoriser l'usage de la viande lorsque l'église le défend. Ricaut même ajoute, qu'on laisse souvent mourir des malades, qu'on eût pu tirer du tombeau en leur donnant un bouillon gras dans un temps prohibé. Au reste ce peuple se dédommage fort amplement pendant la fête qui suit ce tems de mortification , de l'austérité qu'il a mise dans son jeûne. Semblables aux turcs, leurs maîtres, les grecs n'ont pas plutôt fini leur ramadan, qu'ils se livrent sans ménagement à la joie, au plaisir, au divertissement;

& fouvent les prêtres qui ne font, pour la plupart, ni fobres, ni chaf-
tes, ni fort éclairés, donnent leur fanction à ces débordements fcanda-
leux.

Les grecs ont auffi leurs fêtes, comme les romains ont les leurs ;
& les faints qu'ils réverent font, pour la plupart, les mêmes que ceux
qui fe trouvent dans la lithurgie de l'églife latine.

Depuis la fête de noël, jufqu'à celle des rois, les Sibériens fe livrent
à des divertiffements continuels ; ils fe donnent entr'eux des repas ; ils
chantent, ils fe promenent, tant à pied qu'en traîneau ; c'eft pour eux
un vrai carnaval. La veille du jour des rois, le foir & pendant la nuit,
les filles & les garçons obfervent une cérémonie que les Ruffes appellent *flouchit* ou *l'écoute* : les filles vont deux à deux, dans quelque
lieu obfcur : là, elles prêtent attentivement l'oreille, pour entendre
quelque chofe de leur deftinée, parce qu'elles croient que le ciel la
leur découvre cette nuit-là. Celles qui veulent paffer pour pudiques,
vont feules à l'écoute ; mais, lorfque les jeunes gens peuvent deviner
l'endroit où elles doivent aller, ils ne manquent pas de s'y trouver ; &
fouvent il arrive qu'elles s'en retournent à la maifon plus contentes des
courtoifies de leurs amans, que des oracles de la divinité.

Les grecs de Syrie, obfervent un ufage beaucoup plus indécent
encore & plus ridicule : tous les ans, ils vont à certains jours marqués, fe baigner dévotement dans le jourdain, en l'honneur du baptême que reçut autrefois Jéfus des mains de Jean-Baptifte. Là, hommes, femmes, filles, garçons, vieillards, prêtres, artifans, fe précipitent pêle-mêle dans le fleuve (*fig.* 189) : chacun fe fait verfer de 189.
l'eau fur la tête, pour fe laver des crimes qu'il a commis. Les plus
dévots y trempent des linges ; d'autres fe chargent de bouteilles pleines d'eau du jourdain ; quelques-uns, plus pieux encore, emportent
une provifion de la vafe du fleuve, & en font des reliques propres à les
préferver de toutes fortes de malheurs.

La fête de pâques eft la principale de celles des grecs : elle dure
trois jours ; & pendant cet efpace de temps, chaque fois qu'on fe rencontre, on s'aborde, en prononçant ces paroles : *Le Chrift eft reffufcité.* Ils fe baifent alors trois fois ; une fois fur chaque joue, & une
fois fur la bouche, après quoi ils fe féparent.

Les grecs prétendent que, dans les premiers tems du chriftianifme,
les lampes de l'églife du Saint Sepulchre, que l'on avoit éteintes, felon
la coutume, le vendredi-faint, étoient rallumées miraculeufement par

un feu venu du ciel : de-là l'origine d'une cérémonie fuperftitieufe que les grecs pratiquent annuellement au Saint Sépulchre, le jour du famedi-faint. Perfuadés que ce miracle, dont parle la légende, fubfifte encore, ils fe livrent tous les ans aux fuperftitions les plus ridicules, dans l'intention de fe rendre dignes d'appercevoir un tel prodige. En attendant la defcente du feu facré, dit Thevenot, ils font mille farces indécentes dans l'églife : ils y courent comme des infenfés, en pouffant des cris & des heurlemens affreux, en fe jettant les uns fur les autres, en fe frappant à coups de pied, en donnant en un mot toutes les marques d'une véritable folie. Chacun porte en main des bougies qu'ils levent de tems en tems vers le ciel pour lui demander le feu faint (*fig.* 190);

190.
fur les trois heures du foir, on fait la proceffion autour du Saint Sépulchre : après qu'on a fait trois tours, un prêtre grec vient avertir le patriarche de Jérufalem que le feu facré eft defcendu du ciel : alors ce prélat entre dans le Saint Sépulchre, tenant en chaque main un grand paquet de bougies, & fuivi de quelques évêques grecs, il en fort, quelque tems après, les mains garnies de bougies allumées. Dès qu'on le voit paroître, chacun s'empreffe auffitôt de s'approcher de lui pour allumer fa bougie aux fiennes. Dans ce tumulte, on n'épargne pas les coups pour s'ouvrir un paffage : le défordre devient épouvantable, & le patriarche court fouvent rifque d'être écrafé, malgré les efforts des janiffaires, gardes du Saint Sépulchre, qui frappent à droite & à gauche pour écarter la foule. L'églife du Saint Sépulchre eft dans un inftant, illuminée d'un nombre prodigieux de bougies. Thévenot dit avoir remarqué dans cette cérémonie, un homme qui, ayant un tambour fur le dos, fe mit à courir de toute fa force autour du Saint Sépulchre ; un autre, courant de même, frappoit deffus avec des bâtons ; &, quand il étoit las, un troifieme prenoit fa place.

Les grecs ne le cedent à aucun peuple du monde fur la maniere emphatique de raconter leurs miracles : ce peuple fuperftitieux, qui n'a pas encore penfé à enfanter un bon livre, groffit chaque jour fes légendes d'une multitude de récits fabuleux, beaucoup plus propres à décréditer leur croyance, qu'à multiplier les profélytes : nous en rapporterons deux exemples cités par Ricaut, choifis parmi une foule d'autres tout auffi infipides. Le premier a pour objet Saint Côme & Saint Damien ; ces deux faints, que la lithurgie appellent *anargyres*, & que la nation grecque fait profeffion d'honorer d'un culte particulier.

« Ces deux faints, dit la légende, naquirent en Afie, d'un pere
» infidele & d'une mere chrétienne : celle-ci les éleva dans la piété &
» dans plufieurs fciences analogues à leur naiffance : ils s'appliquerent
» fur-tout à la médecine, & ils y réuffirent fi bien, qu'ils traitoient
» avec le plus grand fuccès toutes les maladies des hommes & des
» animaux. Un trait qui fait le plus grand honneur à leur défintéreffe-
» ment, c'eft qu'ils ne vouloient rien pour leur guérifon, & c'eft ce
» qui les fit appeller *anargyres*, nom grec qui fignifie fans argent.
» Damien fut toujours fi fcrupuleux fur ce point, que fon frere
» Côme, ayant pris deux œufs d'une pauvre veuve pour lui faire un
» cataplafme, il ne voulut plus avoir aucun commerce avec lui : il
» défendit même, en mourant, qu'on enterrât leurs corps dans le
» même cimetiere. Cette défenfe, fruit de la piété du grand Damien,
» eût été ponctuellement exécutée, fi un miracle femblable à celui
» qui s'opéra autrefois par la bouche de l'âneffe de Balaam, ne fût
» furvenu pour s'oppofer à fon exécution. Un chameau les avertit de
» l'enterrer auprès de fon frere, & leur apprit que le crime de Côme
» n'ayant pas été énorme, rien n'empêchoit que le même tombeau
» n'embrafsât deux corps dont les ames étoient étroitement unies dans
» une même demeure. Ainfi la voix éloquente de cet animal fit ceffer
» l'inimitié apparente qui fubfiftoit depuis plufieurs années entre les
» deux freres.

» La légende raconte des faits beaucoup plus merveilleux encore de
» Saint George le capadocien : ce grand faint, dit-elle, iffu d'une
» origine illuftre, vivoit fous l'empereur Dioclétien. La perfécution
» s'étant réveillée alors contre les chrétiens, George alla fe préfenter
» aux juges, défendit courageufement la divinité de l'évangile, &
» cenfura, fans rien craindre, l'idolàtrie, les fuperftitions & les erreurs
» des romains : cette fainte hardieffe aigrit la violence des perfécuteurs.
» Le miniftre de la juftice lui donna un grand coup de lance dans le
» ventre, mais la plaie fe ferma bientôt d'elle-même, malgré une
» grande perte de fang que le faint avoit foufferte. Ils ajoutent qu'on
» le jetta une fois dans un four à chaux ; qu'une autre fois il marcha
» nuds pieds fur une planche garnie de pointes de cloux ; qu'il s'eft
» trouvé au milieu des flammes fans en recevoir la moindre altération ;
» qu'il a reffufcité des morts ; qu'il tua un dragon fur les bords de l'eu-
» phrate, près d'un lieu que les chrétiens montrent aux voyageurs comme
» une curiofité. Plufieurs converfions, & fpécialement celle de la

» reine Alexandre, épouse de Dioclétien, sont comptées par les grecs
» parmi les miracles de Saint George. Enfin son heure étant venue,
» il eut la tête tranchée ; & l'on assure, qu'à l'exemple de Saint Denis
» & de ses compagnons martyrisés à Paris, il eut le courage de porter
» sa tête jusqu'à son tombeau ».

Quoique les grecs ne subsistent que d'une maniere précaire parmi les turcs qui les ont subjugués, ces peuples leur permettent cependant de bâtir des églises pour la célébration de leurs mysteres. Ces temples sont ordinairement d'une forme quarrée ; le chœur en est toujours tourné vers l'orient. La nef forme la plus grande partie de ces édifices sacrés ; on s'y tient debout ou assis dans des chaises adossées contre le mur, & fort semblables aux stalles de nos chanoines. Dans les églises patriarchales, le siége du patriarche est placé sur une élévation, & ceux des autres métropolitains sont au-dessous. Les lecteurs, les chantres, les petits clercs se mettent vis-à-vis, & le pupitre sur lequel on lit l'écriture, y est aussi : la nef est séparée du sanctuaire par une cloison peinte, dorée & élevée de la terre jusqu'au plafond. Cette cloison a trois portes ; la premiere s'appelle *la porte sainte*, & elle ne s'ouvre que pendant les offices solemnels, & à la messe lorsque le diacre sort pour aller lire l'évangile, ou quand le prêtre porte les especes pour aller consacrer, ou enfin lorsqu'il vient s'y placer pour donner la communion. Le sanctuaire est la partie du maître autel la plus élevée, & terminée dans le fond par un demi-ceintre.

Les grecs ont la même vénération pour les images, que les catholiques romains, & tous leurs temples & leurs oratoires en sont décorés. Voici quel est à ce sujet leur doctrine : « Il y a, disent-ils,
» une grande différence entre les idoles & les images : l'idole est le
» fruit de l'imagination égarée des hommes ; mais l'image est le sym-
» bole de quelque fait arrivé dans le monde. Telles sont celles qui
» représentent quelques événemens de la vie de Jésus, de la Vierge &
» des Saints. Les payens étoient bien éloignés de cette sage maxi-
» me ; ces peuples, ignorant le vrai Dieu, adoroient leurs idoles
» comme de véritables divinités ; ils leur offroient de l'encens ; &, à
» l'exemple de Nabuchodonosor, ils se prosternoient devant les ouvra-
» ges sortis de leurs propres mains : nous, au contraire, quand nous
» honorons les images, nous adorons, non le bois ou les couleurs,
» mais les saints qu'ils représentent : nous les honorons comme leurs
» serviteurs & nous formons dans notre esprit l'idée de leurs personnes

» que

» que nous nous figurons préfentes. Quand, par exemple, nous nous
» proſternons devant un crucifix, nous nous préfentons à nous-mêmes
» Jéſus attaché ſur la croix pour le ſalut du genre humain ; & c'eſt en
» ſa confidération que nous inclinons la tête, que nous ployons les
» genoux, avec des expreſſions diétées par la reconnoiſſance. De
» même, ſi nous vénérons l'image da la vierge Marie, nous élevons
» auſſitôt notre ame vers cette ſainte mere de Dieu ; c'eſt devant elle
» que nous nous proſternons, en la déclarant bienheureuſe au-deſſus
» de toutes les créatures. On en peut dire autant de l'archange Gabriel ;
» & cette déclaration ſuffit pour montrer que ce culte n'a rien de
» commun avec celui que nous rendons à l'éternel. D'ailleurs l'égliſe
» orthodoxe ne ſouffre pas que l'on grave ou que l'on travaille des
» images au naturel ; elle permet ſeulément de peindre le viſage des
» ſaints que l'on a deſſein de repréſenter : c'eſt ainſi que les iſraélites
» honoroient & adoroient ſans crimes ces chérubins qui couvroient de
» leurs aîles l'arche d'alliance, & qui étoient le ſymbole des chéru-
» bins qui ſe proſternent continuellement devant le tout-puiſſant : c'eſt
» auſſi de cette maniere que, ſans violer les préceptes du décalogue,
» ils rendoient un honneur religieux au tabernacle, & par-là ils décla-
» roient que Dieu eſt admirable dans ſes ſaints.

» Il eſt ſeulement néceſſaire que l'image reſſemble au ſaint, autant
» qu'il eſt poſſible, afin que ce ſymbole faſſe plus d'impreſſion ſur
» le cœur de ceux qui prient.

» Enfin, pour mieux établir le culte des ſaintes images, l'égliſe de
» Dieu, aſſemblée dans le ſeptieme concile univerſel, a prononcé ana-
» thême contre tous ceux qui le rejettent : cette doétrine eſt parfai-
» tement développée dans le neuvieme canon de ce concile écu-
» ménique ».

On ſait que les turcs ont interdit aux grecs l'uſage des cloches ;
& cette défenſe a moins l'intolérance pour baſe, que la maxime adop-
tée par les muſulmans, ſelon laquelle de tels inſtrumens ne doivent
pas ſervir au culte divin. Ils ont imaginé un ſingulier moyen pour y
ſuppléer. Ils ſuſpendent, dit Tournefort, par des cordes, à des branches d'arbres, des lames de fer ſemblables à ces bandes dont les
roues des charrettes ſont revêtues, courbes, épaiſſes d'environ un
demi-pouce, ſur trois ou quatre pouces de largeur, percées de quelques trous dans leur longueur. On carillonne ſur ces lames avec de
petits marteaux de fer, pour avertir le peuple de venir à l'égliſe : ils

Tome III.   H ont une autre forte de carillon qu'ils tâchent de faire accorder avec celui de ces lames de fer. On tient d'une main une latte de bois, large d'environ quatre ou cinq pouces, fur laquelle on bat avec un maillet de bois.

En parlant du patriarche de Conftantinople, nous avons dit que la hiérarchie des grecs étoit la même que celle des catholiques romains. Leurs prêtres ont un habillement particulier au clergé ; mais leur principal ornement confifte dans une bande de drap blanc qui pend au 186. bas de leur bonnet par derriere, & defcend fur le dos (*fig.* 186): cette bande, qu'on appelle *periftera*, c'eft-à-dire la colombe, défigne la pureté qu'exige le facerdoce. Les habillemens dont ils fe fervent pour le culte divin, reffemblent affez à ceux des catholiques, & le peu de différence qu'on y apperçoit, eft le fruit des fiecles qui fe font écoulés depuis la féparation des deux églifes. Chez les grecs, les prêtres n'ont pas, comme on l'a dit, le droit de fe marier ; mais on les ordonne prefque toujours lorfqu'ils fe font unis à une époufe propre à fixer leur cœur. Si, après avoir reçu les ordres, cette femme vient à mourir, il ne leur eft pas permis de convoler à de fecondes nôces. La fainteté du miniftere qu'ils rempliffent eft, dit-on, la caufe de cette défenfe ; mais les fcandales multipliés que ces célibataires forcés donnent à leurs fideles, les troubles qu'ils occafionnent dans les ménages, les fuites fâcheufes qui réfultent de cette privation qui contrarie la nature, tout cela devroit faire ouvrir les yeux aux grecs, & les porter à penfer, ou que les prêtres doivent fe foumettre à un célibat perpétuel, comme chez les latins, ou que le mariage n'eft pas indigne de figurer avec le facerdoce. D'ailleurs les perfonnes mariées ne peuvent, dans l'églife grecque, parvenir qu'à la prêtrife ; les patriarches, les métropolitains & les évêques n'ont jamais goûté les douceurs de l'union conjugale : nous ignorons abfolument l'origine de cet ufage.

Les prêtres mofcovites portent le nom de *popes* : ces miniftres ont un bâton à la main pour marque de leur dignité. Le fommet de leur tête eft décoré d'une petite calotte, pour laquelle les mofcovites ont un grand refpeét. Si quelqu'un d'entr'eux fe querelle avec un prêtre, il ne manque jamais de lui ôter fa calotte avant de fe battre contre lui. Avant la réforme introduite par le czar Pierre I er, les prêtres mofcovites furpaffoient encore en débauche & en ignorance le commun des prêtres grecs. Le voyageur Perry, qui étoit en ruffie au commencement du dix-huitieme siecle, rapporte que de son tems , le soir des jours de fêtes, les rues de Moscow étoient jonchées de prêtres ivres & étendus par terre, qui ne répondoient autres choses à ceux qui les relevoient , que ces paroles : « c'est aujourd'hui fête , je suis » fou ».

Les grecs ont aussi des moines qu'on appelle *caloyers ,* mot grec qui signifie *bon vieillard* ou *bon prêtre.* Ces religieux sont tous enfermés dans des couvents, & font, comme ceux des catholiques, profession solemnelle de pauvreté , d'obéissance & de chasteté. On ne voit pas parmi eux cette bigarrure étonnante qui existe chez nous; tous portent à peu-près la même livrée ; tous appartiennent au même ordre ; c'est celui de Saint Basile , le seul reçu parmi les grecs : leur habit consiste dans une longue robe de drap couleur de chameau. Ils portent, comme nos capucins, une ceinture autour du corps ; & un bonnet de feutre ou de laine couvert de noir , leur cache jusqu'aux oreilles. La regle de ces moines est très-rigoureuse , & leur maniere de vivre très-austere : ils ne mangent pas plus de viande que n'en devroient goûter nos bénédictins. Leurs mortifications redoublent dans les jours d'abstinence : le poisson, l'huile , le beurre , leur sont défendus pendant ces jours-là , & ils ne vivent que de pain , de fruits & de légumes : d'ailleurs, ces moines, tout aussi indolens que le furent autrefois leurs fondateurs, sont entiérement inutiles au pays qui les nourrit. Tout leur tems se consume à balbutier diverses prieres que la lithurgie leur prescrit , & la terre demeurât-elle en friche , la république tombât-elle en désordre , ces pieux contemplatifs ne quitteroient pas leurs bréviaires pour se livrer un instant au travail : la plus grande partie de leur tems est employée au chœur, où , pendant le carême, ils font obligés de lire tous les jours le pseautier ; à la fin de chaque décade de pseaume, la loi veut qu'ils fléchissent quarante fois le genou , & s'ils manquoient à ces pieuses & inutiles formalités , le superieur est obligé de les remplir pour eux.

Tous ces fainéans vivent des sueurs du peuple. Chaque couvent envoie çà & là des quêteurs dans les provinces circonvoisines , pour y recueillir les contributions que la charité des chrétiens leur fait espérer. Ces coureurs commettent dans leurs voyages d'autant plus de brigandages & de vexations , que la superstition y regne avec plus d'empire : quand ils ont ainsi ramassé de quoi faire subsister leur maison pendant une année, ils retournent au couvent chargés de dépouilles

& souvent de crimes, pour faire place à d'autres tout auſſi induſtrieux & auſſi honnêtes.

De tous les lieux du monde où la profeſſion monacale s'eſt ména-gée des afyles, le mont Athos eſt le plus célebre. Cette montagne, que Xercès ſépara, dit-on, autrefois de la terre ferme, eſt ſituée dans un iſthme qui tient à la macédoine. Une multitude de couvents, dont on ignore l'origine, ſont ſitués dans ce lieu iſolé. Le chevalier Ricaut aſſure que, de ſon tems, tous ces monaſteres comprenoient environ ſix mille moines : la plupart d'entr'eux ſeroient aſſez riches pour ſub-ſiſter ſans aumônes, & pour payer au ſultan un tribut d'environ mille écus par mois. Leur revenu conſiſte en grande partie dans les terres qu'ils poſſedent ſur la montagne, & qui ſuffiſent pour les entretenir de pain, de vin & d'olives ; ils ont auſſi du poiſſon en abondance, & il n'y a pas de couvent qui ne poſſede en propre une baie ou quelque autre lieu propre à la pêche. Indépendamment de ces reſſources, cha-que monaſtere a ſes fermes, ſoit ſur le continent, ſoit dans les îles où il entretient des chapelles & des cellules pour les religieux de l'or-dre qui prennent le ſoin de les cultiver : ces économes ont la liberté d'y ſemer du bled & du lin, d'y planter des vignes, d'y entretenir des troupeaux de brebis & de chevres, & de vendre les agneaux, les chevreaux, la laine, le lait & le fromage : ce privilége eſt propre à ces fermes ; car la chaſteté dont les religieux du mont Athos font profeſſion, ne leur permet pas d'élever ſur la montagne aucune créa-ture femelle, pas même une poule. Mais tous ces revenus, dit Ricaut, ne ſont preſque rien en comparaiſon de ce que rapporte les quêtes de leurs *pandoques*, qu'ils envoient dans les provinces & dans les villes conſidé-rables, particuliérement à Conſtantinople, à Smyrne, en Bulgarie, en Servie, en Candie & dans tous les lieux où l'égliſe grecque a un grand nombre de ſectateurs. Comme la plupart de ces couvents ont été fon-dés par des ſouverains, ils ont été exemptés, dès leur origine, de la juriſdiction du patriarche : la ſeule autorité qu'ils ont le droit d'y exer-cer, conſiſte à établir ſur eux deux archevêques, ſuffragans du métro-politain de Teſſalonique, dont l'un tient ſon ſiége à *Kareis*, & l'autre à *Sidro-capti*. Ces prélats n'ont d'autres fonctions à remplir que celles de lire la lithurgie & de conférer les ordres : la diſcipline de chaque couvent, & l'adminiſtration du temporel qui lui appartiennent, ſont entiérement dans les mains du ſupérieur. Il en eſt autrement de la plu-part des autres lieux où les grecs ont des couvents : le patriarche y a le droit non-feulement de conférer les ordres, mais de nommer les fupérieurs, & de veiller à l'obfervation de la regle.

Cette exemption de l'autorité épifcopale, dont jouiffent les moines du mont Athos, eût infenfiblement fait naître l'anarchie, fi la cour ottomane n'y eût fagement pourvu : elle leur a donné le boftangi-bachi pour protecteur. Cet officier nomme tous les ans, au commencement de mars, un aga, pour aller, en qualité de fon député, recueillir le tribut annuel que ces monafteres paient à la porte : une partie des fommes qui proviennent de cet impôt, eft affectée à l'entretien de ce député. Chaque couvent lui donne de plus une brebis tous les mois, fans compter les préfens d'agneaux, de chevaux & de diverfes autres denrées qu'on lui fait à pâques. Cet aga fait fa demeure à Kareis, où il eft fplendidement fervi ; mais la loi lui défend expreffément d'y conduire aucune femme.

Nous avons dit plus haut que les moines grecs, livrés uniquement à la contemplation, ne s'occupoient à aucun genre de travail. Les devoirs que la loi des fociétés leur impofe à ce fujet, font remplis par des freres lais chargés de toutes les opérations du dehors ; ces moines du fecond ordre, font diftribués en deux claffes : les uns s'occpuent à la culture des terres, à la pêche & à l'entretien des fermes, & les autres, plus propres à la vie cafaniere qu'aux travaux tumultueux, exercent paifiblement dans l'enceinte du couvent, divers métiers auxquels le régime les a cru propres : ainfi, on voit dans ces maifons des maréchaux qui fabriquent des hoyaux, des bêches & autres inf-trumens néceffaires à la culture des campagnes ; des tailleurs, des tif-ferands, des bonnetiers, des ouvriers en cuir qui fourniffent à la com-munauté ce qui peut lui être néceffaire pour les vêtemens des reli-gieux : fouvent même le fuperflu eft vendu aux étrangers.

L'ignorance la plus profonde eft le partage de tous les moines grecs : lorfqu'un religieux fait lire fa lithurgie, il eft tout auffi favant que le monaftere a droit de le defirer; peu d'entr'eux entendent l'an-cien grec, & les pieufes grimaces font le feul genre d'étude auquel ils s'appliquent : d'ailleurs la lecture des bons livres, fi jamais il en parvenoit quelques-uns fur cette terre malheureufe, leur eft abfolu-ment défendue par la regle. Chaque couvent a cependant fa biblio-théque ; mais, chargés de pouffiere, rongés par les vers, les livres que ces dépôts contiennent, ne font que des traités infipides d'une piété purement fpéculative.

Figures.

Les grecs ont aussi des religieuses assez semblables aux nôtres , & que l'on appelle *caloyeres* ; elles suivent toutes la regle de Saint Basile. Ces recluses habillées comme nos bénédictines, ont la tête rasée, & sont revêtues d'un habit & d'un manteau de laine noire : elles mettent, comme les moines , de l'excès dans tous les actes de leurs prétendues dévotions : leur modestie va jusqu'à couvrir leurs mains , de maniere qu'on ne puisse voir que l'extrémité des doigts. Elles vivent toutes dans des cellules où la plupart ont des domestiques du même sexe pour les servir. Chaque monastere est gouverné par une abbesse perpétuelle qu'elles choisissent entr'elles. Ces maisons ne sont pas d'ailleurs l'unique asyle de l'indolence & de la contemplation ; la plupart des filles qui les habitent , travaillent à l'aiguille divers ouvrages qu'elles vendent à l'étranger. Les turcs , qui font profession d'aimer la piété douce & tranquille par-tout où elle se trouve, estiment beaucoup ces religieuses ; c'est assez communément chez elles qu'ils vont acheter leurs ceintures.

Il est d'autres caloyeres en turquie , qui ne sont pas enfermées dans des couvens ni soumises à la discipline religieuse : ce sont des veuves dévotes qui font vœu de ne pas se remarier, & de se consacrer entiérement à la piété. Elles n'ont rien de particulier dans leur habillement , si ce n'est un voile noir qui leur couvre la tête. Quelques voyageurs n'ont pas épargné la réputation de ces femmes ; &, en effet, l'indiscrétion du vœu qu'elles contractent, & sur-tout la liberté que leur procure leur nouvel état, ne contribue pas peu à les précipiter dans les désordres qu'on a reproché chez nous à celles qui se sont livrées à ce genre de dévotion.

Le mariage est un sacrement chez les grecs comme chez les catholiques : ceux-ci ne défendent pas aux fideles de se marier tant qu'ils sont libres ; mais les grecs bornent cette faculté aux troisiemes nôces. Quiconque se remarieroit quatre fois , se rendroit coupable de polygamie, que la pénitence la plus rigoureuse ne pourroit effacer. Cette défense remonte à la plus haute antiquité.

Ceux qui , après s'être soumis aux cérémonies des fiançailles (*fg.* 186) , se présentent à l'église pour être mariés , viennent à la fin de la messe se placer devant le prêtre, le mari à droite & la femme à gauche. Le papas, qui représente le curé des catholiques, fait sur eux plusieurs signes de croix, & leur donne à chacun un cierge allumé ; ensuite, il les encense, & prenant deux anneaux, l'un d'or & l'autre d'argent , il donne le premier au futur époux & l'autre à son épouse ; puis il prononce ces paroles facramentelles : « J'unis Pierre » avec Jeanne, ferviteur & fervante de Dieu , au nom du Pere, » du Fils & du Saint-Efprit » ; formule qu'il répete trois fois : reprenant les anneaux, il s'en fert pour faire des fignes de croix fur la tête des nouveaux époux , & il les leur paffe chacun au doigt : un paranymphe termine la cérémonie en changeant les anneaux, c'eft-à-dire qu'il donne à l'époux celui d'argent , & celui qui eft d'or à l'époufe.

On couronne , dans certaines provinces, fort folemnellement les époux lorfqu'ils font d'une qualité diftinguée. Le prêtre chargé de faire la cérémonie, prononce ces paroles en leur mettant la couronne fur la tête : « Pierre, ferviteur de Dieu , eft couronné pour être ma-» rié à Jacqueline ». Il leur préfente enfuite un verre rempli de vin qu'il a béni ; & lorfqu'ils ont bu , il leur ôte les couronnes & leur donne la bénédiction nuptiale.

Ces cérémonies varient d'ailleurs felon les différentes provinces où l'on pratique ces ufages. Tournefort , qui dit avoir été témoin d'un mariage célébré de cette efpece à Micone, affure que dans cette ville , le prêtre commence par couronner les époux de branches de vignes, garnies de rubans & de dentelles : il leur met enfuite au doigt des anneaux , & il change , fouvent plus de trente fois de doigt ces fymboles de l'union conjugale. Les parrains & les marraines des nouveaux époux font tous enfemble trois tours en rond , pendant lefquels les affiftans , parens, amis & voifins leur donnent fort incivilement des coups de poings & quelques coups de pieds. Après ce ballet ridicule , le papas coupe des petits morceaux de pain qu'il met dans une écuelle avec du vin ; il en mange le premier, en donne une cuillerée au marié & une autre à la mariée ; tous les affiftans goûtent auffi de ce mêts.

Quelque rigoureufe que foit l'églife grecque à empêcher la multiplicité des noces, elle fe montre fort indulgente lorfqu'il eft queftion d'en diffoudre le lien : on obtient fort aifément le divorce, pourvu qu'on ait affez d'argent pour le payer. Le patriarche caffe un mariage fans beaucoup de formalité, & permet aux deux époux de s'unir à d'autres. La corruption , l'ignorance & la mifere , les trois fléaux du clergé grec, dit le chevalier Ricaut, font la fource de ce déréglement & non l'autorité des canons.

Les grecs adminiftrent le baptême par immerfion ; cérémonie qui confiste à plonger dans l'eau celui que l'on baptise. Ces peuples emploient trois immersions dans leur baptême, en l'honneur des trois personnes de la trinité ; & cet usage est fondé sur le cinquantieme des canons, faussement attribué aux apôtres. Ils ne baptisent leurs enfans que huit jours après leur naissance, & souvent plus tard ; mais comme on ne pourroit sans inconvénient, dans un âge aussi tendre, les plonger dans l'eau froide, on fait chauffer l'eau du baptistaire, & les parents y jettent des fleurs odoriférantes : sept jours après le baptême, on reporte l'enfant à l'église pour y faire l'ablution. Alors le prêtre, récitant les prieres marquées dans le rituel, décrasse le corps de l'enfant, avec une éponge neuve ou un linge propre, & le renvoie en lui disant ces paroles : « Te voilà baptisé, éclairé de la lumiere » céleste, sanctifié & lavé au nom du pere & du fils & du Saint-» Esprit ».

Les moscovites emploient beaucoup plus de cérémonies dans leur baptême (*fig.* 191). Le parrain & la marraine amenent l'enfant à l'église, & donnent en entrant neuf bougies au prêtre : ce ministre dispose ces bougies en forme de croix sur le bassin dans lequel l'enfant doit être plongé, & les allume ; puis il encense ceux qui lui ont donné les bougies, & consacre, à force de prieres & de bénédictions, l'eau qui doit servir au baptême : cette consécration est suivie d'une procession que, précédé d'un clerc portant une image de Saint Jean, il fait autour du bassin avec le parrain & la marraine : il s'arrête après trois tours, & demande à l'enfant s'il renonce au diable, à ses pompes & à ses œuvres ? le parrain & la marraine, le dos tourné vers le bassin, répondent *oui*, & crachent à terre. On sort ensuite de l'église pour exorciser l'enfant, afin que le diable ne souille pas la sainteté du temple : cet exorcisme fini, le prêtre coupe sur la tête de l'enfant quelques cheveux qu'il met dans un livre, puis il le plonge dans le bassin à trois reprises différentes. Il lui met ensuite un grain de sel dans la bouche, & il lui fait plusieurs onctions ; il finit par le revêtir d'une chemise blanche, en lui disant : « Tu es maintenant » aussi net que cette chemise, & purifié de la tache du péché ori-» ginel ». Après le baptême, le prêtre fait, avec la tête de l'enfant, une croix à la porte de l'église, & il donne sur cette même porte trois coups de marteau. Il faut, dit l'auteur de la religion des moscovites, que tous ceux qui ont été témoins du baptême, entendent le bruit ; autrement, on croiroit que l'enfant n'auroit pas été bien baptisé.

baptifé. Avant de renvoyer l'affemblée, le prêtre confie au parrain & à la marraine l'image d'un faint qu'il deftine pour patron à l'enfant; & il recommande expreffément d'élever ce petit néophyte dans une dévotion particuliere pour le faint & pour fon image.

Les Mofcovites ont coutume de pendre au col de l'enfant nouvellement baptifé, une petite croix d'un métal plus ou moins riche, felon la condition de fes pere & mere : la piété exige que l'on conferve fcrupuleufement cette croix pendant toute la vie ; ce monument attefte que l'on a reçu le baptême : on enterre même les morts avec ce figne caractériftique de l'orthodoxie mofcovite.

La religion ordonne aux prêtres grecs de fe confeffer une fois tous les mois : il en eft ainfi des moines; mais le commun des fideles n'eft obligé de fe confeffer qu'une fois l'an : cette confeffion doit être faite avant que le grand carême de pâques foit ouvert. Les confeffeurs grecs emploient tous leurs foins pour délivrer leurs pénitens de cette honte qui les porte quelquefois à diffimuler leurs péchés. Avant la confeffion, ils s'entretiennent avec eux familiérement, les encouragent par des marques de tendreffe & de bonté ; leur repréfentent qu'ils font foibles & pécheurs comme eux, & qu'ils ne doivent pas rougir d'avouer à un homme les foibleffes de l'humanité. « Voici l'ange du Seigneur, » s'écrient-ils alors, auprès de vous, envoyé du ciel pour recevoir votre » confeffion de votre propre bouche : prenez garde de rien cacher de » ces prévarications dont vous pouvez vous être rendu coupables ; n'ayez » pas honte de me développer les replis de votre cœur, car je fuis » homme & pécheur comme vous ». La formule d'abfolution dont fe fervent les prêtres grecs au tribunal de la pénitence, eft ainfi conçue : « En vertu du pouvoir que les apôtres ont reçu de Jéfus-Chrift, » & de celui qu'ils ont remis aux évêques, & que mon évêque m'a » accordé, je vous abfous préfentement au nom du Pere, du Fils » & du Saint-Efprit, & je vous déclare que votre portion eft avec » les juftes ». Le voyageur Tournefort parle fort au long des indécences que commettent les papas en cette occafion; mais ces abus, en déshonorant le miniftre, ne peuvent décréditer la religion qu'il profeffe.

Il eft peu de religion au monde où les prêtres foient plus généralement refpectés que parmi les grecs : « Que chacun nous regarde, » difent continuellement ces miniftres, d'après Saint Paul, comme » les miniftres de Jéfus-Chrift, & les difpenfateurs des minifteres de

» Dieu ». Auffi, quoique la pompe extérieure manque au clergé, &
que les mœurs de ceux qui le compofent ne foient pas auffi pures
qu'elles devroient l'être, tout le monde fe fait un devoir de fe foumettre aveuglément aux eccléfiaftiques, non-feulement dans les chofes
qui dépendent du fpirituel, mais encore dans celles qui font purement
temporelles. La crainte de l'excommunication eft l'un des plus puiffans
motifs qui les porte à cette obéiffance paffive : cette peine fait fur
eux une impreffion fi profonde, que les pécheurs les plus obftinés
frémiffent à l'ouïe feule d'une fentence qui les fépare de l'unité de
l'églife. La formule de ce châtiment fpirituel déclare : « Que celui qui
» en eft frappé, eft privé de l'union avec le Pere, le Fils & le Saint-
» Efprit ; retranché de toute communion avec les trois cent dix-
» huit peres du premier concile de Nicée, & avec les faints ; renvoyé
» à celle du diable & du traître Judas, & enfin condamné à refter après
» fa mort, dur comme une pierre ou comme du fer, s'il ne fe re-
» pent » Les grecs, dupés par leurs prêtres, croient bonnement que
ce dernier article de l'excommunication s'exécute à la lettre fur les
cadavres des excommuniés qui meurent fans avoir été abfous. Le diable s'empare, felon eux, de ces malheureufes victimes de la fureur
facerdotale, & leur fait faire les mêmes mouvemens que s'ils étoient
en vie. Ces corps, que les grecs nomment *uroucolaques*, ainfi habités
par le diable, deviennent tout noirs, à l'exception des ongles. La
légende rapporte à ce fujet une hiftoriette affez curieufe qui mérite
de tenir place ici.

Le fultan Mahomet II, dit-elle, informé des effets furprenans que
l'excommunication produifoit fur les corps morts, voulut s'affurer
plus pofitivement de ce prodige, & envoya ordre au patriarche Maxime
de faire exhumer le cadavre d'un excommunié mort depuis long-temps.
Cet ordre embarraffa le patriarche & fon clergé ; non qu'ils doutaffent
de l'effet de l'excommunication, mais à caufe de la difficulté de fe procurer le cadavre d'un excommunié. Enfin quelques-uns fe rappellerent
qu'autrefois une belle veuve, ayant accufé fauffement le patriarche
Gennadius d'avoir voulu la corrompre, étoit morte quarante jours
après avoir été excommuniée par ce prélat. On fit des perquifitions
pour découvrir le lieu de fa fépulture, & lorfqu'on l'eut trouvé, le
patriarche en donna avis à Mahomet : ce prince envoya auffitôt des
officiers pour affifter à l'ouverture du tombeau ; preuve éclatante du pouvoir du clergé ! la foudre du vertueux Gennadius avoit entiérement

dénaturé le corps de la belle veuve, il fut trouvé tout entier, noir comme un charbon, & dur comme un bloc de marbre. Mahomet, inftruit de ce prodige, ordonna à quelques pachas de vifiter le cadavre de cette femme profcrite; de le faire tranfporter dans une chapelle de l'églife de Pamacarifta, & d'en fceller la porte avec fon cachet: cet ordre fut ponctuellement exécuté. Quelque temps après, les mêmes pachas firent retirer le cadavre de la chapelle, & ordonnerent au patriarche de lever l'excommunication pour voir quel effet produiroit la cérémonie: le patriarche fit ce qu'on exigeoit de lui; & ce prélat eut la confolation d'opérer un miracle propre à convertir des mécréans un peu moins durs que des turcs. La légende affure que, tandis que le patriarche prononçoit la formule d'abfolution, on entendoit le craquement des os du cadavre qui fe relâchoient & fe déboîtoient. Cette cérémonie finguliere étant finie, les pachas firent remettre le cadavre dans la même chapelle, & l'ayant vifité quelques jours après, ils furent bien furpris de le trouver réduit en poufliere. Ils firent à Mahomet un rapport exact de ce prodige, & l'on affure que ce prince ne put s'empêcher de s'écrier que la religion des chrétiens étoit admirable; malheureufement, perfuadé que celle de Mahomet valoit encore mieux, il demeura toujours obftinément attaché aux préceptes de l'alcoran.

Autant les grecs font épouvantés par les foudres de l'excommunication, autant ils appréhendent le pouvoir du démon. Il n'eft pas de pays au monde où les poffeffions foient plus fréquentes que dans l'églife grecque. Le moindre délire occafionné par la fievre, eft, felon ce peuple fuperftitieux, le figne évident des ravages que l'efprit malin commet dans le corps du malade: ainfi lorfqu'ils s'apperçoivent qu'un malade a le cerveau troublé, aulieu de recourir aux remedes naturels qui pourroient être utiles en pareil cas, ils font venir un papas qui, avec force eau bénite & grand nombre de prieres, exorcife gravement le fébricitant.

Chriftophe Angelus, qui avoit fouvent été témoin de ces cérémonies ridicules, dit qu'on les exécute de cette maniere: « Le poffédé eft » d'abord attaché à un poteau, puis des prêtres, qui fe font préparés » à cette action par un jeûne de vingt-quatre heures, viennent lire » devant lui l'évangile. Ils lifent chaque jour pendant fix heures juf- » qu'à ce qu'ils aient achevé les quatre évangiles: ils fe remplacent les » uns les autres dans cette lecture, mais fans aucune interruption,

» de forte que l'un reprend le dernier mot de l'autre. Un prêtre,
» recommandable par la fainteté de fa vie, lit enfuite les exorcifmes
» compofés par Saint Bafile, & commande au diable de fortir du corps
» dont il s'eft emparé : le malin efprit obéit malgré lui à cet
» ordre, & s'enfuit, laiffant le malheureux poffédé plus mort que
» vif ».

Les grecs font dans l'ufage de porter le viatique aux malades,
comme dans l'églife romaine ; ils leur conferent auffi le facrement
d'extrême-onction, qu'ils appellent *euchelaïon* : la loi veut que trois
prêtres au moins affiftent à cette cérémonie. Chez les catholiques, c'eft
à l'évêque feul qu'il appartient de confacrer l'huile fainte : il n'en eft
pas ainfi chez les grecs ; le fimple prêtre a le droit de remplir cette
fonction ; & en effet ce privilége paroît remonter à la plus haute antiquité, puifque Saint Jérôme, l'un des oracles des deux églifes, affure
que le prêtre peut remplir les mêmes fonctions que l'évêque, à l'exception de l'ordination particuliere à l'épifcopat. L'églife grecque ordonne que les onctions fe faffent fur le front, fur le menton, fur les
deux joues, dans les paumes des mains, & fur le métacarpe. Ce peuple, dit Tournefort, confere plus fouvent l'extrême-onction aux perfonnes en fanté qu'aux malades : les prêtres grecs n'oignent à ceux-ci
que le front, les joues, le menton & les mains avec l'huile commune
qui n'a pas été bénie. Enfuite ils barbouillent, avec la même liqueur,
toutes les chambres de la maifon, en récitant des oraifons, & tracent
avec la même huile de grandes croix fur les murailles & fur les portes, tandis que l'on récite le pfeaume x c.

C'eft à la cupidité facerdotale que l'églife grecque doit imputer
cet abus qui la déshonore. Si l'on en croit Tournefort, le mépris
pour les chofes faintes, eft porté bien plus loin encore par les moines
de Montefanto : ces brigands courent, dit-il, la grece & même la
mofcovie, pour vendre l'huile de l'extrême-onction : ils vont dans
les maifons entendre les confeffions, & donnent l'extrême-onction aux
perfonnes qui fe portent parfaitement bien : ils oignent l'épine du dos
du pénitent pour chaque péché qu'il déclare. Cette pieufe cérémonie
forme une branche très-importante du revenu de ces bons peres : la
moindre onction eft d'un écu, & celle qui fe fait pour le péché de la
chair eft beaucoup plus chere.

Lorfqu'une perfonne vient à mourir, toute la maifon retentit de
hurlemens épouvantables ; la femme, les enfans, les domeftiques, les

parens & les amis entrent dans la chambre , les cheveux épars , les habits en lambeaux , se frappent la tête l'estomac, & se déchirent le visage de leurs ongles. Tournefort , qui a été souvent témoin de ces scenes tragiques , nous a donné la description des obseques d'une femme de Milo , dans laquelle il nous apprend que ces pleureurs mêlent quelquefois à leurs lamentations des apostrophes au défunt, beaucoup plus propres à faire rire qu'à inspirer la tristesse : « Te voilà » bienheureuse, disoit-on à la défunte ; tu peux maintenant te marier » avec un tel , & ce tel, dit Tournefort, étoit précisément celui que » la chronique scandaleuse avoit mis sur le compte de la morte. Nous » te recommandons nos parens, disoit l'un ; nos complimens à mon » compere Lucas, disoit l'autre ; & mille complimens tout aussi ridi- » cules & aussi puériles que ceux-ci ».

Le convoi , ajoute le voyageur françois, commença par deux jeunes paysans qui portoient chacun une croix de bois, suivis par un papas, revêtu d'une chape blanche , escortés de quelques papas en étoles de différentes couleurs , mal-peignés & mal-chauffés. On portoit ensuite le corps de la femme à découvert, parée à la grecque de ses habits de nôces : le mari suivoit la bierre, soutenu par deux personnes de consi-dération qui tâchoient de l'empêcher d'expirer avec son épouse. Le jour de l'enterrement, on ne dit pas de messes des morts : le lendemain on commença à en faire dire quarante dans chaque paroisse , à sept sols par messe. Lorsqu'on fut arrivé à l'église , les papas chanterent l'office des morts , tandis qu'un jeune clerc récitoit des pseaumes auprès de la bierre. L'office étant fini , on distribua à des pauvres qui se tenoient à la porte de l'église, douze pains & autant de bouteilles de vin : on donna ensuite un sol de Venise à chaque papas, & un écu & demi à l'évê-que qui avoit accompagné le convoi. Après cette expédition, l'une des plus essentielles cérémonies, un des papas mit sur l'estomac de la morte un morceau de pot cassé, sur lequel on avoit gravé une croix & les caracteres ordinaires I. N. R. I. lettres initiales de quatre mots latins qui signifient, *Jésus le Nazaréen, Roi des Juifs.* On fit les adieux à la morte ; les parents, & sur-tout le mari, la baiserent à la bouche, & fût-on mort de peste , c'est un devoir dont les parents ne peuvent se dispenser : les amis l'embrasserent aussi, les voisins la saluerent ; mais on ne jetta pas d'eau bénite sur le cadavre : après l'enterrement, on conduisit le mari jusqu'à la maison. Au départ du convoi, la troupe des pleureurs recommença son exercice , & sur le soir, les parents envoyerent de quoi fouper au mari, & allerent fe confoler en faifant la débauche avec lui.

Cette cérémonie s'exécute un peu différemment en ruffie : dès que le malade eft décédé, dit l'auteur de la religion des mofcovites, on envoie chercher les parents & les amis du mort : ceux-ci fe rangent autour du corps, & pleurent s'ils peuvent. Des femmes demandent à ce mort les raifons qu'il a eu de mourir ? fi fes affaires n'étoient point en bon état ? s'il n'avoit pas de quoi vivre, &c. L'on commence par faire un préfent de bierre, d'eau-de-vie & d'hydromel au prêtre, afin qu'il faffe des prieres pour l'ame du défunt. On lave bien le corps, & après l'avoir revêtu d'une chemife blanche, ou enveloppé d'un fuaire, on lui chauffe des fouliers de cuir de ruffie, & on le met dans le cercueil, les bras pofés fur l'eftomac en forme de croix. Les mofcovites font les cercueils du tronc d'un arbre creufé : on couvre ce cercueil d'un drap ou bien de la cafaque du défunt : le prêtre donne de l'encens & de l'eau bénite au mort jufqu'au jour de l'enterrement qui n'arrive fouvent que huit ou dix jours après le décès. L'ordre du convoi fe fait de la maniere fuivante (*fg.* 191) : à la tête marche un prêtre qui porte l'image du faint que le mort a reçu pour fon patron au baptême. Il eft fuivi de quatre filles, proches parentes du défunt, qui fervent de pleureufes ; après cela fuit le corps, que fix hommes portent fur les épaules. Si c'eft un religieux ou une religieufe, fes confreres ou fes compagnes lui rendent ce dernier devoir : d'autres prêtres marchent aux deux côtés du corps, & l'encenfent en chantant, pour éloigner les mauvais efprits. La marche eft terminée par les parents & les amis du défunt qui tiennent chacun un cierge à la main : lorfqu'on eft arrivé à la foffe, on découvre le cercueil, & l'on tient l'image du faint fur le mort, tandis que le prêtre fait les prieres, on récite quelques paffages de la lithurgie : après cela, les parents & les amis difent adieu au défunt, en le baifant ou baifant fon cercueil : le prêtre s'approche & lui met le paffe-port dans la main : ce paffe-port eft figné du métropolitain & du confeffeur, qui le vendent felon la qualité des perfonnes qui l'achettent.

Neuf jours après les obfeques d'un mort, les grecs font dans l'ufage d'envoyer à l'églife une offrande pour le foulagement de fon ame : cette offrande, qui s'appelle *colyva*, confifte, dit Tournefort, dans un grand baffin de froment bouilli en grains, garni d'amandes pelées, de raifins fecs, de grenades, de fefames, & bordé de bafilic, ou de

quelque autre plante odoriférante : le milieu du baſſin s'éleve en pain
de ſucre ſurmonté d'un bouquet de fleurs artificielles que l'on fait
venir de Veniſe ; & l'on range en croix de malte, ſur les bords du
baſſin, quelques morceaux de ſucre ou de confitures ſeches. Voilà,
ajoute Tournefort, ce que les grecs appellent l'offrande de colyva,
établie parmi eux pour faire ſouvenir les fideles de la réſurrection des
morts, ſuivant les paroles de l'évangile : « Si le grain du froment ne
» meurt après qu'on l'a jetté en terre , il demeure ſeul ; mais quand
» il eſt mort, il produit beaucoup de fruits ». Le foſſoyeur porte ſur
ſa tête le baſſin du colyva, précédé d'une perſonne qui tient deux gros
flambeaux de bois doré, garnis par étage de rubans fort larges, bordés
d'une dentelle de fil de demi-pied de hauteur : ce foſſoyeur eſt ſuivi
de trois perſonnes, l'une porte deux grandes bouteilles de vin ; l'autre deux paniers de fruits ; la troiſieme un tapis de turquie que l'on
étend ſur le tombeau du mort , pour y ſervir la collation & le
colyva.

Le papas dit l'office des morts , pendant que l'on porte cette offrande
à l'égliſe ; il prend enſuite ſa bonne part au régal qui couronne la
cérémonie : on donne à boire aux honnêtes-gens, & les reſtes ſont
diſtribués aux pauvres. Quand l'offrande part du logis, le cortége des
pleureurs eſt le même que celui qui accompagne le mort au jour de
l'enterrement ; les parents, les amis , les voiſins font les mêmes grimaces : on donne à chacun de ceux qui ont aſſiſté à cette fête lugubre
cinq pains , quatre pots de vin , la moitié d'un fromage, un quartier
de mouton & 15 ſols en argent.

Les grecs mettent beaucoup plus de faſte & d'oſtentation dans
leur deuil que ne font les latins pendant les huit premiers jours ; les
proches parents du mort ne font point de cuiſine chez eux ; c'eſt à
leurs amis qu'il appartient de leur fournir la ſubſiſtance.

Ils ne ſe montrent pas comme nous, au convoi, vêtus de noir, avec
un air grave & modeſte ; ils prennent leurs plus beaux habits ; & avec
cette parure, qui nous paroîtroit indécente, ils donnent des marques
vraiment ridicules de déſeſpoir. La loi veut, dit Tournefort, que les
parents aillent ſouvent pleurer ſur les tombeaux de leurs ancêtres ; tant
que le deuil dure, ils ne changent pas d'habits ; les maris ne ſe font
pas raſer ; les veuves demeurent dans une mal-propreté dégoûtante.
Il y a des îles où l'on pleure continuellement dans les maiſons ; les
maris & les veuves n'entrent pas dans l'égliſe, & ne fréquentent pas
les ſacremens, tandis qu'ils ſont en deuil.

Les femmes chrétiennes de Damas, font dans l'ufage de pleurer leurs morts en criant & en chantant de toutes leurs forces. Il en eft ainfi à Rama (*fig.* 189) : le voyageur le Brun dit qu'elles pleurent pendant environ une demi-heure fur le tombeau, après quoi, elles fe levent, fe frappent la poitrine en cadence, & commencent une contre-dan fe qui dure environ un quart-d'heure : enfuite elles danfent en rond, & deux d'entr'elles fe mettent au milieu, frappent des mains, pouffent des hurlemens affreux vers le ciel, & expriment leur douleur par différentes contorfions que l'art leur a appris à imiter. Ce tintamare dure fouvent plufieurs jours, & lorfqu'une troupe de pleureufes eft forcée de fe retirer par la laffitude, elle eft remplacée par une autre qui remplit les mêmes fonctions.

Les grecs s'accordent affez avec les latins fur la fituation des ames dans l'autre monde. Le lieu que ceux-ci nomment *purgatoire* & où ils font expier aux ames des morts les péchés de peu de conféquence, les premiers l'appellent *enfer* : là, les ames, environnées de ténebres épaiffes, & tourmentées à proportion de leurs fautes, ne ceffent de foupirer après l'heureux inftant où elles doivent paffer dans une vie fortunée. Les prieres de l'églife & celles des ames dévotes, les foulagent beaucoup dans leurs tourments ; & cette croyance fait la bafe principale du crédit dont jouiffent les papas parmi les fideles. Cette doctrine, que la plupart des proteftans traitent ouvertement d'héréfie, fut d'ailleurs celle de la plus grande partie des peuples de la terre ; & toùt nous porte à croire qu'elle fubfiftera jufqu'à la fin du monde. Les grecs d'ailleurs admettent un lieu qui correfpond à l'enfer des catholiques ; ils le nomment la *géne*, & ils croient que les ames qui y font précipitées, n'en fortiront jamais.

ARTICLE

ARTICLE VI.

Eglise d'Arménie.

LONG-TEMPS les arméniens conserverent dans toute sa pureté, la religion qu'ils avoient reçue de Grégoire, surnommé l'*illuminé*; mais en 535, un de leurs patriarches, nommé *Niersès*, ayant adopté les erreurs des eutychiens, & rejetté le concile de Chalcédoine, ce peuple se sépara entiérement de l'église. Après un schifme de cent douze ans, les arméniens, sous les empereurs Maurice & Héraclius, renoncerent à leurs erreurs, & rentrerent dans le sein de l'église; cette réconciliation dura cent cinq ans.

Le patriarche Jean Agmensis renouvella le schifme dans un conciliabule tenu en 727, où, aux erreurs des eutychiens, ce prélat joignit celles des monothélites: depuis cette époque, plusieurs princes arméniens firent tous leurs efforts pour rétablir la religion catholique dans leurs états, & ils furent fortement secondés dans leur dessein par plusieurs missionnaires; mais toutes ces tentatives ont été presque inutiles: on est seulement parvenu à convertir quelques peuplades arméniennes, dont la plupart occupent un canton nommé *Abtener*, & qu'on appelle *arméniens francs*. On trouve aussi en pologne plusieurs de ces arméniens catholiques qui ont leur patriarche particulier.

L'église d'Arménie est d'accord avec celle de Rome, sur tout ce qui a été décidé par le concile de Nicée; elle admet, comme les latins, le symbole des apôtres: sa croyance est la même que celle des grecs, sur la Trinité; & reconnoissant trois personnes dans une même essence divine, elle soutient que le Saint-Esprit ne procede que du Pere.

Long-temps les arméniens furent, comme on l'a dit, plongés dans l'héréfie d'Eutychès; c'est-à-dire qu'ils n'admirent qu'une perfonne & une nature en Jéfus-Christ; mais le chevalier Ricaut assure que cette erreur ne subsiste plus parmi eux, & que leur symbole est absolument contraire à cette doctrine. Nous allons rapporter la confession de foi de ces peuples, telle que ce voyageur nous l'a conservée; ce monument nous mettra d'autant mieux à portée de connoître la théologie des arméniens, qu'il comprend tous leurs dogmes; qu'il contient les

Tome III. K

principes qu'ils font apprendre à leurs enfans ; qu'ils l'expliquent à leurs écoliers , & qu'ils le prononcent dans leurs affemblées religieufes.

» Je crois de tout mon cœur en Dieu le pere, non créé & non
» engendré, & que Dieu le pere, Dieu le fils, & Dieu le faint-efprit
» ont été de toute éternité ; le Fils engendré du Pere , & le Saint-Efprit
» procédant du Pere feul. Je crois en Dieu le fils , non créé, mais
» engendré de toute éternité. Le Pere eft éternel , le Fils eft éternel
» & égal au Pere : tout ce que le Pere contient, le Fils le contient
» auffi. Je crois au Saint-Efprit qui a exifté dès l'éternité, non en-
» gendré du Pere, mais en procédant : trois perfonnes & un feul
» Dieu. Tel qu'eft le Fils par rapport à la divinité , tel eft le Saint-
» Efprit. Je crois la fainte Trinité , & non pas trois Dieux , mais un
» feul Dieu, feul en volonté , en gouvernement & en jugement ,
» créateur de toutes les chofes vifibles & invifibles. Je crois en la fainte
» églife , la rémiffion des péchés & la communion des faints. Je crois
» que de ces trois perfonnes, il y en a eu une qui a été engendrée de
» fon pere avant toute éternité, mais qui dans le tems eft defcendue
» du ciel, dans le fein de Marie, du fang de laquelle il a été formé.
» Ce fut dans le ventre de cette vierge, que la divinité fut mêlée
» avec la nature humaine , fans aucune tache ni fouillure. Il demeura
» patiemment neuf mois entiers, dans les entrailles de Marie , &
» naquit enfuite à la maniere des hommes, avec une ame, un enten-
» dement , un jugement & un corps, n'ayant qu'un corps & qu'un
» vifage. De ce mêlange ou de cette union, réfulta la compofition
» d'une perfonne. Dieu fut fait homme fans fouffrir aucun changement
» en lui-même. Il naquit fans aucune génération humaine, & fa mere
» ne laiffa pas de demeurer vierge. Comme perfonne ne connoît fon
» éternité, perfonne auffi ne connoît ni fon exiftence ni fa naiffance;
» car, comme il a été Jéfus-Chrift dès l'éternité , il l'eft encore au-
» jourd'hui, & le fera éternellement.

» Je crois en Jéfus-Chrift qui a converfé parmi les hommes en
» ce monde; qui, à l'âge de trente ans, fut baptifé de fon bon gré ,
» & fuivant fa propre volonté, fon pere rendant témoignage de lui,
» & difant : *C'eft ici mon fils bien-aimé, en qui j'ai mis mon bon*
» *plaifir ;* & le Saint-Efprit defcendant fur lui en forme de colombe,
» il a été tenté par le diable, qu'il a vaincu; il a été annoncé aux
» gentils; il a fouffert en fon corps la laffitude, la faim, la foif ; il

» a été crucifié de fon propre confentement ; il mourut par rapport
» à fon corps ; mais comme Dieu, il étoit vivant ; il a été enfeveli,
» & fa divinité étoit mêlée avec lui dans le tombeau ; fon ame defcen-
» dit en enfer, & fut toujours accompagnée de fa divinité ; il prêcha
» aux ames qui étoient en enfer ; &, après les avoir retirées de ce
» lieu-là, il reffufcita le troifieme jour, & apparut aux apôtres. Je
» crois que Notre-Seigneur Jéfus-Chrift eft monté au ciel avec fon
» corps ; qu'il y eft affis à la droite de Dieu ; que, fuivant le décret
» du Pere, il viendra avec le même corps, juger les vivans & les
» morts, & que tous les hommes reffufciteront, les gens de bien
» pour entrer dans le paradis, & les méchans pour être précipités
» dans les flammes éternelles ».

De tous les chrétiens du monde, les arméniens font les plus grands
jeûneurs ; leurs abftinences font fort rigoureufes & très-multipliées.
Ils obfervent plufieurs carêmes, dont le principal eft celui qui précede
la pâque : ils le commencent en même temps que les grecs & les
catholiques, fuivant le précepte du concile de Nicée. Pendant ces quarante jours de mortification, ils ne mangent point de poiffon qui ait
du fang, ni aucun autre à coquillages ou à écailles ; ils ne mangent
pas même d'huile d'olives, & la loi ne leur permet pas de s'approcher
de leurs femmes. Depuis pâques jufqu'à l'afcenfion, ils mangent continuellement de la viande, fans obferver, comme les grecs & les latins,
l'abftinence du vendredi, ni celle du famedi : ils ont la même liberté
pendant la femaine qui fuit la fête des rois. A cela près, ils obfervent une abftinence rigoureufe tous les mercredis & vendredis de
l'année.

Le rituel des arméniens prefcrit divers autres jeûnes qui, quoique
moins longs que celui qui précéde la pâque, ne font pas moins aufteres,
ni moins gênans. Ils en ont un de neuf jours qui finit la veille de
l'affomption. Ils en obfervent un autre en l'honneur du Saint-Efprit,
qui commence le lundi d'après la trinité. Quinze jours après celui-ci,
ils en obfervent un autre à la même intention ; & ce dernier eft fuivi
d'un quatrieme, qui n'en eft éloigné que de quinze jours : ils ont alors
un intervalle de quatre femaines, au bout defquelles ils recommencent
un jeûne qui dure huit jours. Ayant eu enfuite fept femaines de liberté,
ils fe mortifient de nouveau : enfin toute l'année fe paffe ainfi en
jeûnes, en mortifications & en abftinences. Leurs auftérités redoublent
fur-tout pendant les fept jours qui précedent l'épiphanie ; ainfi cette

femaine, que les autres chrétiens paffent communément en plaifirs, en débauches même, les arméniens l'emploient en mortifications & en prieres.

Ces peuples célebrent la plupart des fêtes qui font en ufage chez les grecs & chez les latins ; telles que pàques, la pentecôte, l'épiphanie, & on obferve fur-tout cette derniere avec la plus grande folemnité. Ce qui augmente la dévotion de ce jour-là, c'eft l'opinion où ils font que l'un des trois mages qui adorerent, dit-on, Jéfus à Bethléem, étoit un prince d'Arménie, & ce pieux monarque, qui fe tranfporta en Judée pour rendre ainfi fes devoirs au Meffie, la légende arménienne l'appelle *Gafpard*.

La plupart des cérémonies de l'églife arménienne font à peu-près les mêmes que celles de l'églife grecque : ils célebrent le facrifice de la meffe comme les partifans de cette communion, & leur rituel approche beaucoup de celui des papas. Si l'on en croit cependant le pere Monnier, ces peuples obfervent une certaine cérémonie dont on ne trouve aucune trace parmi les autres chrétiens : ils offrent à Dieu, comme les juifs, dit ce miffionnaire, le facrifice des animaux qu'ils immolent à la porte des églifes, par le miniftere de leurs prêtres : ils trempent le doigt dans le fang de la victime égorgée ; ils en font une croix fur la porte de leur maifon. Le prêtre retient pour lui la moitié de la victime ; & ceux qui l'ont préfentée en confomment les reftes. Il n'y a pas de bonne famille, qui ne vienne offrir fon agneau aux fêtes de l'épiphanie, de la transfiguration, de l'exaltation de la croix & de l'affomption de la Vierge : ils font de pareilles offrandes à Dieu, pour en obtenir la guérifon de leurs maladies, ou d'autres bienfaits temporels.

La hiérarchie arménienne eft parfaitement la même que celle des grecs & des latins : on y eft fort peu délicat fur le choix de ceux qui fe difpofent à recevoir le facerdoce, & l'on ne fait aucune difficulté d'ordonner prêtres des enfans de dix à douze ans, pourvu qu'ils fâchent lire. Ceux qui fe préparent à recevoir cet ordre, reftent dans l'églife pendant quarante jours : après cette efpece de féminaire, l'évêque leur confere le caractere facerdotal, & reçoit douze fols pour fes honoraires. Lorfque le nouveau prêtre a dit fa premiere meffe, il donne un grand repas, felon l'ufage affez généralement obfervé parmi les latins : pendant ce feftin, fa femme, qu'on appelle la *papaudie*, eft affife fur un efcabeau, la bouche fermée, les oreilles bouchées &

les yeux bandés, pour lui apprendre qu'elle ne doit se mêler en aucune maniere des fonctions sacrées que son mari doit exercer. D'ailleurs, quoique la loi permette aux prêtres de conserver leurs épouses après avoir reçu le caractere sacerdotal, elle leur prescrit cependant une chasteté beaucoup plus rigoureuse que celle à laquelle les laïques sont assujettis. Le rituel multiplie sur-tout ces observations à l'égard des prêtres qui se disposent à célébrer la messe : la veille du jour, où ils doivent offrir ce sacrifice, l'usage exige qu'ils passent la nuit dans l'église, à élever leurs ames vers Dieu.

L'église arménienne est gouvernée par quatre patriarches : le premier, dont le siége étoit autrefois à Sébaste en Arménie, fait aujourd'hui sa résidence à Etchmeasin, couvent célèbre placé dans le voisinage de Rivan en Perse : le second fait sa résidence à Sife, ville de la petite Arménie ; le troisieme demeure à Canshar, & le quatrieme à Achtamar.

Les trois derniers reconnoissent le premier pour leur chef, & rarement ils terminent les affaires importantes sans l'avoir consulté. On trouve encore dans les pays où les arméniens se sont établis, divers autres prélats qui prennent le titre de patriarches ; mais ces prélats sont tous autant d'évêques qui dépendent de l'un des quatre patriarches dont on vient de parler : d'ailleurs, ces princes de l'église arménienne sont, comme ceux de l'église grecque, assujettis à un célibat rigoureux, & plus gênés sur ce point que les simples prêtres. La loi ne permet pas de les élever à l'épiscopat, tant qu'ils sont retenus dans les liens du mariage.

Le revenu de ces patriarches consiste dans quelque fonds de terre & dans les contributions volontaires des fideles. Les dimanches & les fêtes, on n'oublie jamais de faire la quête pour le clergé, ou pour les pauvres du diocèse : indépendamment de ces aumônes, qui forment un objet important pour les ecclésiastiques, le rituel leur accorde des droits très-lucratifs sur les mariages, les baptêmes & les enterremens. Si l'on en croit les voyageurs, il est peu de peuples au monde dont les prêtres déshonorent plus leur dignité par l'avarice, que ne font ceux des arméniens.

L'habit des patriarches arméniens ressemble assez à ceux de nos évêques. Ils portent, comme eux, la mitre & les divers autres ornemens qui caractérisent leur dignité. Les crosses que portent ces pontifes & les autres prélats qui leur sont subordonnés, sont remarquables par une tête de ferpent figurée à l'endroit où la croffe fe recourbe. **Le** clergé arménien , comme celui des latins & des grecs, eft d'ailleurs compofé d'évêques , de prêtres, de diacres, de fous-diacres, &c. (*fig.* 192):

192.

Les arméniens ont divers monafteres placés en Arménie , en Perfe & dans les états du grand feigneur. Ces couvents font habités par trois ordres de religieux, celui de Saint Grégoire, celui de Saint Bafile & celui de Saint Dominique. Les premiers portent communément un habit noir , couvert d'un capuchon de la même couleur : quand ils difent la meffe , ils font habillés de blanc , & portent une couronne fur la tête : les dominicains ont le même habillement. Quant aux moines de Saint Bafile , ils font vêtus à la maniere des caloyers grecs (*fig.* 193). Les fondateurs des deux premiers annoncent affez l'antiquité de leur origine : l'inftitut de Saint Dominique eft beaucoup plus récent , & il eft d'autant plus furprenant qu'il fe foit gliffé parmi les arméniens, qu'au moment de fa naiffance , ces peuples étoient abfolument féparés de l'églife romaine, berceau de cet ordre.

193.

Tous les moines arméniens obfervent à peu-près les mêmes auftérités ; ils ne mangent point de viande, ni ne boivent point de vin : l'ufage des œufs, du lait, du beurre & du poiffon ne leur eft permis que les famedis & les dimanches qui font hors du carême. Ils fe levent à minuit , & paffent la plus grande partie de leur temps à prier ou à lire le pfeautier ; toute leur vie ne fe paffe qu'en jeûnes, en mortifications & en auftérités.

Les arméniens ont auffi plufieurs couvents de femmes , où ce fexe , renonçant au monde, vit dans la retraite , dans les jeûnes & dans la priere. Les hermites, qui étoient fi communs autrefois en Afie, font encore en grand nombre parmi les arméniens : ils paffent communément leur vie fur le fommet des rochers , dans les forêts , aux pieds des montagnes & dans les déferts.

Les églifes des arméniens reffemblent à celles des grecs : elles font toutes tournées vers l'orient : on y diftingue quatre parties ; le fanctuaire , le chœur, l'endroit où fe mettent les hommes, & celui où les femmes font placées. Il y a une baluftrade haute de fix pieds qui fépare le chœur d'avec la nef des hommes. Pour entrer du chœur dans le fanctuaire, il faut monter cinq au fix dégrés : l'autel , fitué au milieu du fanctuaire , eft petit, & conftruit de maniere qu'on puiffe aifément tourner tout au tour : chaque églife a un dôme où l'on a pratiqué des fenêtres, dont l'objet eft d'éclairer le fanctuaire , parce que

les prêtres & les autres officiers s'y tiennent toujours debout : la lithurgie
permet cependant au célébrant de s'affeoir pendant l'épître & les prophéties ;& alors, fi c'eft un évêque ou un prêtre âgé qui officie, on
lui porte un fiége. Entre les deux efcaliers qui vont du fanctuaire
au chœur, eft une petite baluftrade, fur laquelle les officiers de
l'autel peuvent s'appuyer : les églifes n'ont d'ailleurs qu'un feul autel.
On n'y voit point de chaire fixe pour les prédicateurs ; on y en éleve
une chaque fois que l'on veut prêcher. Les arméniens ont la vénération la plus profonde pour leurs temples ; ils quittent toujours leurs
fouliers avant d'y entrer.

Le pere Monier rapporte à ce fujet une pratique affez finguliere :
les arméniens, dit-il, font dans l'ufage de laver les pieds de tous ceux
qui font à l'églife ; après les avoir lavés, les prêtres les oignent de
beurre en mémoire du parfum que la femme pécherefle répandit fur
les pieds de Jéfus : l'évêque le bénit avant de commencer le lavement
des pieds, en prononçant ces paroles : « Seigneur, fanctifiez ce beurre,
» afin qu'il foit un remede contre toutes les maladies, & qu'il donne
» la fanté à l'ame & au corps de ceux qui reçoivent l'onction ».

L'églife arménienne, dit Ricaut, permet non-feulement à fes prêtres de fe marier, mais elle les contraint de le faire ; & l'on ne peut
recevoir l'ordre de la prêtrife qu'on n'ait une femme : il n'y a que les
évêques & les moines qui ne jouiffent pas de cette liberté. Ici, comme
parmi les grecs, fi la femme d'un prêtre vient à mourir, il feroit auffi-
tôt honteufement dégradé s'il ofoit s'unir à une nouvelle époufe.

La loi permet les fecondes noces aux laïques, mais les troifiemes
font un acte abominable aux yeux des arméniens. Une veuve ne peut
époufer qu'un homme veuf ; & un garçon ne peut s'unir qu'à une
fille réputée vierge. Ils obfervent le degré de confanguinité à la maniere des églifes d'occident.

Les arméniens choififfent ordinairement le lundi pour célébrer leurs
noces (*fig. 193*). Ils commencent cette fête importante le dimanche au foir, & les réjouiffances durent trois ou quatre jours : la mariée
eft toujours affife pendant tout ce temps-là, & l'on fait tout ce que
l'on peut pour l'empêcher de s'endormir : d'ailleurs l'époux n'a la
liberté de s'en approcher que le mercredi au foir ; & après la con-
fommation du mariage, on montre en triomphe les marques de la
virginité de la nouvelle époufe : cet ufage obfcene fut toujours pratiqué dans tout l'orient.

193.

Les arméniens baptifent, comme les grecs, leurs enfans par une triple immerfion : le prêtre prend l'enfant par les pieds & par les mains & le plonge trois fois dans l'eau. Cette cérémonie leur paroît fi effentielle, que quand les fonts font trop petits, le prêtre fait paffer avec fa main l'eau par deffus tout le corps de l'enfant, afin qu'il n'y ait aucun membre qui foit privé du baptême : on ne feroit pas tranquille fur fon falut, fi l'on négligeoit feulement de baigner l'un de fes talons dans l'eau facrée.

Chez les arméniens, ce font les prêtres qui adminiftrent la confirmation ; & ils conferent ce facrement, comme les grecs, en même temps que le baptême. Avant de faire les onctions accoutumées, ils paffent au col de l'enfant un cordon fait de coton blanc & de foie rouge, dont ils ont tordu les fils de leurs propres mains. Une autre cérémonie particuliere aux arméniens, c'eft que le prêtre, après avoir fait les onctions, met une couronne fur la tête de l'enfant qu'il vient de confirmer.

Ces peuples pratiquent la confeffion à la maniere de la plupart des chrétiens orientaux. Le confeffeur, pour s'épargner la peine d'écouter un détail ennuyeux & rebutant, fe contente de lire un catalogue de toutes fortes de péchés. Lorfqu'il prononce celui dont le pénitent s'eft rendu coupable, ce dernier s'écrie dans l'amertume de fon cœur : « J'ai » péché contre Dieu ». Toute la confeffion fe réduit à cette vaine formalité. La formule d'abfolution dont fe fervent les confeffeurs arméniens, eft conçue en ces termes : « Que Dieu, qui a de l'amour » pour les hommes, vous faffe miféricorde ! qu'il vous accorde le » pardon des péchés que vous avez confeffés, & de ceux que vous » avez oubliés ! Pour moi, par l'autorité que me donne l'ordre facer- » dotal, felon ces divines paroles : *tout ce que vous aurez délié fur* » *la terre, fera délié dans le ciel* ; avec les mêmes paroles, je vous » abfous de tous vos péchés ». La pénitence que les prêtres impofent, eft d'autant plus grande, que les péchés qu'on a commis font plus graves. En général elles font affez rigoureufes ; & l'on ne peut, dit-on, éviter les peines qu'elles préfentent, qu'en défarmant le confeffeur par de l'argent. Le chevalier Ricaut, témoin fort fufpect en pareil cas, affure avoir connu des arméniens à qui les directeurs de leur confcience avoient ordonné un jeûne de huit jours, depuis le dimanche au foir jufqu'au dimanche matin, & qui n'ont pris pendant ce temps-là qu'un trait de forbet le mercredi au foir.

Les

Les arméniens croient la tranfubftantiation comme l'églife romaine ; mais ils ne célebrent ce grand facrement que les dimanches & les fêtes. Les prêtres ne mettent point d'eau dans leur calice ; & le pain dont ils fe fervent pour l'euchariftie, eft fans levain comme celui qu'emploient les prêtres de l'églife romaine.

Ces prêtres ne donnent jamais l'extrême-onction aux vivans ; ils ne conferent ce facrement qu'aux cadavres des prêtres qui viennent d'expirer : rarement ils font cet honneur aux laïques. Voici la formule dont ils fe fervent pour les onctions : « Que le pied de ce prêtre foit » béni, oint & fanctifié par ce figne de la fainte croix, par cet » évangile & par le faint chrême, au nom du Pere, du Fils & du » Saint-Efprit ». On répete la même formule à chacune des parties que l'on oint. Si le mort étoit dans la claffe des laïques, on lave fort proprement fon corps à la maniere des mufulmans.

Lorfqu'un enfant vient à mourir avant l'âge de neuf ans, l'ufage veut que l'on faffe prier Dieu pour fon ame pendant huit jours : le neuvieme jour on fait un fervice folemnel, qui eft d'autant plus pompeux que les parents font plus riches & plus libéraux. Chaque famille, pour peu qu'elle foit dans l'aifance, choifit un jour dans l'année pour célébrer la mémoire de fes ancêtres, & pour faire dire tous les offices qui peuvent contribuer au repos de leur ame : ils rempliffent à cet égard, le lundi de pâques, les mêmes devoirs dont on s'acquitte dans l'églife romaine le lendemain de la touffaint : ils vont ce jour-là vifiter le tombeau des morts : les hommes & les femmes y témoignent leur deuil par des cris & des hurlemens épouvantables ; la fcene change cependant bientôt de face : on fe retire à l'ombre d'un arbre où chacun fe réjouit, felon fa fortune : on noye la douleur dans la bonne chere & dans les liqueurs ; & les réjouiffances, dit Ricaut, font toutes auffi extravagantes que les lamentations étoient outrées.

Les arméniens de Julfa obfervent, au rapport de Corneille le Brun, une pratique qui leur eft particuliere, en mémoire de leurs morts (*fig.* 194). Le 26 août, jour que leur calendrier deftine à célébrer la fête de la croix, les femmes fe rendent, dès la pointe du jour, au lieu de la fépulture des chrétiens : là elles allument du feu auprès des tombeaux de leurs parents & de leurs amis, avec du bois & du charbon qu'elles ont apportés exprès : elles mettent auffi fur ces tombes des cierges allumés, chacune felon leurs richeffes & leur piété. C'eft à la lueur de tous ces cierges, que ces femmes éplorées

Tome III. L

donnent des marques de la plus vive douleur par leurs lamentations & par leurs cris ; tantôt elles se jettent à corps perdu sur les tombeaux, tantôt elles s'arrachent les cheveux & se frappent la poitrine ; elles jettent de temps en temps des poignées d'encens dans le feu, ce qui remplit le cimetiere d'une épaisse fumée, propre à rendre cette cérémonie beaucoup plus lugubre. A voir ces tombeaux d'un peu loin, dit le voyageur qu'on vient de citer, ils ressemblent aux ruines d'une ville détruite par les flammes, entre lesquelles les personnes qui se sont sauvées viennent chercher avec de la lumiere, pendant les ténebres de la nuit, leurs parents & leurs amis, avec les débris de leur bien, en se plaignant de leur triste sort. Quoique les maris soient dans l'usage de rester dans la maison, tandis que leurs femmes sont occupées à cette solemnité, on y en voit néanmoins quelques-uns des plus dévots, & des prêtres qui font des prieres pour ceux qui ont soin de les bien payer.

Il n'est pas de communion parmi les chrétiens, où l'ignorance soit aussi profonde que celle que l'on reproche aux arméniens. Ce peuple a cependant des docteurs appellés *vertabjets*, & qui, malgré leur ignorance, sont extrêmement respectés, & jouissent de divers priviléges très-distingués : ils ont la prééminence sur les évêques qui ne sont pas docteurs ; & ils sont en possession de porter la crosse comme les prélats. L'usage leur permet de prêcher dans tous les endroits où ils jugent à propos : cette permission qu'on leur a accordée, donne souvent lieu à des abus très-funestes. On en voit plusieurs dans toute l'arménie qui passent leur vie à courir ainsi de côté & d'autre, en débitant leurs sermons, qui sont communément pleins de contes absurdes & d'opinions superstitieuses. Les évêques, qui ne sont pas docteurs, doivent prêcher debout ; mais le vertabjet a le privilége de prêcher assis : ces ignorans docteurs jouissent de toute la considération publique, & ils font tous leurs efforts pour avilir le clergé, & l'entretenir dans la plus honteuse superstition. Tel est leur mépris pour les prêtres, qu'ils ne daignent pas même se lever lorsqu'ils viennent les consulter. La loi assujettit cependant ces orgueilleux prédicans à des austérités fort gênantes ; ils sont obligés de garder le célibat, & pendant neuf mois de l'année, ils jeûnent rigoureusement ; mais la vénération que le peuple a pour eux, & les richesses que leur métier les met à portée d'accumuler, engagent ces charlatans à soutenir paisiblement ces mortifications auxquelles d'ailleurs ils ne s'astreignent qu'autant qu'ils ne peuvent les rompre sans éclat.

ARTICLE VII.

Religion des Coptes.

ON appelle *Coptes* ceux des chrétiens qui habitent l'égypte, & qui suivent l'héréfie d'Eutychès. Ce nom leur fut donné en figne de mépris par les Turcs, lorfqu'ils firent la conquête de l'égypte : ces peuples, tout auffi ignorans que les arméniens, font encore fort attachés aux fuperftitions judaïques ; ils admettent même la circoncifion, & c'eft par allufion à cette cérémonie, que les autres chrétiens orientaux leur ont donné le nom de *kufti*, mot qui fignifie ceinture, pour faire entendre qu'ils ne font chrétiens que jufqu'à la ceinture. Ce fut un certain Jacob Zauzales, évêque d'Emeffe, qui renouvella leur fecte qui commençoit à fe perdre ; & c'eft pour cette raifon que les coptes affectent de fe nommer *Jacobites.*

Les cérémonies religieufes de ces peuples font prefque les mêmes que celle des grecs & des arméniens : il paroît qu'ils croient la confubftantiation à la maniere de l'églife romaine : c'eft au moins ce qu'affure le pere Vanfleb, dans la relation qu'il a publiée fur l'état actuel de l'égypte. Lorfque le prêtre qui célebre la meffe, dit-il, a prononcé les paroles de la confécration, le peuple répond trois fois *amen*, & s'écrie : « Nous croyons, & nous fommes certains ; nous » te louons, feigneur notre Dieu : ceci eft véritablement ton corps, » & nous le croyons ainfi ». Lorfque le célébrant dit fur le calice ces mots : « Cette coupe eft mon fang » : les affiftans difent *amen*, & ajoutent : « C'eft véritablement ton fang, & nous le croyons ». A ces paroles du prêtre : « Faites ceci en mémoire de moi » ; tout le monde répond : «Seigneur, nous annonçons ta mort, & nous croyons » ta réfurrection, ton afcenfion & ton fecond avénement ». Lorfque le prêtre, en rompant l'hoftie, a récité l'oraifon accoutumée, le fous-diacre & le peuple continuent : « Les armées d'anges du fauveur du » monde font debout devant lui, & environnent le corps & le fang » de notre feigneur & fauveur Jéfus-Chrift : approchons-nous devant » fa face, & adorons avec foi Jéfus-Chrift ». Après avoir communié, le prêtre diftribue au peuple le pain facré & la coupe ; les communians répondent toujours *amen* aux paroles dont il accompagne cette cérémonie. La communion du peuple eſt toujours ſuivie d'une action de graces publique à laquelle l'aſſemblée répond auſſi *amen*.

Il paroît que les coptes n'ont pas du baptême une opinion auſſi diſtinguée que les autres chrétiens, & qu'ils ne croient pas ce ſacrement abſolument néceſſaire au ſalut. Leur rituel fixe le baptême des garçons à quarante jours après leur naiſſance, & celui des filles eſt différé juſqu'à quatre-vingts jours. Cet uſage eſt fondé ſur un paſſage du lévitique qui preſcrit le même eſpace de temps pour la purification des meres. Les coptes, perſuadés que les meres doivent aſſiſter au baptême de leurs enfans, ne croient pas devoir leur adminiſtrer ce ſacrement, avant que la loi permette l'entrée du lieu ſaint à celles dont ils tiennent le jour : ſouvent on voit des enfans âgés de pluſieurs années qui n'ont pas encore reçu le baptême.

Ces peuples, tout auſſi barbares & auſſi ſuperſtitieux que l'étoient les anciens égyptiens, dont on a tant publié les prétendus prodiges, font beaucoup plus de cas de la circonciſion ; ils ſont tellement perſuadés de la néceſſité de cette cérémonie, que chez eux les filles mêmes y ſont ſoumiſes. En 1689, il y eut une avanture ſinguliere dans la ville d'Alexandrie, qui fait voir juſqu'où s'étendent leurs ſcrupules ſur cette matiere : un des principaux coptes étoit ſur le point d'épouſer une fille de quinze ou ſeize ans, aimable & riche ; mais ayant appris qu'on ne lui avoit pas adminiſtré la circonciſion, il refuſa de conſommer ſon engagement juſqu'à ce qu'on eût rempli cette formalité. Les parens de la jeune perſonne furent obligés de la remettre entre les mains des prêtres chargés d'accomplir cette douloureuſe cérémonie.

Les coptes, perſuadés de la néceſſité de la confeſſion, s'acquittent de ce devoir important d'une maniere auſſi ſuperficielle que le font les arméniens. Ils ont dans l'année un temps marqué pour ſe confeſſer ; ils ſe contentent d'une accuſation vague & générale ; & ils croient avoir ſatisfait à leurs obligations à cet égard, en diſant au prêtre qu'ils ſont pécheurs. Il n'y a guere que dans des occaſions rares & fort graves, qu'on exige d'eux qu'ils deſcendent à une confeſſion particuliere. La formule d'abſolution que le confeſſeur prononce au tribunal de la pénitence eſt toute auſſi vague que la confeſſion qu'ils entendent : elle conſiſte en ces trois mots : « Dieu » te pardonne ».

Ces peuples ſont d'auſſi grands jeûneurs que les arméniens. Leur carême dure cinquante - cinq jours, & leur avent quarante - trois :

pendant ce temps la loi ne leur permet pas de manger de viande, de poiſſon, ni d'œufs; ils ne mangent ni beurre ni huile, & l'eau eſt leur unique boiſſon. Pendant les jours de jeûnes, ils ne font qu'un ſeul repas, un peu avant le coucher du ſoleil; & telle eſt la rigueur prononcée par la loi, ſur ce ſujet, que les femmes, les enfans, les infirmes, ceux mêmes qui ſont menacés d'une mort prochaine, ne peuvent ſe diſpenſer de jeûner dans les jours preſcrits par le rituel. D'ailleurs ces peuples, conſidérant le ſamedi comme un jour de joie & de repos, ne jeûnent jamais ce jour-là; & ils ſoutiennent que les canons ne leur permettent pas même de ſe livrer à la moindre mortification, pendant cette grande ſolemnité judaïque.

Quoique les déſerts d'égypte ne comprennent pas aujourd'hui autant de moines qu'il y en eut, dit-on, autrefois dans ces contrées célebres, on y en voit cependant encore un aſſez grand nombre qui ſont tolérés par les muſulmans; leurs couvents, ſemblables à nos anciens hermitages, ſont ſitués ſur des montagnes eſcarpées, ou au milieu des ſables brûlans; & la vie qu'ils y menent eſt encore plus triſte & plus déplorable. Si l'on en croit les voyageurs, ces ſolitaires affectent de macérer leurs corps par des auſtérités inouies; & l'on a tout lieu de s'étonner que la nature humaine ait aſſez de force pour ſupporter de pareilles mortifications. Ces moines ſont d'ailleurs les plus ignorans, les plus ſuperſtitieux & les plus puſillanimes de tous les hommes. Toute leur ſcience conſiſte à apprendre par cœur quelques prieres qu'ils marmottent indolemment à l'honneur de l'éternel, dont ils ne connoiſſent guere les attributs.

ARTICLE VIII.

Religion des Abiſſins.

La croyance & les cérémonies religieuſes des abiſſins ne différent de celles des coptes, que par quelques circonſtances que nous allons expoſer ici. Le judaïſme fut, dit-on, long-temps la religion domi-nante de ces peuples : on prétend qu'il y fut introduit par la reine de Saba : voici ce qu'en diſent les annales d'Abiſſinie, que l'on regarde dans le pays comme un livre ſacré propre à figurer avec la bible.

Une puiſſante reine, nommée *Azed* ou *Mazueda*, régnoit autre-fois en Ethiopie : cette grande princeſſe ayant appris d'un marchand, appellé *Tamorin*, quelles étoient la puiſſance & la ſageſſe de Salomon, elle deſira de connoître ce monarque par elle-même, & fit le voyage de Jéruſalem, accompagnée de l'élite des princes & des ſeigneurs d'Ethiopie, & faiſant porter avec elle d'immenſes tréſors. Salomon inſtruiſit cette princeſſe dans la connoiſſance du vrai Dieu. A ſon retour, elle accoucha d'un fils, dont Salomon étoit le pere, auquel elle donna le nom de *Menichelek*, & enſuite celui de David : ce prince étant parvenu à l'âge de quinze ans, la reine ſa mere le fit partir pour Jéruſalem afin d'y voir le grand Salomon ſon pere. Le roi des juifs lui fit donner une éducation digne de ſa naiſſance, & il ordonna aux ſouverains ſacrificateurs *Ozadok* & *Joas*, de le ſacrer roi d'Ethiopie dans le temple de Jéruſalem. Lorſque le jeune prince fut parfaitement inſtruit de la loi de Moïſe, qu'il devoit faire obſer-ver dans ſes états, Salomon lui donna pluſieurs des premiers-nés d'Iſraël, pour l'accompagner & le ſervir en Ethiopie : ce prince ajouta auſſi à ſon cortége des officiers & des domeſtiques de la tribu de Juda, avec un grand-prêtre, des lévites & des docteurs de la loi.

Quoi qu'il en ſoit de cette hiſtoriette, il eſt certain, diſent les voyageurs, que les rois d'Abiſſinie portent encore les armes de Juda, & qu'ils prennent le nom de roi d'Iſraël. Il ne reſte plus qu'à ſavoir quelles furent les armes de Juda.

Les Abiſſins obſervent encore diverſes cérémonies qui décelent leur ancienne inclination pour la loi judaïque. Ils ont, par exemple, des efpeces de lévites ou des chantres juifs qu'ils nomment *depferas* : ces fortes d'eccléfiaftiques, quoiqu'ils ne foient pas dans les ordres facrés, font fort confidérés dans leur nation. Ils prétendent être iffus des juifs, & vraifemblablement de ces officiers, dont la légende fait accompagner le prince Menichelek, en revenant de Judée dans fes états. Ils danfent, ils chantent à tous les offices, & s'accompagnent avec des tambourins; & ils imitent, difent-ils, en cela l'exemple du roi David, qui danfa autrefois majeftueufement devant l'arche. Les chants & la danfe de ces depferas, font d'une longueur affommante : aux fêtes folemnelles, ils continuent ce violent exercice depuis les premiers rayons de l'aurore jufqu'à midi; & ce qu'il y a de plus étonnant, ajoutent nos relations, c'eft qu'ils ne paroiffent pas même fatigués lorfqu'ils fe retirent. Tous ces chantres ont un fupérieur, qui s'appelle *Barca-guita*; c'eft lui qui eft chargé du foin d'entretenir les pavillons qui fervent de temples au camp du roi des abiffins.

Ces peuples confervent, avec la plus grande attention, une arche qu'ils prétendent être celle que l'on gardoit dans le temple de Jérufalem. La légende affure que ce précieux dépôt fut enlevé par les jeunes ifraëlites que Salomon donna au fils qu'il avoit eu de la reine de Saba, pour l'accompagner en Éthiopie : cet événement, l'un des plus fameux dont les annales d'Abiffinie faffent mention, arriva, dit-on, de cette maniere.

« Ces premiers-nés d'Ifraël s'engagerent, par ferment, d'enlever » l'arche d'alliance qu'ils appelloient la *Sion célefte*. Ils entrerent de » nuit dans le temple, dont la providence permit que les portes fe » trouvaffent ouvertes : ils mirent l'arche fur un chariot, & prirent » la fuite avec tant de promptitude, que Salomon, qui les pourfui- » vit, ne put les atteindre; ils traverferent la mer rouge avec la » même vîteffe, non pas à pied-fec, comme autrefois les ifraëlites, » mais en volant fur la face des eaux avec leurs chariots. La reine » de Saba, apprenant que fon fils revenoit avec l'arche du Dieu de » Sion, alla le recevoir en grande pompe; & fit placer ce précieux » dépôt dans un temple bâti dans la province de Makeda ».

Les abiffins donnent à cette arche célebre le nom que portoit, dit-on, celle de Noé; ils l'appellent *Tabo*, mot hébreux qui fignifie *arche d'alliance* : ils la nomment auffi, par excellence, *Sion;* & c'eft pour cette raifon que, lorfque les abiffins embrafferent la religion chrétienne, le temple où l'on conferve cette arche, ayant été confacré à la fainte Vierge, fut nommée *Sainte Marie de Sion.*

Long-temps on déroba ce divin palladium à la vue du peuple, pour entretenir la vénération de la multitude : les rois même n'avoient pas le privilége de lui rendre leurs devoirs. Il n'en est pas ainsi, depuis que les rois d'Abissinie, quittant la vie sédentaire pour faire leur séjour sous des tentes, errent continuellement dans leurs états : on porte toujours l'arche à leur suite : quatre prélats revêtus de leurs habits pontificaux, l'accompagnent en chantant des hymnes ; devant & derriere, marchent un grand nombre de prêtres qui mêlent leurs voix à celles de leurs évêques ; l'un d'entr'eux marchant à reculon & l'encensoir à la main, ne cesse pas de l'encenser jusqu'à ce qu'on l'ait déposée dans un pavillon superbe qui sert de chapelle au roi des abissins : les chapelains seuls de la cour ont le droit de célébrer les saints mysteres en présence de l'arche.

Ces peuples ne bornent pas là leur judaïsme : ils observent fort scrupuleusement la plupart des préceptes & des prohibitions portés dans le lévitique. Leurs abstinences sont à peu-près les mêmes que celles auxquelles les anciens juifs étoient assujettis : ils ne mangent jamais de sang, ni des animaux étouffés, & ils ont une horreur extrême pour la chair du liévre & du lapin, & sur-tout pour celle du porc : les abissins ne le cedent ni aux grecs ni aux arméniens, en jeûnes & en mortifications. Ils observent réguliérement quatre carêmes ; le grand, qui est de cinquante jours ; celui de Saint Pierre & Saint Paul, qui dure environ quarante jours ; le troisieme, institué pour célébrer la fête de l'assomption, n'est que de quinze jours, & le quatrieme, celui de l'avent, n'est que de trois semaines. Ils ne mangent, comme les coptes, pendant tout leur carême, qu'une fois le jour, & lorsque le soleil est couché : dans ces jours de mortifications & de pénitences, la loi ne leur permet pas de manger d'œufs, de beurre, ni de fromage. Les femmes, les enfans, les valétudinaires, ne sont pas exempts de ces austérités gênantes ; elles sont rigoureusement prescrites à tous ceux qui appartiennent à l'église d'Abissinie, quels que soient leur âge, leur état, ou leur dignité. Les abyssins jeûnent d'ailleurs tous les mercredis & les vendredis, comme le pratiquent la plupart des grecs.

L'église d'Abissinie permet le mariage à ses prêtres, c'est-à-dire, qu'ils conservent leurs femmes après avoir été promus au sacerdoce, sans pouvoir contracter d'engagements de cette espece lorsqu'ils ont été élevés à la prêtrise : cet usage offre un avantage bien précieux pour l'état. Comme la plupart des prêtres sont pauvres, & que leurs femmes

sont

font très-fécondes , ils font obligés de recourir au travail de leurs mains pour fubfifter. Ainfi, loin que les prêtres d'Abiffinie donnent, comme ailleurs, à leurs fideles le dangereux fpeêtacle de l'indolence & de l'oifiveté , ils ne ceffent de leur infpirer, par leur exemple , l'amour des occupations férieufes & pénibles : communément, ils prennent des terres à bail, & on les voit répandus dans la campagne, occupés à foigner des troupeaux. Là, mêlés avec les payfans , confondus avec la multitude , on ne les diftingue qu'à une petite croix qu'ils tiennent à la main ; & dont ils fe fervent pour donner la bénédiêtion au peuple. Ils ne portent d'ailleurs ni tonfure, ni habit clérical ; & , ce qu'il y a de plus important & de plus exemplaire, ils font fujets comme les autres à la juridiêtion féculiere.

Le clergé d'Abiffinie a pour chef un patriarche qui dépend de celui d'Alexandrie, dont il reçoit fa miffion & fes pouvoirs ; ce pontife, qui porte le titre d'*abuna*, eft toujours étranger. Cet ufage tire fa fource de la politique du patriarche d'Alexandrie, qui craint avec raifon qu'un prélat abiffin ne fe fît dans fa nation, des créatures propres à le maintenir dans l'indépendance : ce pontife eft d'ailleurs toujours un idiot qui ignore même communément jufqu'aux moindres fonêtions de fa dignité ; auffi s'en acquitte-t-il avec la négligence la plus condamnable. Souvent il admet aux ordres facrés des aveugles , des manchots, des paralytiques, tandis qu'il en exclut impitoyablement ceux qui ont époufé deux femmes.

Malgré l'habitude où font les prêtres de travailler , il eft peu de pays au monde où la vie contemplative foit plus honorée que dans l'Abiffinie : on y voit une multitude de folitaires qui fe retirent fur le fommet des montagnes , dans de profondes cavernes, dans des déferts , fur des tours ifolées ; & c'eft dans ces horribles demeures qu'ils prétendent fervir le ciel d'une maniere plus diftinguée que le refte des mortels. Le peuple va en proceffion les vifiter ; fouvent les rois ne dédaignent pas d'aller les confulter fur leurs propres affaires ; & c'eft cette confidération indifcrette que le préjugé accorde à ces afcetes, qui en multiplie prodigieufement l'engeance. On montre encore aux voyageurs, près la ville d'*Axuna*, une tour qu'habitoit autrefois un nommé Pantaléon , folitaire célebre dans ces régions, par fes miracles & par fes folies , où le roi d'Abiffinie vint un jour le vifiter.

Indépendamment de ces anachoretes, on trouve en Abiffinie deux ordres de moines affujettis à des regles, & qui portent le nom de leur fondateur : les uns reconnoiſſent un certain *Haimanout*, éthiopien d'origine, pour inſtituteur, & les autres l'abbé *Euſtache*, égyptien. Les premiers ſont gouvernés par un général qui a ſous lui pluſieurs autres ſupérieurs, auxquels les monaſteres de l'ordre ſont ſubordonnés. Les euſtachiens n'ont pas de ſupérieur général ; chaque maiſon a ſon abbé particulier, que les moines éliſent à la pluralité des voix.

Les moines d'Abiſſinie n'ont point d'habits particuliers qui puiſſent caractériſer l'ordre auquel ils appartiennent : chacun ſuit ſon goût ſur ce point. En général, ils ſont vêtus fort miſérablement, & ils affectent ſouvent, ſoit par humilité, ſoit par mal-propreté, de porter la livrée des mendians : ils ont une ceinture de cuir autour de leur habit ; une eſpece de chapeau, ſouvent un ſimple morceau de toile ou de drap, leur couvre négligemment la tête. Les ſupérieurs, auſſi pauvrement couverts, n'ont, pour ſe diſtinguer, qu'un tiſſu de trois courroies de cuir rouge, qu'ils attachent autour du col avec un crochet de fer. Quand ces chefs des monaſteres d'Abiſſinie ſortent de leurs couvents, un moine porte devant eux une croix pour marquer leur dignité.

Tous ces moines ſe livrent à diverſes auſtérités, dont l'imagination échauffée des orientaux a fait naître l'uſage dès l'origine du monde. Indépendamment de la diſcipline à laquelle leur regle les aſſujettit, ils ſe plongent, au milieu même de l'hiver, dans les rivieres les plus froides, & y reſtent ainſi juſqu'au col pendant pluſieurs heures, pour éteindre entiérement le feu de la concupiſcence. C'eſt ſur-tout en carême qu'ils redoublent leurs mortifications ordinaires : quelquesuns ne mangent alors qu'une fois en deux jours ; &, ſi l'on en croit les voyageurs, il en eſt qui paſſent la ſemaine entiere ſans manger, & qui ne prennent de nourriture que le dimanche. Quand l'orgueil ou l'imagination ardente d'un moine, le porte à ſe livrer à des auſtérités extraordinaires, il ſe retire dans le déſert, & là il s'abandonne à toutes les mortifications que lui ſuggere ſa folie. Quand il eſt de retour, la loi lui permet de prendre quelque marque qui le diſtingue des autres ; & l'on préſume aſſez que ce dangereux aliment de l'orgueil humain ne contribue pas peu à échauffer les têtes, & à peupler les déſerts de gens extravagans.

Les abiſſins, qui ſe font un mérite de judaïſer dans tout ce qui dépend de la religion, conſiderent comme autant d'idoles les ſtatues & les images en boſſes dont nous décorons nos égliſes. On n'y en voit aucunes dans les leurs , & ils ne les tapiffent que de tableaux ou de quelques peintures. M. Poncet , conful de france , ayant offert en 1700 , au roi Sigued , un petit crucifix , le prince abiffin n'ofa le porter fur lui , dans la crainte de foulever le peuple & le clergé ; & il fe contenta de le faire placer parmi fes plus précieufes curiofités.

Les abiffins n'ont pas l'ufage des cloches ; lorfqu'on veut inviter le peuple au fervice divin , on frappe tout fimplement fur une pierre, ou fur un bois creux, avec des marteaux de bois. Les temples de ces peuples offrent l'image de l'indigence & de la mifere : leur couverture eft de rofeaux , & tout y annonce le délabrement : ces lieux facrés font compofés de trois pieces abfolument diftinctes , le fanctuaire , le chœur où font les prêtres , & la nef deftinée à recevoir la multitude : cette derniere partie eft féparée des deux autres par un rideau qui dérobe au peuple la vue du maître-autel & du clergé. Le rituel veut que les abiffins fe tiennent debout pendant l'office ; & l'on ne voit dans leurs églifes ni bancs, ni chaifes : les vieillards & les infirmes ont feuls le privilége de s'affeoir fur des fiéges plians. Il eft peu de peuples qui témoignent plus de vénération pour leurs temples , que ne font les abiffins : ils n'y entrent jamais que pieds nuds ; & c'eft pour cela que le pavé des églifes eft toujours couvert d'un tapis : chacun y obferve le filence le plus refpectueux, & ils n'ofent même ni fe moucher , ni tourner la tête : il n'eft jamais permis de s'approcher de cet augufte lieu à cheval ou en voiture : la loi exige de la part de ceux qui s'y préfentent , beaucoup de décence & de propreté dans les habits. Le rituel ne permet pas aux perfonnes attaquées de quelques maladies de la peau , aux maris & aux femmes qui , la nuit précédente, ont goûté les plaifirs permis par le mariage , d'y entrer fans être légalement purifiés. Toute femme qui a fes indifpofitions périodiques , ne peut également y entrer : fi elle eft accouchée d'un garçon , elle en eft exclue pendant quarante jours , & pendant quatre-vingts lorfqu'elle a mis au monde une fille.

A l'exemple des juifs , les abiffins reçoivent ordinairement la bénédiction nuptiale à la porte de l'églife : il n'y a que les diacres & les fous-diacres qui aient le privilége de fe marier dans l'enceinte du temple. Un voyageur, qui a été témoin d'un mariage fait dans ces régions, parle ainfi des cérémonies qui y furent obfervées. A la porte de l'églife étoit un lit dreffé fous une efpece de tente : le patriarche qui officioit alors en perfonne, y fit affeoir les nouveaux mariés ; ce prélat fit enfuite la proceffion autour des deux époux, accompagné de deux clercs qui portoient la croix & l'encenfoir. Après cette cérémonie, il étendit fes mains fur leurs têtes, leur expofa, en peu de mots, l'importance & la fainteté des engagements qu'ils alloient contracter, & leur donna la bénédiction nuptiale.

Le divorce eft fort commun chez les abiffins : il n'y a qu'un feul moyen qui puiffe donner de la ftabilité au mariage ; c'eft d'engager les deux nouveaux époux à affifter enfemble à la meffe que l'on célebre immédiatement après la bénédiction. Il n'y a guere alors que l'adultere qui puiffe porter atteinte à l'union conjugale ; mais fans cette précaution, le plus petit motif, le moindre différend autorife les époux à fe féparer ; &, ce qu'il y a de plus étonnant, le clergé même eft l'apologifte d'un ufage qui favorife fi ouvertement l'inconftance des maris.

Les abiffins, comme les grecs & les arméniens, conferent le baptême par immerfion : cependant fi l'enfant eft trop foible pour fupporter les trois immerfions, ils fe contentent de lui faire trois afperfions fur le corps nud. Lorfque le baptême s'adminiftre par immerfion, le prêtre plonge dans l'eau le tiers du corps de l'enfant, en prononçant ces paroles : « Je te baptife au nom du Pere » ; il plonge la feconde fois les deux tiers, en difant : « Je te baptife au nom du » Fils » enfin il le plonge tout entier, & dit : « Je te baptife au » nom du Saint-Efprit » ; on procede ainfi lorfqu'on emploie l'afperfion. Après le baptême, on oint le corps de l'enfant avec le crême compofé d'huile d'olive, de baume & de plufieurs autres drogues odoriférantes : on lui donne enfuite un morceau du pain de la communion, trempé dans le vin confacré : quelquefois le prêtre fe contente de mettre dans la bouche de l'enfant le bout de fon doigt qu'il a trempé dans le vin. Ainfi l'opinion des abiffins eft que l'eau du baptême ne fuffit pas pour régénérer fpirituellement un enfant : ils croient qu'il eft d'une néceffité indifpenfable d'y ajouter l'onction & la communion ; cet ufage devient fouvent fort incommode à ceux qui préfentent l'enfant au baptême ; car, comme on ne garde jamais de pain confacré pour le lendemain, fi l'enfant eft baptifé l'après-midi, il faut qu'ils demeurent avec lui dans l'églife jufqu'au lendemain matin, pour attendre que l'on faffe une nouvelle confécration.

Indépendamment de ce baptême, auquel la religion affujettit les abiffins au moment de leur naiffance, ces peuples en reçoivent encore , tous les ans , un autre le jour de l'épiphanie , dont l'objet est de se purifier des souillures contractées depuis le premier baptême , & de réconcilier les apostats à l'église. Le pere Alvarès nous a laissé une description de cette cérémonie , fort propre à nous faire connoître le peuple chez lequel elle se pratique.

« Le 4 Janvier 1521 , dit-il , l'empereur nous ordonna de porter
» nos tentes à un lieu où il avoit fait creuser un étang , pour y
» être baptisé , selon la coutume , le jour de l'épiphanie. Lorsque
» nous nous y fûmes rendus , on nous demanda si nous voulions être
» baptisés ? Je répondis que nous l'avions été , & que nous ne pou-
» vions l'être davantage. L'ambassadeur néanmoins & quelques-uns
» de sa suite dirent qu'ils feroient ce qu'il plairoit au roi : on me
» pressa encore ; je répondis comme j'avois fait d'abord ; on reprit
» que si je ne voulois pas me mettre dans l'étang , on porteroit de
» l'eau dans nos tentes. L'ambassadeur accepta la proposition : il
» s'imagina qu'il alloit se faire une grande fête ; tout ce que l'on
» fit ne fut ni beau , ni joli , & ne plut à personne. Les prêtres
» abissins s'assemblerent en grand nombre dès la veille , & chante-
» rent pendant toute la nuit pour bénir le lac ; on jetta de l'eau
» bénite dedans. Le roi y arriva vers minuit ; il fut baptisé le pre-
» mier , avec la reine & l'abuna Marc : le matin on avertit les portu-
» gais de s'approcher , afin de mieux voir toute la cérémonie : Alvarès
» se trouva en face du roi. L'étang étoit un quarré long , revêtu de
» planches couvertes de toile de coton cirée : on y descendoit par
» six degrés ; l'eau entroit par un tuyau , au bout duquel on avoit
» attaché un sac , pour la recevoir & la rendre plus nette : la presse
» fut très-grande dès le matin. Un bon vieillard , qui avoit été pré-
» cepteur du roi , étoit dans l'eau jusqu'aux épaules , & il plongeoit
» la tête de ceux qui se présentoient , en leur disant : « Je te baptise
» au nom du Pere , du Fils & du Saint-Esprit ». Tous étoient nuds ,
» & n'avoient rien pour se couvrir. Ceux qui étoient de moyenne
» taille , ne descendoient pas tous les degrés. Le roi fit appeller les
» portugais , & demanda à Alvarès ce qu'il pensoit de cette céré-
» monie ? Celui-ci répondit qu'elle ne pouvoit être rectifiée ni excu-
» sée que par la bonne intention ; que le concile de Nicée nous
» apprend qu'il n'y a qu'un baptême ; que ce concile est reçu par les
» abissins , comme par ceux de la communion romaine. Mais que
» peut-on faire , reprit le roi , pour réconcilier ceux qui , après avoir

» apoſtaſié, reviennent à l'égliſe ? Qui aura cru, répondit le portu-
» gais, & aura été baptiſé, ſera ſauvé ; & qui n'aura pas cru, ſera
» condamné : il faut inſtruire ces apoſtats, prier pour eux, les brûler
» s'ils ne veulent pas ſe convertir. Si au contraire, pleins de dou-
» leur & de regrets, ils demandent pardon & miſéricorde, l'abuna
» doit les abſoudre, en leur impoſant telle pénitence qu'il jugera à
» propos, s'il n'aime mieux les renvoyer au pape, en la perſonne
» de qui réſide tout le pouvoir de l'égliſe ».

Quoique les abiſſins ne conſiderent pas aujourd'hui la circonciſion comme une cérémonie eſſentielle au ſalut, ils la conſervent cependant comme une ancienne pratique qu'ils ont reçue d'un peuple pour lequel ils eurent long-temps la vénération la plus profonde. Ils l'en-viſagent auſſi comme une coutume politique, favorable à la popu-lation qui ſert beaucoup à entretenir la propreté, & à prévenir plu-ſieurs maux dangereux : c'eſt dans cette vue que, comme les coptes, ils font circoncire les filles & les garçons.

Ces peuples pratiquent la confeſſion auriculaire, à la maniere des arméniens & des grecs. Lorſqu'ils ſe préſentent pour recevoir l'abſo-lution, ils portent en main des branches d'olivier, en ſigne de la ré-conciliation qu'ils reçoivent de la main du prêtre. On aſſure que cette abſolution ſe donnoit autrefois d'une maniere tout auſſi ridicule que frivole. Le prêtre, portant en main un encenſoir, parcouroit l'égliſe, & encenſoit les aſſiſtans, qui crioient à haute voix : « J'ai péché, j'ai » péché » ! Après cette confeſſion, le prêtre balbutioit quelques prie-res qui tenoient lieu de l'abſolution. On faiſoit plus, en certains en-droits encore, chacun ſe donnoit à ſoi-même l'abſolution en cette maniere : on mettoit dans un encenſoir de l'encens mêlé avec d'autres parfums ; on penchoit enſuite la bouche ſur la fumée, en diſant : « J'ai péché ». Cette confeſſion vague ſuffiſoit pour tranquilliſer le pénitent, qui ſe croyoit enſuite auſſi innocent qu'en ſortant des fonts du baptême.

Les abiſſins, comme les grecs & la plupart des orientaux ſchiſma-tiques, communient ſous les deux eſpeces. Ils emploient auſſi du pain levé pour la conſécration, & l'hoſtie une fois conſacrée, ne ſe conſerve jamais juſqu'au lendemain. Comme on ne plante point de vignes dans l'Abiſſinie, & que le vin y eſt fort rare, les prêtres con-ſervent chez eux des raiſins ſecs qu'ils expriment dans le calice avec de l'eau, & qu'ils font boire aux communians : d'ailleurs : les prêtres ne prononcent pas à la confécration les mots facramentaux prefcrits par l'églife romaine ; & cette omiffion effentielle a fait dire aux jéfuites miffionnaires , que les abiffins n'opéroient fur l'autel qu'un facrement imparfait.

Il n'y a que les membres du clergé qui aient le droit de communier au pied de l'autel. Tous les laïques communient à la porte du chœur, en fe tenant debout d'une maniere très-refpectueufe : le prêtre prononce ces paroles en les communiant : « Ceci eft la fainte chair , » que l'Emmanuel notre Dieu a pris de la Vierge ». Et tous répondent : *Amen.* Le diacre leur préfente enfuite le vin dans une petite cuiller en leur difant : « C'eft ici le fang de Jéfus-Chrift , pour la vie du » corps & de l'ame , & pour la vie éternelle ». Un fous-diacre termine la cérémonie, en mettant dans le creux de la main , un peu d'eau que les communians avalent après s'être rincé la bouche.

Les abiffins ne connoiffent point ce que les latins appellent le *faint viatique.* Le rituel ne leur permet pas de porter jamais la communion aux malades , & le roi lui-même n'a pas le privilége de communier ailleurs qu'à l'eglife. Leur extrême-onction reffemble affez à celle dont on fait ufage dans les églifes grecque & romaine ; mais les malades ne reçoivent pas ce facrement dans leur lit , comme chez nous : ils font obligés de fe faire tranfporter à l'églife pour qu'on y puiffe le leur conférer. Cette cérémonie exige la préfence de fept prêtres : il faut auffi allumer un candelabre à fept branches. On fait enfuite la bénédiction de l'huile ; & ici , comme chez les coptes , ce font les prêtres qui font cette efpece de confécration. Après cette formalité préliminaire , on conduit le malade depuis la porte de l'églife jufqu'à l'autel ; & là , on lui confere folemnellement l'onction facrée : d'ailleurs , les abiffins font ufage de ce facrement, & pour les maladies de l'ame & pour celles de l'efprit : ils le conferent même aux fous & aux poffédés.

Ces peuples témoignent la plus vive douleur à la mort de leurs parents & de leurs amis : ils fe précipitent le vifage contre terre ; ils s'arrachent les cheveux ; ils déchirent leurs habits ; ils font des hurlemens affreux , & vous diriez qu'ils font décidés à fe priver de la lumiere pour aller accompagner le mort dans l'autre monde. Dès qu'une perfonne eft morte, on nettoie fon corps , on l'arrofe d'eau bénite : on l'enveloppe enfuite dans un drap, puis dans un cuir de buffle , & on l'enferme ainfi dans la bierre. Lorfqu'on le tranfporte à la sépulture, l'usage veut qu'on s'acquitte de ce dernier devoir avec toute la célérité possible ; & tout le convoi court alors de toutes ses forces jusqu'au lieu de sa sépulture. Lorsqu'on est arrivé sur le bord de la fosse, le prêtre chargé de faire l'enterrement, lit les quatorze premiers versets de l'évangile de Saint Jean, après quoi, on le précipite dans sa derniere demeure ; & le clergé continue à réciter des prieres funebres jusqu'à ce que la fosse soit entiérement remplie de terre.

Ces cérémonies lugubres sont plus ou moins pompeuses, selon la fortune de ceux qui les commandent. Lorsqu'une personne est d'un rang distingué, son cheval, sa lance, son écu & ses armes contribuent à orner la pompe. On distribue des aumônes considérables aux pauvres ; on fait des offrandes à l'église ; on donne des présens au clergé, & l'on fait tous ses efforts pour honorer, par ses libéralités, sa munificence & sa piété, la mémoire de ceux qu'on a perdus. Souvent la fête dure dix, vingt, trente, quarante jours ; & pendant cet espace de temps, la famille va soir & matin visiter le tombeau, & assiste aux prieres qu'elle y fait faire par les prêtres. Il est inutile d'observer que cet usage, beaucoup trop dispendieux pour les familles, fait la principale source du revenu des chefs du clergé de l'Abissinie.

Toutes ces prieres, toutes ces offrandes, tous ces mouvements que les abissins se donnent pour leurs morts, démontrent assez quelle est leur opinion sur l'état des ames dans l'autre vie. Aussi croyent-ils, comme les églises grecque & romaine, qu'il existe un lieu mitoyen entre le paradis & l'enfer, où les ames se purifient des souillures qu'elles ont contractées dans ce monde : ils ne doutent pas que les prieres, les aumônes, les mortifications, ne les soulagent dans leurs souffrances ; c'est pourquoi dans toutes leurs prieres, dans tous leurs offices, ils prient toujours pour les morts. Ils ont, comme nous, un jour dans l'année entiérement consacré au soulagement des défunts. L'église d'Abissinie redouble alors ses prieres pour eux ; toutes les messes n'ont qu'eux pour objet ; & chaque particulier celebre leur mémoire par des aumônes & par différentes largesses faites au clergé.

ARTICLE

EVEQUE benissant les eaux.
1. *PAPAS* ou *PRETRE* Grec en ses Habits Pontificaux.

PATRIARCHE de Constantinople.
2. Cloche des Coloyers.

n. Picart. del.

a. *ARCHIPRETRE*, ou *PROTOPAPAS*.
b. *PAPAS* en robe fourrée.

FIANCÉE Grecque sur un Sopha.

Tom. III. N.° 2

EVEQUE Moscovite en HABIT PONTIFICAL. ‖ EVEQUE Moscovite en HABIT de CEREMONIE.

EVEQUE Moscovite en ses HABITS ordinaires.

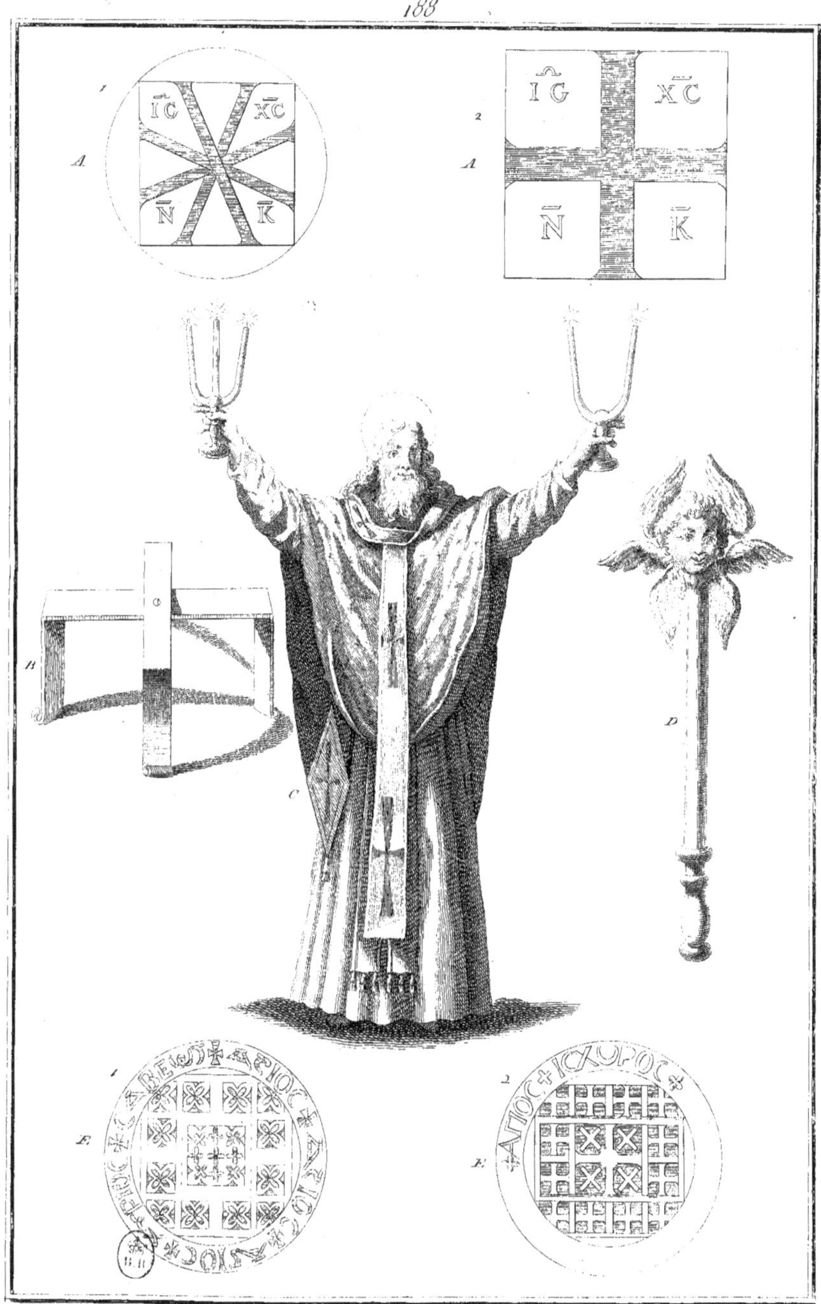

A. Pain de la Communion chez les Grecs. B. l'Etole. C. l'Evêque tenant le chandelier à trois et à deux branches. D. l'Evantail. E. Le corban ou pain de la communion des Cophtes.

DEUIL des FEMMES GRE...

BAPTÊME des GRECS ...

GREQUES à RAMA.

S dans le JOURDAIN.

Tom III N.º 4.

MANIERE *dont les* GRECS *attendent la descente du* FEU SACRÉ *dans le* St. SEPULCRE.

La DISTRIBUTION *du* FEU SACRÉ *aux* GRECS *par le* PATRIARCHE

Le BAPTÊME des RUSSES.

Les FUNERAILLES des RUSSES.

Tom. III. N.º 9.

EGLISE des ARMENIENS.

1. PRÊTRE Armenien en HABIT SACERDOTAL
2. DIACRE Armenien . 3. SOUSDIACRE.

MOINES Armeniens, vus par devant, et par derriere
on voit dans le lointain le mont Ararat, et les trois Eglises.

FILLE ARMENIENE qui vâ se MARIER conduite
à l'EGLISE par deux vieilles MATRONES.

ARMENIEN qui vâ à l'EGLISE pour se MARIER,
acompagné du COMPERE qui porte son Sabre.

Tom III. N.° 6

La COMMEMORATION des MORT

...MORTS chez les ARMENIENS.

ARTICLE IX.

Religion des Luthériens

Il n'eſt pas de religion dans le monde qui ait éprouvé plus de divi-
ſions inteſtines que n'en a eſſuié celle des chrétiens. Elle n'étoit encore qu'au berceau qu'une foule de ſectaires, ſortis de ſon propre ſein,
la déchirerent impitoyablement & ſant relâche. Au milieu du premier
ſiecle parurent Ebion & Cerinthe qui , parmi pluſieurs rêveries ab-
ſurdes qu'on leur attribue , refuſoient hautement à Jéſus-Chriſt la
qualité de Dieu ; & le conſidéroient comme un être créé. A ces docteurs ſuccéderent Baſilides & Ménandre qui , pythagoriciens déclarés ,
joignoient les dogmes de la métempſycoſe à ceux qu'enſeignoit alors
le chriſtianiſme : l'égyptien Valentin ſuivit de près ces derniers ; & ,
mêlant la doctrine de Platon à la théogonie d'Héſiode & à l'évangile
de Saint Jean , il confondit les idées des chrétiens avec celles des peuples de l'antiquité , & appuya ſa théologie de différens preſtiges. Dans
le même temps parut Cerdon , & ſa doctrine abſurde des deux principes donna naiſſance à celle de Montan. Novat , Sabellius , Paul
de Samoſate , Manès , Donat ſe montrerent auſſi ſur la ſcene , donnerent chacun à l'évangile l'interprétation qui pouvoit convenir à leur
ambition ou à leurs préjugés , & attribuerent , par leurs ſophiſmes &
par leur hypocriſie , le plus haut degré d'importance à des minuties ,
dont l'europe auſſi ſtupide que barbare , étoit alors ſi avide. Le plus
ſavant , le plus adroit , le plus ſouple , le plus fortuné de ces novateurs,
fut Arius : ce prêtre lybien , ſoutenoit qu'en prêchant l'évangile aux
juifs , jamais Jéſus-Chriſt n'avoit eu l'intention de ſe faire paſſer pour un
Dieu , traitoit le clergé chrétien avec le plus ſouverain mépris, & l'ac-
cuſoit d'avoir puiſé dans Platon la conſubſtantialité du verbe. A cette
héréſie , qui , quoique foudroyée au concile de Nicée , occaſionna les
plus grands ravages dans l'empire romain , & qui ſubſiſte encore dans
la plupart des communions chrétiennes , vint bientôt s'unir celle de
Pélage , dont les dogmes ne furent ni moins fameux ni moins avi-
dement reçus que ceux d'Arius. Ce dernier n'étoit pas encore mort,
que l'on vit paroître ſur les rangs , Neſtorius , patriarche de Conſtantinople , qui ſoutenoit qu'il y avoit deux perſonnes en Jéſus-Chriſt,

Tome III.   N

& que la Vierge n'étoit pas la mere de Dieu ; de son côté Eutychès, abbé d'un monastere situé dans le voisinage de Constantinople, prêcha l'unité de nature en Jésus-Christ, & malgré la foudre que lança sur lui un concile de Constantinople, il fit tous ses efforts pour soulever l'orient en sa faveur. La grande affaire de la pâque vint ensuite & pensa embrâser toute l'europe : les iconoclastes, indignés du culte qu'on rendoit aux images, emboucherent la trompette & donnerent le signal du combat ; enfin parut Photius, le prodige de son siecle, le plus fameux prélat qu'ait produit l'église de Constantinople , & qui jetta les fondemens de ce schisme scandaleux qui divise depuis tant de siecles les grecs d'avec les latins.

Toutes ces héréfies, toutes ces erreurs se partagerent en une multitude de branches, dont chacune eut ses partisans, & fit le plus de bruit que les circonstances le lui permirent. L'empire absolu qu'acquirent successivement les papes sur toutes les régions peuplées de chrétiens, l'état de dépendance & de subordination où vivoit le clergé, la manie des croisades qui vint troubler toutes les têtes, tout cela assoupit le feu des héréfies. Les chrétiens, tous plongés dans la débauche la plus effrénée, & dans la plus profonde stupidité, croyoient sans résistance tout ce que leur prêchoient leurs pasteurs ; & ceux-ci, plus timides qu'orthodoxes, plus asservis que convaincus, ne pensoient à rien moins qu'à examiner la théologie qu'ils prêchoient. Telle étoit l'ignorance de ces tems de ténébres, que les conciles tenus alors par les évêques, ne sont autre chose que la répétition des canons des conciles des premiers siecles ; telle étoit l'influence qu'avoit la cour de Rome dans ces assemblées, que tous les décrets étoient faits au nom du pape, qui seul avoit le droit de leur donner force de loi.

Cet abus d'autorité des évêques de Rome, qui réveilla enfin les esprits trop long-temps assoupis ; les excommunications fréquentes qu'ils lançoient contre les têtes couronnées ; le despotisme avec lequel ils déposoient les prêtres & les souverains, fit qu'on s'appliqua peuà-peu à approfondir la source de leur pouvoir. Cet examen ne fut pas seulement funeste au siége de Rome, il pensa même bouleverser toute l'église chrétienne. Du sein du nord sortirent diverses héréfies, qui en sappant l'autorité du premier des évêques, dénaturerent les dogmes du christianisme, & anéantirent sa discipline. Wiclef, Jean Hus, Jérôme de Prague, déjà prévenus en france par les vaudois, arborerent l'étendard de la rebellion , traiterent le pape d'antechrift, avilirent, autant qu'ils purent , fon fiége & fa puiffance , & éleverent leurs opinions particulieres, leurs préjugés, leurs conjectures, fur les débris de l'ancienne orthodoxie. En vain le concile de Conftance fit brûler l'infortuné Jean Hus , malgré la foi d'un fauf-conduit ; en vain le vatican fit tonner fes foudres contre les novateurs ; en vain les potentats mêlerent à ces armes fpirituelles celles que les peuples réunis leur ont confiées ; la contagion ne ceffa de faire de nouveaux progrès ; & le fchif-me qui devoit déchirer l'églife , fut enfin confommé d'une maniere éclatante par un moine de Wirtemberg.

Cet héréfiarque, dont le nom n'eft que trop fameux dans les anna-les du XVIe fiecle, c'eft Martin Luther, né à Mansfeld, en allemagne, le 10 novembre 1483 : fa famille étoit indigente & fort obfcure ; fon pere n'étoit qu'un pauvre forgeron : cependant, malgré la modicité de leur fortune, fes parents employerent tous leurs foins, pour lui donner une éducation honnête : les talens diftingués qu'il avoit reçus de la nature, fon amour pour le travail, fa mémoire prodigieufe, fa conftitution robufte, tout le mettoit à portée de faire de grands pro-grès dans les fciences. A vingt ans, fes études étoient finies ; & il fut reçu maître-ès-arts , dignité alors très-importante. Luther demeura cependant deux ans entiers incertain fur l'état qu'il devoit prendre : un accident funefte, arrivé fous fes yeux à un de fes amis, vint enfin le décider. Il fe promenoit un jour avec cet ami aux environs d'Her-fort, lorfqu'un coup de foudre le réduifit en cendre à fes côtés. Cette mort effrayante pénétra Luther de douleur : fenfiblement touché d'un accident qui montroit affez la vanité des chofes humaines, il fit vœu à l'inftant de fe faire religieux ; & ce vœu, qui n'étoit que le fruit de la frayeur & de la timidité, il l'accomplit bientôt après, en entrant dans l'ordre des hermites de Saint Auguftin.

Luther fut fait prêtre à vingt-quatre ans ; & fon mérite perfonnel, la régularité de fa conduite & la douceur apparente de fes mœurs, lui ayant attiré la confiance de fes fupérieurs, il fut chargé de diverfes commiffions importantes, dont il s'acquitta toujours avec le plus grand fuccès ; il ne tarda pas à prendre le bonnet de docteur. Devenu alors un être important dans fon ordre, on lui confia une chaire de théo-logie à Wirtemberg. Ses talents, qui étoient demeurés enfevelis dans l'enceinte du cloître, fe montrerent déformais fur un théâtre plus digne de fon ambition. Depuis long-temps la fcholaftique infeftoit les

écoles de queftions ridicules : on avoit vu quelques bons efprits faire
des efforts pour en arrêter le progrès ; mais toutes leurs tentatives
avoient été inutiles. Luther, trop judicieux, trop éclairé, trop ambi-
tieux même pour adopter une pareille méthode, fe déclara l'ennemi juré
de la théologie fcholaftique : chaque fois que l'occafion fe préfentoit
de mortifier ceux qui l'étudioient, il la faififfoit toujours avec em-
preffement. Il foutint contr'eux des thefes où il difputoit vivement fur
le libre arbitre, fur le mérite des bonnes œuvres & fur les traditions
humaines : bientôt une carriere encore plus glorieufe fe préfenta à ce
génie naturellement préfomptueux & fuperbe. On a dit quel étoit le
pouvoir exhorbitant qu'avoient alors les papes fur le monde chrétien ;
& ce pouvoir étoit tel, que, malgré l'authenticité des hiftoires qui
nous en tracent le tableau, notre efprit fe refufe à accorder une pleine
confiance à une peinture auffi étonnante & auffi extraordinaire. Léon X,
ce pontife auffi célebre par fa magnificence & fes prodigalités, que
par le zele ardent qu'il témoigna toujours pour le progrès des fciences & des arts, avoit befoin d'argent pour rétablir l'églife de Saint
Pierre de Rome : il eut recours, pour s'en procurer, à un moyen qui
avoit déja été mis plufieurs fois en ufage avec fuccès par fes prédéceffeurs : il publia des indulgences ; & la bulle qui annonçoit au peuple
cette grace du pontife romain, difoit qu'on délivreroit d'autant plus
d'ames des feux dévorans du purgatoire, qu'on fe procureroit un
plus grand nombre d'indulgences. Un tel appas, fi analogue aux
préjugés du fiecle, fuffifoit bien pour féduire la multitude : auffi chacun s'empreffa-t-il à faire l'acquifition de ces indulgences, à porter
fon argent aux pieds de ceux qui les diftribuoient.

Un abus auffi énorme, quoiqu'il ne fût pas nouveau, révolta les
gens fenfés ; tous déclâmerent ouvertement contre les dominicains qui,
chargés de diftribuer les indulgences, aviliffoient, par leurs manœuvres
& par leur cupidité, le premier fiége du chriftianifme. Luther fut un
de ceux qui fe déchaînerent le plus contre ces vexations. Il y étoit
provoqué par Jean Stanpiz, vicaire général de fon ordre en allemagne, & qui, jaloux de ce qu'on n'avoit pas chargé, felon l'ufage, les
auguftins de prêcher les indulgences, étoit très-flatté de trouver l'occafion de décrier les dominicains leurs concurrents. Luther ne feconda
que trop bien fes vues ; &, au lieu de fe borner à développer les abus
qui s'étoient gliffés dans les indulgences, il attaqua les indulgences
même, comme contraires aux bonnes œuvres, & propres à former

des chrétiens puſillanimes, des ſcélérats même, toujours autoriſés à
ſe purger de leurs crimes, en ſacrifiant une médiocre portion de ieur
fortune. Ce doċteur alla plus loin ; il ſoutint que le pape n'avoit pas
le droit d'en donner, & que tous ceux de ſes prédéceſſeurs qui s'étoient
ſervis de ce moyen, avoient excédé manifeſtement leurs pouvoirs.

Luther étoit alors l'oracle de l'univerſité de Wirtemberg : auſſi ſes
déclamations furent-elles reçues avec les plus grands applaudiſſemens :
ce ſuccès l'engagea à pouſſer plus loin ſes critiques. Des indulgences
il paſſa à divers articles de la diſcipline de l'égliſe romaine ; de la diſcipline aux dogmes, & peu-à-peu, il s'efforça de ſapper juſqu'au
fondement du catholiciſme, en proteſtant toujours d'une ſoumiſſion
parfaite à l'égliſe romaine.

Ces innovations, qui plaiſoient au plus grand nombre des allemands,
réveillerent la cour de Rome, noyée dans les plaiſirs, & trop peu
agguerrie, pour répondre ſérieuſement à des queſtions de controverſe ;
le pape le menaça de toutes les foudres du vatican, s'il ne ſe retrac-
toit. Mais glorieux de ſe voir le chef d'un parti déjà puiſſant ; fier
d'avoir déchiré le voile qui, à dire vrai, couvroit quelques abus, &
craignant peut-être le reſſentiment d'une cour qu'il avoit ſi ſenſiblement
outragée, le doċteur de Wirtemberg mépriſa les foudres dont il étoit
menacé. En vain le pape lança en 1520 l'excommunication contre
lui : cette punition éclatante ne fit que le rendre plus intraitable ; il
ſe déchaîna, plus que jamais, contre l'égliſe romaine. Oubliant les
ménagemens qu'il avoit eus juſqu'alors pour les maximes de ſes peres,
il déclara authentiquement le ſchiſme dont il vouloit être l'auteur : il
prêcha contre les vœux & ſur-tout contre le célibat des prêtres. Pour
donner plus de poids à ſes principes, il ſe maria publiquement ; & ce
fut au fond d'un cloître qu'il alla chercher la femme à laquelle il
s'unit : ſon exemple fut bientôt ſuivi par une foule de prêtres & de
religieux des deux ſexes que le joug du célibat incommodoit : tous
les cloîtres s'ouvrirent, & cette foule de moines, qui peu auparavant
vivoient paiſiblement dans leurs cellules, porterent la miſere & la dé-
ſolation dans les familles : les uns ſe mirent prédicans ; & inon-
derent l'allemagne de leurs rêves théologiques ; les autres, ſe livrant
tout entier au débordement, maudirent mille fois le génie mal-faiſant
qui les avoit enlevés à la vie paiſible du couvent. Toute l'allemagne
fut bientôt inondée de ces vagabonds, toujours acharnés contre l'égliſe
romaine, dont ils déteſtoient les maximes. Malheureuſement les princes,

les feigneurs, les fouverains prirent vivement part à cette querelle : bientôt on vit toute l'europe en combuftion, fans que la puiffance ou la perfuafion pût oppofer des digues à ce torrent formidable : telle étoit l'europe, & fur-tout l'allemagne, lorfque le 18 février 1546, Luther mourut avec la funefte confolation d'avoir vu répandre des fleuves de fang pour fa doctrine ou pour fa perfonne.

La plupart des écrivains qui ont écrit contre Luther, ne connoif-foient pas fes opinions théologiques. Les uns, trop ignorans pour fuivre ce fectaire dans la marche qu'il tient dans fes écrits, ne nous ont donné que l'écorce de fa doctrine ; les autres, trop opiniâtres & trop paffionnés, n'y ont trouvé que ce qu'ils vouloient y voir ; & les uns & les autres nous ont également trompés dans leur rapport. Ce qu'il y a de certain, c'eft qu'il a varié dans les différens ouvrages qu'il a publiés, & qu'il n'a jamais expofé d'une maniere bien lumineufe les objets de fa réformation. La meffe a été fur-tout l'un des objets qui ont le plus ému fa bile contre l'églife romaine : il appelloit le canon de la meffe un recueil de lacunes bourbeufes ; & je me fou-viens d'avoir vu autrefois un livre qu'on lui attribue, dans lequel il rend compte d'une vifite que lui fit Lucifer, pour l'engager à porter l'éponge fur cet objet de l'*idolâtrie chrétienne*. Auffi fit-il de grands changements dans cette partie de la lithurgie des catholiques. Il con-ferva divers introït, tels que ceux des dimanches, des fêtes de noël, de pâques & de la pentecôte, le *Kyrie eleifon*, le *Gloria in excelfis*, la plupart des collectes des dimanches, l'épître, le graduel & le fymbole de Nicée ; mais il rejetta l'offertoire comme une abomina-tion : il ordonna qu'on ne mît que du vin dans le calice, & qu'après avoir préparé le pain & le vin, le prêtre récitât la préface, & pro-nonçât enfuite les paroles de la confécration ; & que le chœur, im-médiatement après, chantât le *Sanctus*, & le *Benedictus qui venit* ; priere qui feroit fuivie de l'élévation du pain & du calice, & de l'orai-fon dominicale. Il recommanda qu'auffitôt après le *Pater*, on dît le *Pax domini*, qu'il regardoit comme une abfolution publique des péchés des communians. Il défendit que l'on rompît l'hoftie, & que l'on en mît une portion dans le calice : enfin il régla que le célébrant, après s'être communié, communieroit le peuple ; que pendant la commu-nion, on chanteroit l'*Agnus Dei* ; que la communion feroit fuivie du *Quod ore fumpfimus*, & qu'aulieu de terminer la meffe par l'*Ite miffa eft*, on chanteroit *Benedicamus domino*, avec l'*Alleluia* en mufique,

Ce fut de cette maniere que Luther fit célébrer la messe dans l'église de Wirtemberg : cette disposition qui montre qu'il n'eut au moins jamais l'intention de proscrire entiérement ce sacrifice, n'a pourtant pas été conservée invariablement par les églises luthériennes : la plupart ont changé leur lithurgie à ce sujet, & il en est peu même qui soient d'accord sur ce point. Quant au sacrement qui fait la base du sacrifice de la messe, toutes ont à peu-près à cet égard la même croyance que l'église romaine ; ce qui différencie sur ce point les deux communions, c'est que les luthériens croient seulement la consubstantiation, c'est-à-dire, que le pain reste dans l'hostie avec le corps de Jésus-Christ ; aulieu que les catholiques croient à la transubstantion ou au changement parfait des especes dans le corps & le sang de Jésus-Christ.

Les luthériens ont retenu la plupart des fêtes de l'église romaine : telles sont celles de noël, de pâques de l'ascension, de la pentecôte, &c. toutes ces fêtes n'offrent rien d'important dans les cérémonies : la superstition agit seulement ces jours-là d'une maniere plus marquée que pendant ceux qui sont destinés aux œuvres serviles. Chez les luthériens, la multitude, par exemple, attribue une grande vertu à l'eau paschale ; & cette eau merveilleuse n'est autre chose que celle qu'on a puisée à la riviere le jour de pâques avant le lever du soleil. Le peuple croit qu'elle guérit le mal des yeux, & rétablit les membres rompus ; on a la même superstition en faveur des chevaux : on croit bonnement qu'en les faisant nager dans une riviere le jour de pâques, avant le lever du soleil, on les préserve pendant l'année des maladies auxquelles ces animaux sont sujets.

Il est certains endroits où le peuple observe, entre pâques & la pentecôte, un usage aussi ridicule qu'il favorise puissamment la débauche & l'incontinence ; des filles, élégamment parées & couronnées de toutes les fleurs de la saison, parcourent toutes les rues en chantant : l'une d'entr'elles tient en main un plat, & demande la quête à tous ceux qui se présentent : ce que les filles ramassent ainsi, est distribué aux pauvres ou employé aux dépenses qu'exige cette espece de solemnité.

Cette coutume s'est aussi conservée dans quelques villes des pays-bas hollandois ; mais on y célebre la cérémonie d'une maniere plus pompeuse & plus éclatante (*fig.* 195). Quatre jeunes filles en portent une cinquieme sur un brancard ; toutes sont couronnées de fleurs,

& habillées le plus proprement que leur moyen le comporte. Celle que l'on porte sur le brancard est décorée de plusieurs colliers d'ambre & de corail, de bourses, de chaînes, de ceintures & de dix ou douze grelots d'argent ; elle tient à la main droite une petite gondole d'argent, & dans sa gauche un petit sifflet du même métal, avec lequel elle siffle chaque fois qu'il est question de compter ce que l'aumône a produit. Une multitude de personnes, de tout âge & de tout sexe, accompagne ces jeunes filles, & chacun s'empresse de leur donner de l'argent, selon ses moyens. Un auteur hollandois assure que cette cérémonie bizarre fut défendue à Amsterdam & dans plusieurs autres endroits de hollande, à cause des abus qui s'y étoient glissés.

Autrefois on plantoit des mais dans toutes les églises de Dresde, le jour de la fête de l'ascension ; on en remettoit d'autres à la pentecôte, & on ne les ôtoit que le jour de la trinité. Le roi de pologne, électeur de Saxe, abolit cette coutume en 1715, parce qu'elle causoit la destruction des forêts, & que ces mais, qui formoient des boccages très-étendus & fort épais, favorisoient souvent les crimes les plus honteux.

Les ministres des luthériens font ordinairement les dimanches & les fêtes un prône à l'issue des offices ; souvent on en fait deux, l'un le matin, & l'autre l'après-midi. Il est des certains temps de l'année où les ministres des églises particulieres sont obligés de prêcher en présence de leur sur-intendant ; & ce prône, qui s'appelle *prédication circulaire*, a pour objet de mettre les supérieurs à portée de juger de la capacité des ministres inférieurs, & pour que ceux-ci ne s'écartent pas des principes fixés par les constitutions ecclésiastiques.

On observe dans le duché de Holstein un usage particulier aux protestans de cette région. A la fin du prêche, les ministres sont dans l'usage de publier les crimes qui se sont commis recemment ; & ils accompagnent cette publication d'invectives & d'imprécations. Dans le même pays, ceux dont l'honneur a été diffamé par quelque calomnie, chargent le ministre de faire une publication dont voici la substance : « Un tel, déshonoré par de faux bruits que ses ennemis ont » semés contre lui, prie les fideles de demander à Dieu qu'il fasse » éclater son innocence, & confonde les calomniateurs ». Après le prêche, on fait les recommandations à Dieu, les actions de graces & les publications : par les premieres on recommande à Dieu les malades, les femmes en couches ou en travail d'enfant, les voyageurs,

les

on eſt auſſi en uſage de recommander aux prieres ceux qui ſont ſur le point de conſommer leur mariage, afin qu'aucun eſprit mal-faiſant ne puiſſe nuire à la ſatisfaction complette des deux époux. Par les actions de graces, chacun remercie Dieu des biens qu'il en a reçus. Les publications ſervent à annoncer tout ce qui peut concerner l'égliſe. En certains endroits, on publie du haut de la chaire, les ordres du magiſtrat.

Les Luthériens qui, comme on l'a dit, ont conſervé les principaux uſages de l'égliſe romaine, ont retenu ſur-tout celui du jubilé. Le premier qu'ils aient célébré eſt celui de 1617, en mémoire de leur réforme; & ils ont continué depuis. Cette fête, qui dure ordinairement pluſieurs jours, ſe ſolemniſe de cette maniere; les citoyens les plus diſtingués de la ville ſe rendent dès le matin à l'hôtel-de-ville, revêtus de manteaux noirs, & de-là ils vont proceſſionnellement à la principale égliſe du lieu. Ils rencontrent en chemin le clergé & les colléges qui ſe joignent à eux, & forment une proceſſion nombreuſe & réguliere. On arrive en bon ordre à l'égliſe qui, ce jour-là, eſt jonchée de fleurs & parée de ſes plus beaux ornements. Bientôt ce temple retentit du chant des pſeaumes & des cantiques d'allégreſſe dans leſquels on célebre le triomphe de Luther & de la réforme, la défaite du pape & de l'égliſe romaine. Les inſtruments ſe joignent aux voix & forment une harmonie complette. A ces chants de victoires ſuccéde un ſermon dont le ſujet eſt l'établiſſement du luthéraniſme.

A ce jubilé de la réformation, généralement obſervé par tous les luthériens, il faut joindre celui de la confeſſion d'Ausbourg, & ceux qui ſont indiqués par les états pour célébrer les ſiecles révolus de leur réforme. Dans ce dernier ordre doit être placé celui que la Suede ordonna en 1693, cent ans après le concile d'Upſal, qui conſomma l'établiſſement du luthéraniſme dans toute la Suéde. L'ouverture de ce jubilé ſe fit le 26 Février, au ſon des cloches & au bruit du canon. Cette fête dura pluſieurs jours ; & chaque citoyen, animé par l'exemple de Charles XI, n'oublia rien pour faire éclater la joie qu'il reſſentoit d'un ſi grand jour.

Le clergé luthérien eſt aſſez ſemblable à celui des catholiques romains. On y voit des évêques, des prêtres, des diacres, des ſous-diacres, &c. Ceux qu'en Suéde & en Danemarck on appelle évêques, prennent ailleurs le titre de ſur-intendans. Les prêtres portent auſſi ſouvent le nom de miniſtres; & chez ces ſectaires, comme dans la primitive égliſe, on n'en ordonne jamais que pour une place vacante,

Tome III.   O

Voici les cérémonies qui se pratiquent pour la réception d'un miniftre luthérien. On fait fubir, à celui qui fe préfente pour remplir cette fonction, un examen rigoureux, qui roule particuliérement fur les mœurs & la doctrine. On le fait prêcher plufieurs fois en préfence d'un certain nombre de théologiens choifis pour juger de fes talens & de fa capacité. En Saxe, il faut que le candidat prêche dans l'églife qui lui eft deftinée; & là, il y a autant de juges que d'auditeurs. Le prêche étant fini, on prend l'avis des paroiffiens. Si le prédicateur n'eft pas de leur goût, on le refufe auffitôt; & cet ufage falutaire fait que jamais les paroiffes n'ont le défagrément d'avoir à leur tête des prêtres qui ne conviennent pas à la communauté. Lorfque le fujet propofé a fubi heureufement toutes les épreuves, on procéde à fon ordination. Au jour marqué, il fe fait dans l'églife un grand concours de miniftres, de juges eccléfiaftiques & de peuple. La cérémonie commence par un prêche, après lequel toute l'affemblée adreffe fa priere au Saint-Efprit en faveur du candidat. L'évêque s'approche enfuite de l'autel, accompagné de fix de fes collégues. Ce prélat adreffe alors ces paroles aux miniftres, tandis que le récipiendaire fe tient à genoux devant lui : « Mes chers freres en Jéfus - Chrift, je vous exhorte à » pofer vos mains fur ce poftulant, qui fe préfente ici pour être reçu » miniftre de Dieu, felon l'ancien ufage apoftolique, & de concou- » rir avec moi à le revêtir du faint miniftere ». Après ce difcours, il pofe le premier les mains fur la tête du candidat, en prononçant ces paroles : « Soyez & demeurez confacré à Dieu ». La même chofe eft pratiquée par les fix miniftres affiftans. L'évêque adreffe alors la parole au nouveau pafteur, & lui dit : « Nous avons prié le Saint-Efprit qu'il » répandît fur vous fes lumieres & fes dons; nous ofons efpérer que » nos vœux auront été entendus : c'eft pourquoi je vous ordonne, je » vous confirme, je vous établis, au nom de Dieu, pafteur & conduc- » teur des ames dans l'églife de… ». Ces paroles facramentelles font, à proprement parler, l'effence de l'ordination luthérienne. Auffitôt que l'évêque a prononcé cette formule, il defcend de l'autel, & le prédica- teur ordinaire s'en approche, revêtu de fes habits facerdotaux, pour lire l'inftitution de la cêne, & confacrer le pain & le vin dont il communie le nouveau miniftre. Après la meffe, l'évêque exhorte celui- ci à remplir exactement fes devoirs. On chante enfuite des cantiques en actions de graces, & chacun fe retire.

Les Princes luthériens exercent chacun chez eux une fuprématie femblable à celle que les rois d'Angleterre fe font attribuée fur leur clergé. Ce font eux qui prononcent en dernier reffort fur tout ce qui regarde le gouvernement de l'églife, & la forme du culte extérieur, conferent les grandes dignités eccléfiaftiques, & difpofent de la plupart des bénéfices inférieurs. En Danemarck, le royaume de l'europe où les bornes qui féparent les deux puiffances aient été le mieux réglées, le pouvoir des évêques ne s'étend que fur le fpirituel. Ces prélats exercent un droit d'infpection fur tous les prêtres de leur diocefe, qu'ils doivent vifiter au moins une fois dans trois ans ; & dans cette vifite, ils doivent examiner l'état des écoles, fe faire rendre compte des deniers des pauvres, & pourvoir à l'adminiftration des cures de leur diftrict. La loi leur permet d'examiner la conduite des pafteurs des paroiffes, de les exhorter, de les reprendre, de les punir par des amendes, & de les fufpendre même s'il le faut.

Dans ce même royaume, tous les diocefes font partagés en plufieurs diftricts, qui renferment eux-mêmes différentes paroiffes ; & chacun de ces diftricts a pour furveillant un archiprêtre, nommé *prévôt*, dont l'attention doit fe porter fur tous les objets dont l'évêque prend lui-même connoiffance, quand il eft fur les lieux. Ces archiprêtres, élus par la pluralité des fuffrages des pafteurs dans chaque diftrict, font leurs juges en premiere inftance, & connoiffent, conjointement avec deux affeffeurs, qu'ils fe choififfent eux-mêmes parmi les eccléfiaftiques de leur diftrict, des fautes que les prêtres commettent dans l'exercice de leurs fonctions. Ce font eux qui font la liquidation de l'hoirie des pafteurs décédés, & qui veillent à l'adminiftration des biens confacrés aux pauvres, à l'entretien des églifes & aux exercices prefcrits dans les écoles. Deux fois par an, ils doivent s'affembler pour délibérer fur les affaires eccléfiaftiques du diocefe. L'évêque préfide à ce fynode, & le grand bailli s'y trouve de la part du roi ; cette affemblée forme le fecond degré de la jurifdiction eccléfiaftique, & prononce fur toutes les fautes que commet le clergé dans l'exercice de fes fonctions, à l'exception de celles des évêques, qui ont leurs caufes criminelles commifes à la cour fuprême du royaume, où, dans ces occafions, deux prélats de cet ordre prennent féance. Chaque archiprêtre doit faire part aux pafteurs de fon diftrict, de tout ce qui a été réfolu dans l'affemblée fynodale. Le clergé eft diftribué, à peu-près, de la même maniere en Suéde, & fes fonctions font les mêmes qu'en Danemarck.

Tome III.   O 2

On a dit que Luther avoit ouvert les cloîtres & fécularifé les moines au moment de la réforme. On trouve cependant dans quelques-uns des états qui ont embraffé fa doctrine, plufieurs maifons religieu-fes où des filles vivent dans la retraite & dans le célibat. Telles font celles de Quedlinbourg, Ganders-heim, Herforden & Noschild, dont on trouve le tableau dans mon *Etat des ccurs de l'europe*. Ce der-nier monaftere eft fitué en Danemarck, & eft gouverné, comme les trois autres, par une abbeffe. « Les religieufes qui le compofent, dit » un voyageur, couchent deux à deux dans des chambres affez pro-» pres : chacune a fon petit cabinet où elle travaille, s'applique à la » lecture, ou prie Dieu comme elle le juge à propos ». Un miniftre leur fait le prêche dans leur chapelle, les dimanches, les fêtes & les vendredis. Leur habillement n'a d'ailleurs rien de diftingué des fem-mes du pays ; & lorfque la retraite commence à leur déplaire, elles peuvent rentrer dans la fociété & prendre un époux.

Chez les luthériens, comme parmi les catholiques, ce font les prê-tres qui préfident aux cérémonies du mariage. (*fig.* 196). On com-mence par faire publier les bans pendant trois dimanches confécutifs : c'eft au lecteur qu'il appartient de faire ces annonces. Le dimanche de la premiere annonce, ou dans l'un des jours de la femaine qui fuit, les futurs époux, placés fous un grand miroir, & ayant à droite & à gauche leurs proches parents, reçoivent des vifites de cérémonies de la part de leurs amis, & de tous ceux qui jugent à propos de leur donner ce témoignage de leur attachement.

Le vendredi qui précede le mariage, ou la furveille de cette grande fête, on célebre les fiançailles. Parmi les gens riches, des domeftiques précédent le cortége, en jettant des fleurs dans tous les endroits où les deux futurs époux doivent paffer ; d'autres jettent des dragées au peuple. Les nôces fe célebrent ordinairement le dimanche. Dès le matin, le futur époux fe rend chez fa maîtreffe, & trouve les rues qu'il parcourt jonchées de fleurs. En fortant de fa maifon, une jeune fille lui jette de ces fleurs au vifage ; après quoi il entre dans une voi-ture, tirée par un cheval couvert d'une belle houffe, fouvent de rubans & de fleurs, & la tête décorée d'une aigrette. Les deux époux font con-duits au temple dans la même voiture ; mais pour qu'ils puiffent être vus librement de tout le peuple, ils ne montent en carroffe qu'à quel-ques pas de la maifon ; &, tandis qu'ils parcourent cet intervalle, une jeune fille leur jette au vifage & fur la tête des feuilles dorées qu'elle

porte dans un petit panier d'ofier garni de rubans. Ce n'eſt que les filles
& les garçons qui jouiſſent de cet honneur, & les perſonnes veuves qui
ſe marient n'ont pas le droit d'y prétendre. Telles ſont les cérémonies
qui précédent le mariage des réformés d'Amſterdam.

Les cérémonies du mariage, telles qu'elles ſont preſcrites par le rituel
luthérien, ſont fort ſimples. Le miniſtre demande aux fiancés, s'ils con-
ſentent à s'unir l'un à l'autre : après avoir répondu affirmativement,
ils ſe prennent la main droite & font l'échange de leurs anneaux. Alors
le miniſtre prononce les paroles ſacramentelles : « Pierre voulant ſe
» marier avec Iſabelle en préſence de toute l'égliſe, je les déclare ma-
» riés au nom du Pere, du Fils & du Saint-Eſprit ». On récite enſuite quelques paſſages de l'écriture, & après avoir fait quelques prieres pour les nouveaux époux, on les exhorte à remplir dignement les
devoirs auxquels leur nouvel engagement les aſſujettit.

Jamais l'égliſe luthérienne ne permet qu'on ſe marie dans les temps
conſacrés au jeûne ou à la préparation de la communion. Il eſt même
quelques paroiſſes où l'on obſerve ſcrupuleuſement le canon d'un
ancien concile, qui défendoit de ſe marier le dimanche. Il n'y a d'ailleurs que les gens d'une condition médiocre, qui aillent au temple
pour recevoir la bénédiction nuptiale. Les perſonnes diſtinguées par
leur naiſſance ou par leur qualité, ſe marient toujours la nuit aux
flambeaux.

Autrefois en Friſe, lorſqu'au retour de l'égliſe l'épouſe ſe diſ-
poſoit à entrer chez ſon mari, un des plus proches parents de celui-ci
mettoit une perche ou un balai à travers de la porte pour empêcher
de paſſer : la femme levoit la jambe & franchiſſoit cet obſtacle. Mais
bientôt elle en trouvoit un autre bien plus difficile à franchir : un
homme armé d'une épée nue s'offroit à ſes yeux & ne lui permettoit pas d'avancer, il falloit que la femme lui fît un préſent pour
obtenir la liberté du paſſage.

Le divorce, long-temps autoriſé dans toute l'égliſe chrétienne,
n'eſt plus aujourd'hui en uſage que chez les proteſtans ; mais rarement ils profitent de cette condeſcendance qu'ils doivent à leur réforme. L'adultere, qui dans l'évangile eſt un motif de ſéparation pour
les deux époux, eſt l'un des principaux ſujets qui puiſſe autoriſer les
luthériens à demander la diſſolution de leur mariage. D'ailleurs il appartient à l'égliſe ſeule à prononcer ſur ce ſujet.

Les égliſes luthériennes & ſpécialement celle du Danemarck, ont des formules de prieres deſtinées aux femmes nouvellement accouchées. C'eſt au paſteur qu'il appartient de les adreſſer à Dieu, au pied du lit de la malade, auſſitôt après l'accouchement. Le tarif eccléſiaſtique attribue au curé, pour cette cérémonie, un honoraire d'autant plus conſidérable que les perſonnes ſont plus qualifiées.

On obſerve en Hollande une coutume qu'on ne trouve en aucune autre partie du monde. Lorſqu'une femme eſt accouchée, toutes ſes amies viennent lui rendre viſite : chacune lui préſente, ainſi qu'à ſon enfant, un gobelet plein de vin du Rhin, où l'on a mis beaucoup de ſucre & un bâton de cannelle. Cette cérémonie bizarre, qui ſe renouvelle autant de fois qu'il vient de perſonnes viſiter la malade, s'appelle *v_n-beker*, c'eſt-à-dire le gobelet de l'accouchement.

Les luthériens baptiſent communément leurs enfans un ou deux jours après leur naiſſance. (*fig.* 196). S'il arrivoit que l'enfant fût trop foible pour être porté à l'égliſe, on le feroit baptiſer à la maiſon. Ici, comme chez les catholiques, tout laïque, en cas de beſoin, peut adminiſtrer le baptême ; mais l'égliſe ſaxonne a cela de particulier, qu'une femme ne peut baptiſer l'enfant mourant qu'après avoir cherché inutilement un homme pour verſer ſur ſa tête l'eau de la régénération chrétienne. En Danemarck, la loi défend expreſſément de baptiſer un bâtard avec un enfant légitime ; &, quel que ſoit le témoignage qui prouve qu'un enfant trouvé ait reçu le baptême, on le rebaptiſe de nouveau, pour ne pas expoſer cette créature a être privée d'un ſacrement auſſi néceſſaire au ſalut. En Suede, il eſt fort rare que le pere aſſiſte au baptême de ſon enfant. Dans ce royaume, on baptiſe les enfans légitimes avant le ſervice divin, & les bâtards quand il eſt fini.

La plupart des égliſes luthériennes ont des fonts baptiſmaux, ſemblables à ceux des catholiques. Dans pluſieurs égliſes de Saxe, un ange deſcend du haut de la voûte par le moyen d'une poulie, & préſente un baſſin au miniſtre qui doit faire le baptême. Ailleurs on apporte une table de la ſacriſtie, que l'on poſe devant l'autel. Tel eſt l'uſage de l'égliſe d'Ausbourg.

Les cérémonies que les luthériens obſervent dans le baptême, reſſemblent aſſez à celles qui ſont en uſage parmi les catholiques romains. Après un diſcours préparatoire, le miniſtre exorciſe le démon, en ces termes : « Retire-toi d'ici, eſprit immonde, & fais place au Saint-» Eſprit ». Le prêtre fait alors le ſigne de la croix ſur l'enfant, en lui diſant : « Reçois le ſigne de la croix, &c. ». Il poſe enſuite la main ſur

lui, récite des prieres liturgique, & réitere l'exorcifme. La loi ne Figures.
borne pas le nombre des parreins, & chacun en admet plus ou moins
felon qu'il le juge à propos. C'eſt à eux que le miniſtre adreſſe la
parole, en leur demandant : « ſi l'enfant renonce au diable & à ſes
» œuvres, s'il croit à Dieu le Pere, au Fils & au Saint-Eſprit »? Le
prêtre le baptiſe enfin par une triple aſperſion; & la cérémonie finit
par une action de graces & une exhortation aux parreins.

Quelques égliſes luthériennes ont conſervé l'uſage de la confirmation; mais elles n'emploient point le chrême qui, chez les grecs &
chez les latins, fait une partie eſſentielle de ce ſacrement. Voici comme
on la pratique dans les égliſes de Saxe. Un enfant âgé de 12 à 15
ans, eſt communément réputé digne de s'approcher de la communion.
Cette grande cérémonie eſt fixée au jour de pâques ou à la fête de
Saint-Michel. Trois femaines auparavant on lit en chaire les noms de
ceux qui ſont deſtinés à faire leur premiere communion; & l'eſpace
qui s'écoule depuis cette époque juſqu'à la ſolemnité, eſt employé à
les inſtruire de l'importance du myſtere auquel ils vont participer. On
les confeſſe la ſeconde fête de pâques, & on les communie le jour
ſuivant, ſoit en particulier, ſoit avec les autres fideles. Ces jeunes
communians ſe rangent en forme de demi-lune devant l'autel, à
meſure qu'ils ſont communiés par le miniſtre. Après cet acte religieux, le prêtre fait une priere, & ſe tournant enſuite vers l'aſſemblée,
il leur annonce que ces enfans vont rendre compte de leûr foi. Il les
interroge en effet ſur les principaux objets de la religion : puis il leur
fait une longue exhortation, après laquelle on entonne une hymne, qui
eſt ſuivie d'une collecte & de la bénédiction. Telles ſont, & la premiere
communion des luthériens ſaxons, & leur confirmation.

Les luthériens de Saxe & d'Ausbourg pratiquent la confeſſion
d'une maniere qui ne differe pas beaucoup de celle des catholiques
(*fig.* 197). Ils prétendent que cette confeſſion n'eſt pas auriculaire, 197.
mais générale. Les égliſes luthériennes varient d'ailleurs beaucoup ſur
ce ſujet. Il eſt des endroits où les pénitens viennent en foule ſe profterner au pied du miniſtre : un d'entre eux récite une confeſſion générale, après laquelle le confeſſeur demande ſi tel eſt le ſentiment de
tous les autres : après qu'ils ont répondu par l'affirmative, le confeſſeur
leur fait une exhortation plus ou moins longue ſelon qu'il le juge à
propos, & le tout ſe termine par l'abſolution. Celle-ci ſe fait par l'impoſition des mains, comme l'ordination. Le confeſſeur poſe juſqu'à trois

fois la main fur la tête du pénitent, en nommant chaque fois une perfonne de la Trinité : puis il prononce ces paroles : « Allez en paix : » que la grace de notre Seigneur Jéfus-Chrift foit avec vous »; & fait en même temps le figne de la croix fur lui. Ici, comme parmi les catholiques, l'abfolution eft toujours fuivie d'une pénitence propor- tionnée à la gravité des péchés dont on s'eft rendu coupable; & un ufage particulier aux luthériens, c'eft que le miniftre reçoit des hono- raires pour les fonctions qu'il remplit au tribunal de la pénitence. Les fideles, ainfi réconciliés, fe préfentent à la fainte table & reçoivent la

 communion des mains du prêtre (*fig.* 198).

Les luthériens, les calviniftes & les anglicans, qui à la naiffance de leur églife, déclamerent tant contre les abftinences & les mortifi- cations, obfervent néanmoins pendant l'année plufieurs jeûnes fem- blables à ceux des catholiques. Ces jours folemnels s'annoncent par le fon des cloches, fouvent même par la décharge de l'artillerie; & la veille les miniftres montent en chaire & exhortent leurs fideles à fe préparer à ce grand jour. Le commerce eft alors fufpendu, les bou- tiques fermées, les tribunaux inacceffibles, & chacun s'empreffe de fignaler fa piété par des aumônes extraordinaires. La guerre qui vient d'être terminée entre l'europe & l'Amérique, au moment où j'écris, a fourni aux anglois & aux hollandois plufieurs occafions de montrer ainfi leur dévotion envers le ciel.

Les luthériens ont auffi confervé l'ufage de l'excommunication, que l'auteur même de leur communion brava autrefois dans fes plus grands excès. Elle eft fur-tout fort rigoureufe en Danemarck. Le ri- tuel danois dit qu'un excommunié qui a l'audace de fe préfenter à l'églife, doit en être honteufement chaffé par un clerc de la paroiffe, fous les yeux de tous les fideles. Cependant, fi l'excommunication duroit long-temps, on n'empêche pas celui qui l'a encourue de fe rendre à l'églife pour y écouter le fermon; mais il eft féparé du refte des fideles; & lorfque le prédicateur defcend de chaire, le même clerc qui l'a introduit, le conduit hors de l'églife : il en eft ainfi en Suéde. Le voyageur Ogier dit avoir vu à Lincoping une fille qui avoit encouru l'excommunication par fes défordres : cette malheu- reufe fe tenoit à genoux depuis le matin jufqu'à midi, à l'entrée de l'églife, dans une efpece de cage à barreaux de bois affez élevée. On puniffoit autrefois auffi rigoureufement à la Haye, les filles qui fai- foient profeffion de fe proftituer publiquement; malheureufement cet

ufage

ufage, propre à faire ceffer les défordres qui affligent la plupart des villes de l'europe, eft tombé en défuétude.

Les luthériens n'adminiftrent point l'extrême-onction aux malades. Tout fe réduit en pareil cas à des remontrances & à des exhortations paftorales, à des confolations entiérement fpirituelles, à des lectures & à des prieres ; & le zele des pafteurs redouble fur-tout au moment de l'agonie. D'ailleurs, chaque églife a fes ufages particuliers touchant les enterremens. Ogier qui fuivit le comte d'Avaux dans fon voyage du nord, en vit célébrer un à Dantzik de cette maniere. C'étoit une femme, d'une condition honnête, qu'on portoit en terre : les écoliers précédés par leur maître, & revêtus de leurs habits ordinaires, mar- choient chacun felon fon rang à la tête du convoi, en chantant des hymnes funebres. Le corps fuivoit, porté fur un brancard par huit bourgeois, tenant à la main une efpece de bouquet compofé de fils d'or & d'argent. Après le corps, marchoient quatre fils de la défunte, chacun felon fon âge, couverts de longs manteaux noirs & le cha- peau baiffé fur les yeux. Le mari qui venoit après fes fils étoit ha- billé de même, & fe couvroit le vifage avec fon manteau. Il étoit accompagné de fes plus proches parens : après ceux-ci, venoient les principaux de la ville & les magiftrats, qui laiffoient entre eux & les femmes une diftance raifonnable. A la tête de celles-ci, on voyoit les filles de la défunte qui fe cachoient le vifage avec un mouchoir, & marchoient appuyées fur des fervantes. Les femmes venoient enfuite toutes revêtues de noir, & marchant gravement deux à deux. Les filles font exclues de cette cérémonie. Après l'enterrement, le cortége fune- bre entra dans l'églife où l'on chanta l'office des morts.

Une cérémonie particuliere aux funérailles des luthériens de Saxe, confifte à ouvrir la bierre au moment où l'on va la jetter dans la foffe, & à regarder le mort, pour voir s'il ne donne aucun figne de vie. On la referme auffitôt après, en chantant une hymne. En Dane- marck, le miniftre chargé de faire l'enterrement, apoftrophe le corps du défunt, lorfqu'il eft dans la foffe : il dit en jettant de la terre def- fus : « Tu es né de la terre » : il en jette une feconde fois, en difant : « Tu reviendras terre ». Enfin il jette encore une troifieme fois de la terre, & il dit : « Tu reffufciteras de la terre ».

Les frifons ont confervé l'ufage pratiqué dans l'antiquité, de cou- ronner les filles & les garçons lorfqu'ils meurent avant de s'être enga- gés dans les liens du mariage. Les hollandois obfervoient auffi autrefois la même coutume; & c'est vraisemblablement de cette cérémonie qu'est né l'usage qu'ils observent encore, de faire jetter sur les corps des jeunes gens des fleurs, & de transporter sur la tombe le poële garni de rubans.

Les oraisons funebres sont fort prodiguées chez les luthériens : elles font une partie essentielle des funérailles; & ces sortes de panégyriques forment un objet très-lucratif pour les ministres des autels. Il n'y a si petit bourgeois dont on ne fasse l'éloge après sa mort; les enfans même au berceau n'en sont pas privés. Lorsque la vie du défunt ne fournit pas des circonstances propres à animer l'éloquence de l'orateur, il a recours au mensonge, aux lieux communs, & à cette foule d'autres ressources dont nous même nous ne faisons que trop d'usage dans nos panégyriques. Les luthériens, d'ailleurs, témoignent la douleur qu'ils ressentent de la mort de leurs parens, par toutes les marques extérieures de deuil & d'affliction que leurs moyens peuvent leur permettre (*fig.* 199).

199.

On sait que les luthériens n'admettent aucun lieu intermédiaire où puissent aller les ames avant d'entrer dans le paradis. Luther, en défiant les défenseurs de l'église romaine de citer un seul texte de l'écriture ou des premiers conciles qui désignât le purgatoire, soutenoit que les peines temporelles dues au péché étoient remises avec la coulpe; & que, par conséquent, il étoit inutile d'imaginer un lieu mitoyen où les ames pussent être purifiées avant de parvenir à leur derniere destination. Cette doctrine du docteur Allemand fut condamnée dans un concile tenu à Paris en 1528, & frappée d'un anathême encore plus formidable dans le concile de Trente.

ARTICLE X.

Religion des Calviniſtes.

LE nom de cette communion, comme celui du luthéraniſme, défigne aſſez celui qui en fut l'auteur : elle doit ſa naiſſance à Calvin.
Cet héréſiarque naquit à Noyon, le 10 juin 1509 : iſſu d'une famille indigente, ſon pere, cabaretier, fut obligé d'avoir recours à
deux freres qu'il avoit à Paris, pour lui faire faire ſes études. Calvin
ſe rendit dans cette capitale, & fit ſes humanités au collége de la
Marche, & ſa philoſophie au collége de Montaigu : il n'étoit encore
âgé que de 11 ans, lorſque, protégé par une perſonne de diſtinction,
il fut pourvu de la chapelle de notre-dame des Geſines de Noyon.
Six ans après, il fut encore pourvu de la cure de Motteville, qu'il
permutta pour celle de Pont-l'évêque, petit village près de Noyon,
où ſon grand-pere avoit long-temps exercé le métier de batelier.
Malgré ces bénéfices, ſon pere qui connoiſſoit vraiſemblablement ſon
eſprit turbulent, ne voulut pas qu'il étudiât en théologie; il l'envoya
faire ſon droit à Orléans. De-là, Calvin ſe tranſporta à Bourges, dont
l'univerſité paſſoit alors pour la plus floriſſante de France ſur le droit.
Il étoit occupé à prendre ſes degrés dans cette ville, lorſqu'il perdit
ſon pere. Cette circonſtance l'obligea de retourner à Noyon : il s'y
défit bientôt de ſes deux bénéfices, revint à Paris, & fit imprimer
un commentaire ſur les deux livres de Séneque qui traitent de la
clémence.

Calvin commençoit dès-lors à s'attirer l'admiration de tous ceux qui
le connoiſſoient, par les rares qualités dont ſon eſprit étoit doué. Fait
pour être l'un des plus grands hommes de ſon ſiecle, il eût en effet
occupé l'une des premieres places dans l'égliſe & la littérature, s'il ne
ſe fut laiſſé maîtriſer par l'orgueil & l'opiniâtreté. Laborieux, déſinté-
reſſé, il eut toujours des mœurs pures. Son érudition, quoique moins
profonde que n'étoit celle de Luther, étonnoit cependant toutes les
écoles françoiſes, dans un temps où l'on ne connoiſſoit que le jargon
barbare de la ſcholaſtique. Il s'exprimoit aſſez difficilement dans la con-
verſation ; mais il avoit une plume d'or ; & ſon éloquence étoit auſſi

touchante & auſſi pathétique dans ſes livres, qu'il étoit déſagréable & monotone dans ſes diſcours.

On ſent combien un tel homme devoit être à craindre, s'il venoit à arborer l'étendard de la nouveauté. L'ambition dont il étoit dévoré, peut-être même la ſévérité de ſes mœurs, & la conduite ſcandaleuſe des eccléſiaſtiques qui vivoient dans ſon ſiecle, le porterent cependant bientôt de ce côté-là. Déjà, depuis long-temps, il avoit pris quelque teinture d'héréſie à Paris. Un profeſſeur de langue grecque, allemand d'origine, & qui étoit luthérien, acheva de lui gâter l'eſprit. De retour à Paris, après la mort de ſon pere, il entretint un grand commerce avec Nicolas Croppus, recteur de l'univerſité, auquel il ſuggéra cette harangue hardie qui arma contre lui la magiſtrature. Le lieutenant-criminel vint lui-même pour le faire prendre au collége de Fortet, où il avoit fixé ſon domicile; mais on trouva qu'il s'étoit évadé.

Calvin ayant ainſi fait connoître publiquement ſes ſentimens, ne ſe contraignit plus. Dans tous les pays où il paſſa, il n'oublia rien pour ſemer par-tout le poiſon de ſa nouvelle doctrine. La cour de divers princes en fut infectée; les femmes ſur-tout, comme c'eſt aſſez l'uſage, s'entêterent vivement de cette opinion naiſſante. Cependant, ſi le docteur françois trouvoit par-tout des ſectateurs, il rencontroit auſſi ſouvent des ennemis ardens à le pourſuivre. Après avoir erré long-temps de pays en pays, toujours en danger de ſa propre vie, il trouva enfin à Geneve un aſyle digne de ſes talens, & où il exerça paiſiblement juſqu'à ſa mort les pénibles fonctions & d'apôtre & de légiſlateur. Cet héréſiarque, dont la mémoire ſera toujours chere aux génevois, mourut en 1564, âgé d'environ 55 ans, accablé d'infirmités, & laiſſant un grand nom, beaucoup d'admirateurs & encore plus d'ennemis.

De toutes les ſectes qui, en différens temps, aient affligé l'égliſe chrétienne, il n'y en a peut-être pas qui aient fait répandre plus de ſang que celle de Calvin. Jamais la doctrine d'Arius, ni les fureurs de Luther, n'occaſionnerent tant de ravages. La France fut pendant cent années en combuſtion; & ſi les viſions de Calvin n'en furent pas la véritable cauſe, elles en étoient au moins le prétexte. Le déſordre, la confuſion, la violence, l'impiété, en un mot, toutes les paſſions les plus violentes & les plus barbares agiterent long-temps ce beau royaume. On vit les ſujets s'armer contre leur ſouverain, le fils plonger ſon arme parricide dans le ſein de ſon pere; la mere ſacrifier

fes propres enfans ; enfin, la nation entiere changer de mœurs, &
avilir fes plus faintes maximes. Les plaies qu'éprouva alors la nation
furent fi profondes, que plufieurs fiecles même ne fuffiront pas pour
les fermer.

La théologie de Calvin n'eft, à proprement parler, qu'un tiffu très-
imparfait des erreurs des vaudois, des huffites, des zuingliens & des
luthériens. On a vu que Luther admettoit la préfence réelle : Calvin
la rejetta ; & cet héréfiarque, plus intrépide & plus audacieux que le
réformateur allemand, foutint que l'euchariftie ne contient que la
figure, le fymbole ou le prototype de Jéfus-Chrift. Il rejetta également-
ment le purgatoire & l'invocation des faints : il s'occupa fur-tout à
bouleverfer la hiérarchie eccléfiaftique, & à détruire toutes les cérémonies pratiquées dans l'églife romaine. On l'accufe auffi d'avoir réduit
l'homme à un pur automate, en le privant de la liberté d'agir ; mais
cette opinion révoltante n'eft que la conféquence éloignée de fes principes ; & l'en voit dans plufieurs endroits de fes ouvrages, qu'il ne
doutoit pas que l'homme, guidé par la grace combinée avec fon libre
arbitre, ne pût mériter, comme on l'enfeigne parmi les catholiques
romains.

On a dit que Calvin avoit anéanti la plupart des cérémonies de
l'églife romaine : quoique fes fectateurs aient apperçu depuis l'inuti-
lité, le danger même de cette réforme, ils ont cependant confervé
fur ce point tous les réglemens de leur légiflateur. Le petit nombre
de cérémonies qu'ils pratiquent, ont pour objet, les deux feuls facremens
qu'ils ont confervés, le baptême & la cêne. Voici celles dont ils font
ufage dans le baptême (*fig.* 200). Ce facrement eft précédé de la 200.
lecture d'un formulaire liturgique & d'une priere confacrée au baptême : le miniftre demande enfuite aux parreins & aux marreines
leurs confentemens aux obligations que la dignité du facrement exige
d'un chrétien. La difcipline calvinifte veut que l'on baptife toujours
publiquement dans les églifes ; & elle ne permet pas de baptifer
dans l'intérieur des maifons, à moins qu'on ne fe trouve parmi des
nations infidelles, ou que la perfécution ou la crainte n'empêche de
fe rendre à l'églife.

Les cérémonies qui accompagnent la cêne, font toutes auffi fimples que celles que l'on emploie au baptême (*fig.* 201). Tous les 201.
fideles communient autour d'une table, femblable à celles dont nous
faifons ufage pour nos repas : près de la table, font toujours des dia-

cres & des anciens; ceux-ci, pour faire obferver l'ordre & affurer le
refpeét dû à la fainteté du myftere; & les autres, pour découper le
pain en petits morceaux, que le miniftre diftribue aux communians,
& remplir les coupes qui contiennent le vin facré. Il eft des endroits,
comme à Geneve & en Suiffe, où l'on ne fe range pas autour d'une
table (*fig.* 202). On y paffe en revue à peu-près, comme chez les
catholiques, devant deux miniftres, dont l'un donne au communiant
le morceau du pain confacré, & l'autre la coupe : fi le communiant
fe trouvoit avoir une répugnance invincible pour le vin, la difcipline
des églifes réformées de France, permet de le communier feulement
avec les efpeces du pain.

Ici, comme chez les luthériens & les catholiques, on ne procéde
à la premiere communion des enfans, que lorfqu'ils ont atteint l'âge
de difcrétion. Il eft des pays où on lit au prône le tableau de ceux
qui doivent être initiés dans ce faint myftere : c'eft au confiftoire qu'il
appartient de juger de la capacité des candidats. Le rituel veut qu'a-
vant de donner la communion à ceux qui fe préfentent, le miniftre
faffe un difcours fur l'inftitution & le caraétere de la cêne, & inf-
truife l'affemblée de la pureté que ce facrement exige de la part de
ceux qui y participent. Les communians fe rendent enfuite à la fainte
table, en commençant par les hommes : tandis que la cêne dure, le
chantre lit quelques chapitres de la bible, & entonne plufieurs pfeaumes. Ce leéteur n'appartient pas à l'ordre eccléfiaftique : ce n'eft qu'un
laïque, fouvent même un artifan. Toute la communion finit par une
priere & une exhortation analogue au fujet, que l'affemblée couronne
en entonnant le cantique de Saint Siméon : *Nunc dimittis , &c.*

Les calviniftes folemnifent les dimanches comme toutes les autres
communions chrétiennes. Leurs temples, privés de toute efpece d'ornement, ne préfentent pas dans ces fêtes un plus grand éclat aux yeux
du fpeétateur, qu'aux autres jours de la femaine. La principale cérémonie qu'on y obferve, confifte à prêcher ces jours-là trois fermons :
cette obligation eft de rigueur dans toutes les églifes calviniftes. Avant
le fermon, le leéteur du temple lit quelques chapitres de la bible, &
entonne fucceffivement plufieurs pfeaumes : le miniftre monte enfuite
en chaire, ordonne le chant d'un autre pfeaume, & récite une priere
en forme d'*oremus* , que lui-même il a compofée. Immédiatement
après la priere, le miniftre ouvre la bible, dans laquelle il lit le texte
qu'il doit paraphrafer dans fon difcours : après le fermon, le miniftre

fait une feconde priere, entonne l'autre pfeaume, & congédie les
fideles en leur donnant fa bénédiction. De toutes les folemnités obfervées chez les catholiques, les calviniftes ont jugé à propos de n'en
retenir que quatre, qui font, noël, pâques, la pentecôte & l'afcenfion.
Il eft cependant quelques pays où les réformés choment le premier
jour de l'année.

Les églifes calviniftes font gouvernées par des confiftoires, compofés du corps entier des pafteurs, anciens & diacres d'une églife. Ce
font les miniftres qui préfident dans ces affemblées : c'eft à eux qu'il
appartient de prêcher & d'inftruire les fideles des devoirs de la religion,
d'adminiftrer les facremens, de cenfurer, & de faire la paix dans les
familles défunies, & de vifiter les malades. La charge de miniftre, femblable à celle des curés catholiques, eft à vie, & l'on ne dépofe quelqu'un du miniftere que pour des crimes avérés, & après leur avoir
fait leur procès.

Lorfqu'il fe préfente quelque difficulté à approfondir, les églifes
calviniftes s'affemblent en fynode (*fig.* 203).

Ces fortes de conciles font nationaux ou provinciaux. Lorfque les
réformés avoient un afyle en France, la loi vouloit qu'ils s'affemblaffent
au moins une fois l'an. Ceux des provinces-unies fe tiennent réguliérement deux fois l'année, vers le mois de mai & vers le mois de fep-
tembre : chaque églife y députe un miniftre; & fi elle en a plufieurs,
chacun eft députe à fon tour. Le miniftre député mene avec lui un
ou deux anciens pour lui fervir de confeillers : fi l'églife eft médiocre,
il fuffit qu'elle envoie fon député une fois par an, pourvu qu'elle écrive
une lettre de foumiffion au fynode.

Chacune de ces affemblées a un préfident ou modérateur, & un ou
deux fecrétaires : « La charge du préfident, dit la difcipline, eft de con-
» duire toute l'action, d'avertir des lieux, des jours & des heures aux-
» quels on doit s'affembler pour les feffions du fynode, de propofer
» les matieres qui doivent faire l'objet des délibérations, de recueillir
» les fuffrages, de faire obferver l'ordre & la difcipline, & de pré-
» fider aux cenfures que le fynode a droit de prononcer ».

Aux charges de préfident & de fecrétaire qui ceffent avec le fynode,
il faut joindre celle d'*actuaire* : c'eft ainfi que les vallons appellent
ceux qui font dépofitaires des actes, & que nous appellerions *greffiers*.
L'actuaire doit fe trouver à chaque fynode, avec le coffre qui comprend les archives de l'affemblée : cette charge dure trois ans; & après

203.

cet intervalle, elle paſſe à une autre égliſe. D'ailleurs, l'actuaire rend compte au ſynode même, & non à ſon ſucceſſeur, des pieces qui lui ont été confiées pendant ſon actuariat.

Ces ſortes de ſynodes reſſemblent beaucoup aux conciles que l'on tenoit dans la primitive égliſe. La premiere ſéance commence à huit heures : alors le miniſtre du lieu où ſe tient l'aſſemblée, fait la priere, ou à ſon défaut, le modérateur du ſynode précédent : celui qui a fait la priere reçoit les lettres de créance des autres égliſes, puis on élit le préſident & le ſecrétaire. Cette élection eſt ſuivie d'une autre priere pour le ſynode, que l'on couronne par un ſermon que fait un miniſtre déſigné par le ſynode précédent : la cenſure ſuit immédiate-ment le ſermon ; & le même jour, le ſynode établit des commiſſaires pour examiner les étudians & les propoſans. Ces commiſſaires ſont ordinairement trois paſteurs & trois anciens : là, ſe font deux ſortes d'examens, dont l'un s'appelle préparatoire & l'autre péremptoire. Le premier a pour objet les étudians qui ont donné leurs noms au ſynode précédent pour être reçus propoſans : les commiſſaires les examinent avec la plus grande attention qu'il leur eſt poſſible ; & après s'être aſſuré de leur capacité, ils leur font ſigner la confeſſion de foi & les canons du ſynode de Dordrech, & ils les reçoivent.

L'examen préparatoire eſt celui que les propoſans ſubiſſent avant d'être reçus miniſtres. Après diverſes autres formalités preſcrites par le rituel calviniſte, on procéde à leur conſécration par l'impoſition des mains ; cette cérémonie eſt précédée, comme chez les catholi-ques, de trois proclamations publiées pendant trois dimanches conſé-cutifs, dans l'égliſe que le récipiendaire doit déſervir. L'ordination com-mence par un ſermon analogue à la circonſtance : enſuite l'ordinand lit au nouveau paſteur, placé devant lui à genoux, le formulaire de l'impoſition des mains : ce formulaire comprend une exhortation fort pathétique ſur les devoirs que la religion preſcrit aux paſteurs, & une priere, que l'ordinand prononce, les mains poſées ſur la tête du nouveau miniſtre : la priere étant finie, l'ordinand préſente la main au nouveau paſteur, en témoignage de ſon aſſociation au clergé calviniſte ; & tous ceux qui compoſent le conſiſtoire en font autant après lui. L'après-midi, ſi l'impoſition a été faite un dimanche, le paſteur qui vient d'être admis au miniſtere monte en chaire, & fait un ſermon à ſon nouveau troupeau.

Le conſiſtoire a ſeul le droit d'élire les anciens & les diacres : le
conſentement

confentement du peuple eft cependant néceffaire ; & c'eft pour cela qu'on les annonce par trois publications confécutives. Le troifieme dimanche, on les reçoit en préfence de l'affemblée : ces fortes de mi- niftres n'ont aucun caractere eccléfiaftique : ce ne font que des laïques, dont la charge ne dure communément que deux ou trois ans : auffi le formulaire de leur réception eft-il fort fimple : il ne confifte que dans une exhortation qu'on leur adreffe, & dans une priere dont on cou- ronne la cérémonie.

« L'office des anciens, dit la difcipline eccéfiaftique des églifes ré-
» formées de France, eft de veiller fur les troupeaux avec les pafteurs,
» faire que le peuple s'affemble, & que chacun fe trouve aux faintes
» congrégations, faire rapport des fcandales, en connoître avec les
» pafteurs &c ». La difcipline des pays-bas ajoute : « qu'ils doivent veil-
» ler fur les pafteurs & les diacres, faire la vifite paftorale, foit devant,
» foit après la cêne, pour confoler, enfeigner, empêcher que les fa-
» cremens ne foient profanés, & entretenir l'orthodoxie dans l'églife ».

L'office des diacres eft de diftribuer les aumônes aux pauvres, de vifiter les malades, les veuves, les orphelins, de pourvoir à l'adminif- tration des fonds confacrés à l'entretien des indigens, & à veiller à ce que ceux-ci n'abufent pas des aumônes qu'ils tiennent de la libéralité des fideles. Ces miniftres laïques des églifes réformées, rempliffent en quelques endroits une autre fonction, qui confifte à aller, accompagnés chacun d'un ancien, dans les maifons de la paroiffe pour annoncer la cêne à leurs fideles.

On fait que les prêtres des calviniftes, comme ceux des luthériens, ont le droit de fe marier. Ce privilége important n'a pas peu con- tribué à accréditer la réforme de Calvin : quelle que foit la qualité de celui qui veut fe marier, la loi exige qu'il faffe publier fon futur mariage par trois annonces. Deux ou trois jours avant la premiere, les mariés vont communément fe faire enregiftrer à l'hôtel-de-ville; & c'eft prefque toujours alors que l'on célebre les fiançailles (*fig.* 204), & que l'on fait le mariage. Ici, comme chez les catholiques & les luthériens, ce font les prêtres qui font les cérémonies de l'union con- jugale (*fig.* 205). Les calviniftes ne confiderent pourtant pas le ma- riage comme un facrement; cet engagement leur paroît néanmoins d'une affez grande importance pour mériter de fixer les regards du clergé, & exiger fon attache. D'ailleurs les cérémonies qu'ils y em- ploient, ne font pas uniformes : elles dépendent beaucoup des différens

Tome III. Q

uſages qui ſe ſont introduits dans les pays où les calviniſtes ſe ſont ſucceſſivement fixés. Les hollandois ſont de tous les peuples de cette communion, ceux qui y mettent plus de pompe & de magnificence : cette nation, d'ailleurs économe, ſobre & frugale, porte ſouvent ſes dépenſes juſqu'à l'excès lorſqu'il s'agit d'un mariage.

Lorſque les époux ont le bonheur de parvenir à la 25ᵉ année de leur mariage, ils renouvellent leurs premieres nôces à la face de l'égliſe ; & cette cérémonie s'appelle les *nôces d'argent* : s'ils accompliſſent les 50 ans, ils célébrent alors les *nôces d'or* : aux unes & aux autres, on imite les plaiſirs & les agrémens qui accompagnent les véritables nôces ; mais l'amour revient rarement ſe préſenter ſur une route auſſi battue ; & ces nôces répétées ne ſervent tout au plus, qu'à réchauffer l'amitié & à fortifier l'habitude qui, dans un long mariage, vaut ſouvent mieux que l'amour. Les perſonnes riches diſtribuent des médailles à l'occaſion de ces nôces d'or & d'argent ; & les poëtes du pays font des épithalames, ſouvent auſſi froides que les mariés qui ſont l'objet de leurs vers.

Les calviniſtes ne connoiſſent pas ce que les catholiques appellent le ſacrement de l'extrême-onction : lorſqu'un homme eſt ſur le point de mourir, le miniſtre vient le voir, & borne ſes ſecours ſpirituels à diverſes exhortations, propres à l'engager à demander à Dieu, devant lequel il va paroître, pardon des fautes qu'il peut avoir commiſes. Auſſitôt que le moribond a rendu l'ame, l'uſage veut que l'on ferme toutes les portes & les fenêtres : on enſevelit enſuite ſon cadavre, & l'on poſe le cercueil ſur deux tretaux, dans le veſtibule de la maiſon, que l'on tend ordinairement de noir, ainſi que le principal appartement du logis : c'eſt dans cet appartement que les parents du mort attendent, revêtus de noir & dans la poſture la plus grave, les viſites de leurs amis. Ceux qui annoncent la mort de quelqu'un, ſont auſſi chargés d'indiquer le jour & l'heure de ces complimens de condoléance ; & l'annonce de l'un & de l'autre ſe fait ordinairement par des billets : le jour deſtiné à cette cérémonie ſuit ou précéde celui de l'enterrement, ſelon que les parents le jugent à propos. Quant au convoi, on le fixe en quelques endroits à vingt-quatre perſonnes, toutes vêtues de noir, & choiſies parmi les principaux parents & amis du

 défunt (*fig. 206*). Si l'enterrement ſe fait aux flambeaux, le convoi eſt éclairé par autant de lanternes qu'il y a de pleureurs : chaque lanterne contient deux ou trois chandelles ; & des gens gagés les

portent à côté de chaque colonne. A la Haye, & en diverſes autres
villes de Hollande, on traîne le mort dans un chariot deſtiné aux enterremens, drapé, & ſuivi de pluſieurs carroſſes où ſont les parents
& les amis. Autrefois, les femmes aſſiſtoient aux enterremens comme
les hommes ; mais cet uſage eſt demeuré aux gens de la campagne
& à quelques régions de la Friſe. En Hollande, le deuil eſt beaucoup plus long qu'il n'eſt en France : indépendamment des habits de
deuil & du manteau noir, les hollandois portent auſſi pendant fort
long-temps au chapeau, un crêpe fort large qui deſcend juſqu'au
milieu du dos : les femmes ont des coëffes de deuil qui leur cachent
tout le viſage pendant des mois entiers (*fig.* 199).

Figures.

199.

ARTICLE XI.

Cérémonies religieuses de l'église anglicane.

Il n'eſt pas de région en europe, ſi ce n'eſt la Hollande, où l'on trouve plus de religions qu'en Angleterre : toutes, à l'exception de la romaine, y ſont tolérées ; & cette derniere même, quoique proſcrite par divers édits ſanglans, vient néanmoins d'obtenir quelque relâche de la part du gouvernement, aujourd'hui trop éclairé pour autoriſer la perſécution. Mais de toutes les croyances qui ſont reçues dans cette île, celle des épiſcopaux eſt la dominante ; c'eſt pourquoi on l'appelle l'égliſe anglicane. Cette religion, entée comme toutes celles de l'europe, ſur celle des latins, doit ſa naiſſance à Henri VIII : ce prince, indigné de ce que le pontife romain s'étoit refuſé à diſſoudre ſon mariage avec Catherine d'Arragon, réſolut d'anéantir dans ſes états la communion romaine, dont lui-même avoit été le défenſeur. Il reſpeĉta cependant la plupart des dogmes & des cérémonies de l'égliſe romaine ; & ſa réforme ne frappa proprement que ſur la hiérarchie. Edouard VI, ſon fils & ſon ſucceſſeur, acheva de détruire la religion de ſes peres, en introduiſant dans le royaume la réforme des proteſtans. Cependant, ce prince vécut trop peu pour conſommer entiérement ſon ouvrage ; & l'égliſe anglicane n'avoit pas encore pris toute ſa conſiſtance lorſqu'il vint à mourir. La reine Marie, qui lui ſuccéda, princeſſe auſſi zélée pour le catholiciſme que ſon frere avoit été ardent à le perſécuter, étouffa dans ſa naiſſance les opinions nouvelles qui venoient de s'introduire en Angleterre ; &, jalouſe de ſignaler ſa piété barbare en répandant le ſang d'une foule de proteſtans, elle fit impitoyablement égorger tous ceux qu'elle croyoit propres à s'oppoſer à ſes deſſeins. Ces cruautés déplacées, en la rendant odieuſe aux deux partis, ne fit qu'irriter celui des réformés : ils mépriſerent les ſupplices que leur faiſoit ſouffrir cette princeſſe ; & du ſang de leurs martyrs, ſortit une multitude de perſonnages qui encouragerent l'égliſe perſécutée. A la reine Marie, qui ne régna que cinq ans, ſuccéda ſa ſœur Eliſabeth : autant la premiere avoit montré de courage & de fermeté à cimenter la religion catholique dans ſes états, autant celle-ci témoigna d'éloignement pour le pape & pour ſa doĉtrine :

c'eft à cette reine, fi fameufe dans les annales de l'Angleterre, que l'églife anglicane doit l'état dont elle jouit aujourd'hui. Jaloufe d'écarter pour jamais de fes états la religion romaine, dont la difcipline s'oppofoit peut-être à fon ambition, elle affembla dans la ville de Londres, un fynode où furent réglés les principaux points de la nouvelle doctrine. Ici, comme à Ausbourg, on parut ménager & les dogmes de l'églife catholique, & ceux des proteftans : on prit un milieu entre les uns & les autres. L'ordre hiérarchique, profcrit en France par Calvin, fut confervé; & fur plufieurs articles importans, on s'écarta des opinions de Luther & du novateur françois. Voici en fubftance la théologie de cette églife.

Elle reconnoît tous les dogmes qui font la bafe de la religion chrétienne ; tels font ceux de l'exiftence de Dieu & de fes divins attributs, de la trinité, de l'incarnation, de la defcente de Jéfus-Chrift aux enfers, & fa réfurrection. Quoique perfuadée que l'écriture fainte fuffit pour déterminer la foi des chrétiens, elle admet cependant le fymbole de Nicée, celui de Saint Athanafe & celui des apôtres : en condamnant le pélagianifme & le femi-pélagianifme, nés autrefois dans le fein même de l'Angleterre, elle reconnoît le libre arbitre & le mérite des bonnes œuvres : elle reconnoît, comme les catholiques, l'exiftence d'une églife, affemblée des fideles dans laquelle on enfeigne la pure parole de Dieu; mais elle déclare que cette églife vifible, quoique dépofitaire de l'évangile, n'a pas le droit d'obliger à croire ce qui ne s'y trouve pas renfermée; & par une conféquence néceffaire de ce principe, elle nie l'infaillibilité des conciles généraux. L'églife anglicane ne reçoit, comme les calviniftes, que deux facrements, le baptême & la cêne : elle nie formellement la tranfubftantiation, & croit, comme les églifes réformées, qu'on ne reçoit Jéfus-Chrift que fpirituellement & par la foi. La communion fe fait chez elle fous les deux efpeces; & elle nie que l'euchariftie foit un véritable facrifice : elle rejette abfolument les indulgences, les reliques & les images : elle condamne le célibat des prêtres. Sa hiérarchie eft cependant à peu-près la même que celle des catholiques : elle eft compofée d'archevêques, d'évêques, de prêtres & de diacres. Le fouverain d'Angleterre eft le chef fuprême de la religion depuis qu'on y a profcrit l'autorité du pape. Cependant ce prince n'exerce fur l'églife qu'un pouvoir purement temporel; & fa dignité ne lui donne aucun droit fur tout ce qui peut être relatif à la croyance.

Nous avons dit que l'égl se anglicane admettoit la cêne d'une maniere à peu-près femblable à celle dont Luther prefcrivit la croyance à fes difciples : voici comme on célebre à Londres ce facrement. La liturgie exige d'abord que l'autel foit couvert d'une belle nappe blanche, comme le font ceux des catholiques ; le miniftre qui doit célébrer ce jour-là, s'y préfente avec toute la décence & le recueillement qu'exige une fi grande cérémonie ; monté à l'autel, il paffe du côté du nord, récite l'oraifon dominicale & le décalogue, & à chacun des préceptes de la loi, l'affemblée dit à genoux, *Kyrie eleifon* ; après cela, vient une collecte pour le roi, que le célébrant récite de bout ; enfuite la collecte du jour, l'épître, l'évangile & le fymbole de Conftantinople. Tandis qu'on chante l'évangile & le fymbole, le peuple fe tient debout, comme cela fe pratique chez les latins ; après la confeffion de foi, le prêtre monte en chaire, publie les annonces de mariage, & débite à fon auditoire un fermon analogue à la fête que l'on folemnife.

Après le fermon, le célébrant retourne à l'autel, & procéde à l'offertoire, en difant plufieurs fentences tirées de l'écriture fainte ; vient enfuite la priere *pour toute l'églife militante*, après laquelle le prêtre invite toute l'affemblée à fe confeffer à Dieu, avant de s'approcher de la fainte table : cette confeffion fe fait à genoux ; elle eft couronnée par une abfolution que le prêtre prononce debout, à laquelle il ajoute quelques paffages du nouveau teftament. Pour fixer entiérement l'efprit des communians à l'action importante qu'ils vont faire, le célébrant entonne une préface femblable à celle qui fe trouvent dans la liturgie catholique ; elle eft fuivie du *Trifagium* ; & le prêtre prononce la confécration en ces termes : « Ecoutes nos prieres, ô Pere de miféricorde, & nous fais la grâce que, recevant *ces créatures* de pain & » de vin, felon la fainte inftitution de Jéfus-Chrift, en commémoration de fa mort & de fa paffion, nous puiffions être faits participans de fon corps & de fon fang précieux, qui, en la même nuit » qu'il fut livré, prit du pain, & ayant rendu grâce, le rompit, & » dit : *prenez, mangez, ceci eft mon corps, qui eft rompu pour vous ;* » *faites ceci en mémoire de moi ;* de même après le foupé, il prit la » coupe, & ayant rendu grâce, il la leur donna, en difant : buvez-» en tous : *ceci eft mon fang, le fang du nouveau teftament qui eft répandu pour vous en rémiffion de vos péchés ; faites ceci, toutes les » fois que vous en boirez, en mémoire de moi* ».

Le prêtre se communie alors le premier, il communie ensuite les autres prêtres & les diacres, s'il y en a, & enfin le peuple (*fig. 207*). Tous reçoivent la communion à genoux; *ils la reçoivent dans leur main*, dit expressément la liturgie, parce que l'usage de la recevoir dans la bouche, de la main du prêtre, paroît favoriser le système de la transubstantiation : en donnant la communion, le célébrant prononce sur chaque espece une petite priere. La rubrique de la liturgie ajoute, que si le pain & le vin destinés à la communion viennent à manquer, le prêtre doit en consacrer davantage; & qu'au contraire, s'il en reste après la communion, le prêtre retournera à l'autel, y posera respectueusement ce qui reste des *élémens consacrés*, & les couvrira d'un linge blanc. La communion est suivie de l'oraison dominicale & de quelques prieres d'actions de grâces; on chante aussi le *Gloria in excelsis*, & cette hymne est couronnée par la bénédiction que donne le célébrant, en congédiant les fideles.

Chaque paroissien doit communier pour le moins trois fois l'année; la plus solemnelle de ces communions est fixée au temps pascal : « Chaque paroissien, dit la rubrique, payera alors les droits » ecclésiastiques au recteur, au vicaire, au substitut, ou à ceux qu'ils » auront commis à cet effet ». Dans les églises cathédrales & collégiales où il y a plusieurs prêtres, il est d'usage de communier tous les dimanches, à moins que de justes motifs ne s'opposent à cet acte de dévotion. La liturgie anglicane ne permet pas au prêtre de célébrer la cêne, sans qu'il y ait un nombre convenable de personnes pour communier avec lui : cette défense est de rigueur, & les curés doivent s'y assujettir, quelque médiocre que soit le nombre de leurs paroissiens.

La liturgie anglicane est encore surchargée d'un grand nombre de fêtes, que l'église n'a pas cru devoir supprimer, & leur calendrier en comprend presqu'autant que celui des catholiques romains. Le dimanche est sur-tout solemnisé en Angleterre, avec une piété & un recueillement qu'on ne trouve en aucun état chrétien : en Hollande, on profane ce beau jour par le travail, même par diverses opérations publiques, pourvu qu'on soit muni d'une permission du magistrat; en France, la plupart des gens du monde l'emploient aux spectacles, aux concerts, aux divertissemens; en d'autres pays, on le profane publiquement par divers excès beaucoup plus criminels encore ; mais en Angleterre, ce saint jour est entiérement consacré à la piété

Figures.

207.

publique : il n'y eſt pas même permis de jouer dans ſa propre maiſon, ni de chanter aucune chanſon profane ; & ſi les gens riches ſe ſouſtraient quelquefois à la regle, ils ſe cachent ordinairement de leurs domeſtiques, pour qu'ils ne ſoient pas ſcandaliſés par ces procédés : il eſt cependant libre en Angleterre d'aller ou de ne pas aller à l'égliſe, & l'on n'y connoît pas cette eſpece d'inquiſition, dont on fait uſage à Genève & en divers endroits de la Suiſſe, pour forcer les citoyens à aſſiſter à l'office divin.

L'égliſe anglicane a conſervé l'uſage du jeûne, obſervé depuis ſi long-temps dans l'égliſe romaine. La plupart des fêtes ont leurs vigiles, pendant leſquels la liturgie preſcrit le jeûne & l'abſtinence : le carême eſt le même chez les anglois que chez les latins : ce qui ſe pratique chez ceux-ci, dans ces temps de mortifications, fait auſſi un objet important du rituel anglican. Les rois d'Angleterre pratiquent une cérémonie le jeudi-ſaint, qui eſt manifeſtement émanée du lavement des pieds qui eſt demeuré dans l'égliſe romaine : ces monarques font ce jour-là des aumônes à autant de pauvres qu'ils ont d'années : ces pauvres ſont conduits dans une ſalle de Whiteall, où ils trouvent une table très-bien ſervie : on donne à chacun d'eux un plat de poiſſon, ſix petits pains, une bouteille de vin, de la bierre, du drap pour un habit, de la toile pour deux chemiſes, des bas, des ſouliers & deux bourſes de cuir rouge, dont l'une contient autant de petites pieces d'argent, & l'autre autant de ſchellings que le roi régnant a d'années. Autrefois ce Prince lavoit lui-même les pieds à ces pauvres ; mais le ſeul acte d'humilité qu'il faſſe aujourd'hui, conſiſte à leur diſtribuer lui-même les préſens.

On a dit que la hiérarchie anglicane, étoit à peu-près la même que celle des catholiques romains : elle comprend des archevêques, des évêques, des prêtres & des diacres : les archevêques ſont ceux de Cantorbéry & d'Yorck : l'un porte le titre de *primat de toute l'Angleterre*, & l'autre ſeulement celui de *primat d'Angleterre* : la juriſdiction des évêques eſt la même que celle dont ceux de Rome font uſage dans leur dioceſe : quant aux fonctions des diacres, elles ont été réduites au point où elles étoient dans l'égliſe primitive : elles conſiſtent à pourvoir aux beſoins des pauvres, à aſſiſter le prêtre dans la célébration de la cêne, à bénir ceux qui ſe deſtinent au mariage, à baptiſer, à faire enterrer, & enfin à prêcher & à lire au peuple l'écriture ſainte & les homélies.

L'ordination

L'ordination de ces diacres confifte dans une exhortation qui leur eft faite, après laquelle un archidiacre les préfente à l'évêque : le prélat, après avoir demandé à l'archidiacre, s'il les a examinés & trouvés dignes du diaconat, s'adreffe au peuple, tant pour favoir s'il n'y a aucun empêchement canonique à leur élection, que pour les recommander aux prieres des fideles : après ces prieres & quelques litanies, on lit au récipiendaire une partie du Chapitre III de la premiere épître à Timothée : l'évêque reçoit enfuite des ordinans, le ferment de fuprématie, & il leur demande, s'ils croyent avoir la *vocation intérieure du Saint-Efprit* au diaconat : fur l'affirmative, l'évêque met le nouveau teftament entre les mains des diacres, leur donne le pouvoir de lire & de prêcher la parole de Dieu ; puis il fe communie, & les communie auffi : la cérémonie finit par une priere convenable, & par la bénédiction.

L'ordination des prêtres fe fait à peu-près de la même maniere : ce qui la différencie de celle des diacres, c'eft l'impofition des mains : l'évêque, en les leur impofant, emploie cette formule, qui fait la confécration chez les anglicans : « Recevez le Saint-Efprit ; les péchés » feront remis à ceux à qui vous les remettrez, &c. Soyez fideles dif-» penfateurs de la parole de Dieu & des facremens ».

On a dit que le roi d'Angleterre étoit le chef de l'églife anglicane, & que tous les membres de l'état, & fpécialement le clergé, font obligés de lui prêter ferment de fuprématie : c'eft en cette qualité, qu'au jour de fon couronnement, il eft revêtu du furplis, de l'étole, & de la dalmatique. Lorfqu'il vient à vaquer un évêché, les chanoines de la cathédrale en donnent avis au roi, & lui demandent la permiffion d'élire un autre évêque : ce prince, en la leur accordant, nomme celui qu'il deftine à remplir cette dignité ; après quoi le doyen & le chapitre recueillent férieufement les fuffrages, & font l'élection du fujet nommé par le roi : le nouvel évêque rend hommage à ce prince, prête ferment, & paye la régale. Le roi d'Angleterre jouit d'ailleurs de plufieurs autres prérogatives, en qualité de chef de l'églife : c'eft à lui qu'il appartient de faire des ordonnances touchant les cérémonies & les rites, de concert avec les commiffaires eccléfiaftiques & métropolitains ; de permettre la convocation des fynodes, & de donner force de loi aux décrets qui y font publiés.

Le clergé de l'églife anglicane pratique l'excommunication comme celui des latins. Il en diftingue deux fortes : la premiere appellée mineure, retranche de la communion celui qui, après une citation juridique, refuse de comparoître au tribunal de la cour eccléſiaſtique : la ſeconde, nommée l'excommunication majeure, retranche le coupable, non-ſeulement de la communion, mais elle l'exclut auſſi des affaires civiles : celui qui en a été frappé ne peut être entendu dans aucun tribunal, pas même en qualité de témoin : l'évêque peut donner à un ſeul prêtre, conjointement avec ſon official, le pouvoir de lancer l'excommunication mineure ; mais ce prélat a ſeul le pouvoir de déployer l'excommunication majeure : cette punition rigoureuſe ne s'emploie ordinairement que contre les crimes capitaux & bien prouvés, tels que l'héréſie, l'inceſte & l'adultere. Il eſt une peine ſpirituelle, dont l'égliſe anglicane fait quelquefois uſage, & qui eſt bien plus terrible encore que l'excommunication majeure ; c'eſt l'anathême : en lançant cette foudre, l'évêque déclare l'hérétique ennemi de Dieu, & abandonné à la damnation éternelle : cette punition eſt ſi redoutable, que la loi veut qu'elle ne ſoit jamais infligée qu'en préſence du doyen & du chapitre, ou de douze autres miniſtres.

Les temples des anglois, quoique moins dépouillés d'ornemens que ne le ſont ceux des calviniſtes, ne ſont cependant pas ſi décorés que ceux des catholiques romains : ils n'ont proprement que deux parties, la nef & le chœur : la premiere eſt celle où ſe tient le peuple ; & le chœur eſt deſtiné aux prêtres & à tous ceux qui appartiennent au clergé : il eſt cependant des égliſes en Angleterre qui retracent encore l'image de leur ancienne deſtination : telle eſt celle de Saint Paul à Londres, dont la diſtribution eſt la même que celles qui ſont en France & dans les autres pays catholiques. D'ailleurs la dédicace des égliſes angloiſes eſt fort ſimple : elle ne conſiſte qu'à les offrir à Dieu par des prieres, ſuivies d'un ſermon.

La publication des bans eſt en uſage en Angleterre comme parmi nous : lorſqu'on a rempli cette formalité & pluſieurs autres qui tiennent aux intérêts civils, on fixe le jour deſtiné à la célébration du mariage : les futurs époux, accompagnés de leurs parents & de leurs amis, ſe rendent dans la nef de l'égliſe, & ſe préſentent au prêtre, l'époux étant à la main droite de l'épouſe : celui-ci fait une exhortation générale ſur les devoirs du mariage, & engage ſpécialement les époux à déclarer s'il n'y a pas d'obſtacle à leur union : s'il arrivoit que le jour du mariage, quelqu'un ſe préſentât pour y mettre oppoſition, la loi veut qu'on differe la cérémonie juſqu'à la preuve

du fait qu'on oppofe, pourvu que le délateur dépofe la valeur des
frais que cet incident pourroit occafionner aux futurs conjoints, s'ils
font bien dans l'intention de s'unir par le lien des époufailles : puis
ils fe donnent réciproquement la foi, en fe prenant tour-à-tour par
la main ; & en fe difant mutuellement : « Je te prends pour ma femme
» (ou pour mon mari), & je te promets de te garder depuis ce jour,
» foit que tu deviennes meilleure ou pire, plus riche ou plus pau-
» vre, malade ou faine, de t'aimer, de te chérir felon les comman-
» demens de Dieu, jufqu'à ce que la mort nous fépare ; & je
» t'en donne ma foi ». Le mari donne enfuite à la femme un anneau, qu'il met fur le livre avec les honoraires du prêtre & du clerc :
le prêtre prend cet anneau, le donne à l'époux pour le mettre au
quatrieme doigt de la main de fa future ; en le mettant, il répete
après le prêtre : « Je t'époufe de cet anneau, je t'honore de mon
» corps ». L'un & l'autre fe mettent à genoux : le prêtre prie, leur joint
les deux mains droites après la priere, & leur donne la bénédiction
nuptiale : le prêtre & le clerc s'approchent alors de l'autel, & chantent un pfeaume : les mariés s'approchent enfin & fe proflernent
à genoux devant l'autel, & le prêtre lit auprès d'eux les litanies.

On fait que les mariages clandeftins font très-fréquens en Angleterre : « la loi veut, dit l'auteur des mémoires & obfervations fur les
» anglois, que les annonces foient publiées : mais l'ufage ou la cu-
» pidité a mis des bornes à ce fage réglement : on achette ce qui
» s'appelle des difpenfes, & l'on fe marie dans fon cabinet ou dans
» un cabaret, en préfence de deux amis qui fervent de témoins :
» & voilà qui eft conclu pour jamais. Il y a pis ; on peut même fe
» marier fans difpenfe, il y a des chapelles privilégiées pour cela : pre-
» nez les deux premieres perfonnes rencontrées au hafard, deux men-
» dians fi vous voulez, allez vous-en avec eux à l'églife privilégiée, fi
» matin qu'il vous plaira ; le curé vous y mariera, fans que le roi
» ni le parlement puiffent vous démarier. On en eft quitte pour deux
» écus » (*fig.* 208).

Le même auteur qui nous a fourni ces détails, va nous tracer
la marche obfervée dans les nôces. « Les perfonnes de qualité, dit-
» il, & celles qui les imitent, ont la coutume de fe marier le foir
» fort tard dans leur chambre ou à la campagne : on donne les li-
» vrées de nôces, des nœuds de rubans que les conviés portent at-
» tachés fur le bras ; & cela s'appelle des *faveurs ;* non-feulement

» on en donne à ceux de la nôce, mais même à plus de cinq cents
» perfonnes : on en envoie, on en diſtribue de côté & d'autre à
» ſes connoiſſances : quand parmi les perſonnes de médiocre con-
» dition, on veut faire la débauche de ſe marier en public, ce qui
» arrive rarement, on prie ſes parents & ſes amis ; chacun s'habille
» de neuf & plus proprement qu'à l'ordinaire : c'eſt, nous dit-on,
» une choſe toujours ridicule, que d'aller aux nôces ſans un habit
» neuf : les hommes conduiſent les dames ; on monte en carroſſe,
» & l'on va ainſi ſe marier en plein-midi à l'égliſe : les divertiſſe-
» ments ſuivent : c'eſt-là l'extraordinaire, mais l'ordinaire eſt *incog-*
» *nito*. Le fiancé & la fiancée, conduits par leurs pere & mere ou
» par ceux qui les repréſentent, & accompagnés chacun de deux
» paranymphes, leurs amis, s'en vont, munis de leurs diſpenſes, faire
» lever le curé & ſon clerc, lui diſent leurs raiſons, ſe marient à
» voix baſſe & à huis clos, donnent la guinée au miniſtre, l'écu au
» curé, échappent enſuite, l'un d'un côté, l'autre de l'autre, vont ſe
» rendre dans un cabaret ou dans la maiſon de quelques amis ; après
» quoi on ſe raſſemble dans quelqu'autre lieu marqué ; on fait un
» bon repas, & vers le ſoir on ſe rend ſans bruit au logis : ſi les
» violons étoient avertis de ce mariage, ils viendroient dès le point
» du jour, faire le vacarme : il faudroit leur donner de l'argent : avant
» de ſe coucher on boit un coup ; & quand l'heure eſt venue, les
» paranymphes mâles ôtent les jarretieres à l'épouſe, qui les avoit dé-
» nouées pour les laiſſer pendre : les jarretieres ſont attachées aux cha-
» peaux des galans. Les paranymphes femelles menent la mariée au
» lit nuptial ; elles la déshabillent & la couchent : il faut qu'elle jette
» ou perde toutes ſes épingles ; malheur à la mariée s'il lui en reſte
» une ſeule ; malheur auſſi aux jeunes paranymphes ſi elles en gardent
» quelques-unes ; car, elles ne ſeront pas mariées avant pâques. Il
» eſt inutile d'ajouter que toutes les femmes de la parenté conduiſent
» la nouvelle mariée au lit nuptial : les jeunes hommes, parents ou
» amis, y accompagnent le marié : ces jeunes gens prennent les bas
» de l'épouſe, & les filles ceux de l'époux : les uns & les autres
» s'aſſeyent au pied du lit, & chacun jette ces bas par-deſſus ſa tête,
» en tâchant de les faire tomber ſur celles des mariés : ſi les bas de
» l'homme jetté par la fille, tombent ſur la tête du marié, c'eſt ſigne
» qu'elle ſera bientôt mariée elle-même : tel eſt auſſi le pronoſtic des
» bas de la femme jettés par les garçons : ſouvent il ſe fait des

» engagemens fondés fur le préfage de la chûte des bas, quoiqu'eux
» mêmes ne regardent cela que comme un vrai badinage, pendant le-
» quel on va préparer le *poffet* : ce poffet eft une efpece de chaudau ;
» cette boiffon eft deftinée aux mariés, & l'on fait affez pourquoi on
» en rapporte un autre le lendemain, que l'on appelle fak-poffet ».

La planche qui porte ici le titre de ferment de la fille enceinte
(*fig.* 209), nous oblige à rendre compte d'un ufage obfervé en
Angleterre : fi une fille fe trouve enceinte, & qu'elle veuille fe dé-
barraffer du foin de nourrir l'enfant auquel elle doit donner le jour,
elle jette les yeux fur quelque homme riche, & le défigne pour com-
plice de fon crime. Souvent elle s'adreffe à une perfonne qu'elle n'a
jamais vue : elle fe rend enfuite chez un juge de paix, devant lequel
elle appelle le prétendu pere ; & en fa préfence, elle jure fur la bible, qu'un clerc lui préfente : « qu'elle déclare pour pere de l'enfant
» qui doit naître, un tel, par elle affigné devant le juge de paix ».
Cet homme, tout innocent qu'il foit, eft déclaré autentiquement
pere par cette formalité de juftice, & condamné à une amende ar-
bitraire, & au payement d'une fomme d'argent deftiné à l'entretien de l'enfant.

209.

Les anglois n'ont pas de jour déterminé pour conférer le baptême aux enfans (*fig.* 209). La liturgie defire cependant que ce facrement foit toujours adminiftré le dimanche & les fêtes ; mais les
circonftances ne ceffent d'apporter des exceptions à cette regle. Les
garçons ont deux parrains & une marraine, & les filles n'ont qu'un
parrain & deux marraines : ces parrains & ces marraines fe rendent
auprès des fonts avec les enfans, immédiatement après les dernieres
leçons du matin & du foir. Là, le prêtre fe tenant debout, leur fait
les demandes ordinaires : après quoi, fuivent les prieres, une leçon
touchant le baptême, l'abjuration du démon, & la confeffion de foi
que le prêtre exige des parrains & des marraines. Le miniftre prend
enfuite l'enfant entre fes mains, en ordonnant aux parrains & aux
marraines de le nommer ; & en le nommant après eux, il le plonge
doucement dans l'eau : fi la foibleffe de l'enfant ne lui permet pas
de fupporter l'immerfion, la liturgie permet au prêtre de lui verfer
de l'eau fur le vifage : après avoir prononcé la formule du baptême :
« Je te baptife au nom du Pere, du Fils & du Saint-Efprit » : il
fait le figne de la croix fur l'enfant, & la cérémonie eft couronnée
par la priere dominicale & une exhortation aux parrains.

Souvent il arrive, parmi les anglois, que l'on confere le baptême chez le pere & la mere de l'enfant, & cet ufage eft hautement condamné par les presbytériens. Si l'enfant furvit au baptême domeftique, il doit être préfenté à l'églife : le prêtre demande alors au parrain & à la marraine, « par qui & de quelle maniere cet enfant a été » baptifé »? S'il l'a été par le curé de la paroiffe, ce miniftre doit en faire fa déclaration publique : cette formalité eft fuivie de quelques prieres. Si l'on doutoit du baptême de l'enfant, ou qu'on fût qu'il eût été mal baptifé, le prêtre le rebaptiferoit publiquement, comme fi l'on n'eût jamais verfé fur lui les eaux de la régénération ; mais la liturgie exige qu'en pareil cas le miniftre emploie un formulaire conditionnel conçu en ces termes : « Si tu n'es pas déja » baptifé, je te baptife au nom du Pere, du Fils & du Saint-» Efprit ».

L'églife anglicane a confervé l'ufage de la confirmation, en lui refufant cependant la dignité de facrement. Ici, comme chez les catholiques, l'évêque eft le feul miniftre de cette cérémonie. Après que les enfans ont été fuffifamment inftruits des principes de leur religion, on les préfente à l'évêque, conduits chacun par un parrain & une marraine : tous fe placent devant le prélat, qui lit lui-même ce qu'on appelle la préface de la confirmation, efpece d'exhortation qui comprend l'importance de cette cérémonie : l'évêque fait enfuite réitérer à ceux qu'il va confirmer, tout ce que leurs parrains & marraines ont promis pour eux au baptême : cette déclaration fe termine par une priere. Les jeunes candidats fe mettent enfuite à genoux devant l'évêque, qui prononce encore une priere en pofant les mains fur leurs têtes. Une bénédiction termine cette cérémonie, dont l'églife anglicane a écarté le chrême qu'emploient en pareil cas les évêques de l'églife romaine.

Lorfqu'une perfonne eft malade, la liturgie anglicane veut qu'on avertiffe le curé de la paroiffe. Celui-ci, en entrant dans la maifon du moribond, doit dire : « Paix foit fur cette maifon & fur tous » ceux qui y demeurent » : arrivé au pied du lit, il fe met à genoux, adreffe à Dieu quelques prieres, & récite fur le malade les articles de foi, que celui-ci doit ratifier par fa réponfe ou quelqu'autre figne extérieur. Il examine enfuite le plus attentivement qu'il lui eft poffible la confcience du malade, & tâche de le rendre digne de paroître devant l'Eternel. La liturgie ajoute même que : « Si le malade

» trouve que fa confcience foit chargée de quelque fcrupule impor-
» tant, il fera exhorté de faire une confeffion particuliere de fes pé-
» chés, après laquelle le prêtre lui donnera l'abfolution ».

Les anglois n'ont pas l'ufage du viatique : il refte cependant dans leur liturgie des veftiges qui retracent encore cet ancien ufage de l'églife romaine. Lorfqu'un malade qui ne peut fe rendre à l'églife pour communier, defire de faire la cêne chez lui, il le fait favoir à fon curé dès le matin & même la veille : il l'avertit auffi du nombre de ceux qui fe difpofent à communier avec lui : on choifit alors un lieu convenable dans la maifon pour y adminiftrer ce facrement avec toute la dignité qu'il exige : après diverfes prieres, le prêtre fe communie, il communie enfuite les affiftans, & après eux le malade. Une circonftance mérite d'être obfervée ; c'eft que, dit la liturgie, « fi le malade ne fe trouve pas en état de communier à caufe de la » violence du mal, ou pour quelqu'autre empêchement légitime, le » prêtre affurera le malade qu'avec le fecours d'une repentance fincere » à la foi, il mange le corps & boit le fang de Jéfus-chrift, pour » le falut de fon ame, quoiqu'il ne reçoive point le facrement de » fa bouche ».

Dès qu'une perfonne eft morte, dit l'auteur des mémoires & des » obfervations fur les anglois, on eft obligé d'en avertir le miniftre » de la paroiffe, & ceux qui ont la commiffion de vifiter les corps » morts (*fig.* 208). Cet ordre fut établi après la pefte qui ravagea » Londres en 1665, afin qu'on pût favoir d'abord s'il y auroit des » maladies contagieufes, & qu'on y pût remédier. C'eft ordinaire- » ment deux femmes qui font ces vifites. Le clerc de la paroiffe » reçoit leur certificat, & il s'en fait chaque femaine un abrégé » qu'on imprime : on voit par cet abrégé, combien de perfonnes de » chaque fexe font mortes dans la femaine, de quelle maladie ou » par quel accident. Par acte de parlement, c'eft-à-dire par une loi » du pays, les morts doivent être enfevelis dans une étoffe de laine, » qu'ils appellent flanelle, fans qu'il foit permis d'y employer feule- » ment une aiguillée de fil de chanvre & de lin ; cette étoffe eft tou- » jours blanche, mais il y en a de plus ou de moins fine. Ces *habits* » *de mort* fe trouvent tous faits, à tous prix & de toutes grandeurs, » chez les lingeres & autres perfonnes qui ne s'occupent qu'à cela. » Après qu'on a bien lavé le corps & qu'on l'a rafé, fi c'eft un » homme à qui la barbe foit venue pendant fa maladie, on lui

» donne une chemise de flanelle, qui a communément une manchette
» gaudronnée au poignet, & une petite *campane* semblable qui ac-
» compagne de chaque côté l'ouverture de la chemise sur l'estomac:
» la chemise doit être plus longue que le corps étendu, d'un demi-
» pied pour le moins, afin qu'on y puisse resserrer les pieds du dé-
» funt comme dans un sac : quand on a ainsi plissé le bas de cette
» chemise tout joignant la plante du pied, on lie l'endroit plissé avec
» un fil de laine, de telle maniere que le bas ou l'extrémité de la che-
» mise fait une espece de houpe : on met sur la tête un bonnet, qu'on
» attache avec une assez large mentonniere, & on ajoute des gants &
» une cravatte, le tout de laine. Il y en a qui mettent au fond du
» cercueil environ quatre doigts de son; aulieu de bonnet, on donne
» aux femmes une certaine sorte de coëffure avec un bandeau. La
» biere dans laquelle le corps est couché est quelquefois magnifique :
» il est visité une seconde fois, pour voir s'il est enseveli avec de la
» flanelle, & s'il n'y a rien d'attaché avec du fil : on le laisse dans cet
» état trois ou quatre jours, & on a tout ce temps-là pour préparer
» le deuil & les funérailles : on envoie inviter par des billets, ou l'on
» fait une liste de ceux qu'on veut convier à ces funérailles. Avant
» que l'assemblée se forme pour le convoi funebre, on pose le corps
» dans son cercueil sur deux tabourets, dans une chambre où chacun
» peut l'aller voir, & pour cet effet on lui ôte de dessus le visage
» un petit quarré de flanelle, qui est fait tout exprès pour le couvrir:
» c'est en cette occasion que la richesse de l'équipage fait honneur
» aux vivans. Les parents, & particuliérement ceux du grand deuil, sont
» dans une chambre : le gros des conviés est répandu en divers au-
» tres endroits de la maison : quand on est prêt à partir, on cloue le
» dessus du cercueil, & des valets ou des servantes présentent aux
» conviés des bassins pleins de branches de romarin, & chacun en
» prend une qu'il porte jusqu'à ce que le corps soit mis dans la fosse :
» alors chacun y jette aussi sa branche de romarin. Avant qu'on parte
» & après qu'on est revenu, la pratique commune est de présenter à
» boire à l'assemblée, & chacun boit deux ou trois coups. Il faut
» remarquer qu'il ne va point d'hommes aux enterrements de femmes,
» comme il ne va point de femmes aux enterrements d'hommes ».

» Les paroisses ont toujours des draps mortuaires de différents prix
» pour en fournir à ceux qui font les frais d'un enterrement : ces draps,
» qu'ils appellent *pallo*, sont les uns de velours noir, les autres de

drap,

» drap, avec une bordure de toile ou de taffetas blanc, large d'un
» pied ou environ; pour un garçon; pour une fille ou pour une femme
» morte en couches, le drap eſt blanc; il ſe met ſur la biere, & il
» eſt ſi ample, que ſix ou huit hommes vêtus de noir, qui portent
» le corps ſur leurs épaules, ſont cachés ſous ce drap juſqu'à la cein-
» ture, & que les coins & tous les bords du drap pendent encore
» aſſez pour être portés ſelon l'uſage par des amis ou par des amies,
» ſelon l'occurrence (*fig.* 209). On donne ordinairement des gants
» blancs ou des gants noirs & des crepes noirs à ceux qui portent
» les coins du drap; ils portent auſſi quelquefois des écharpes de taf-
» fetas blanc. Tout étant prêt à partir, un ou pluſieurs bedeaux
» marchent les premiers, tenant chacun leur long bâton, au bout
» duquel eſt une groſſe pomme ou maſſe d'argent. Le miniſtre de la
» paroiſſe, ordinairement accompagné de quelques autres miniſtres &
» du clerc, marchent après, & le corps, porté comme je l'ai dit,
» ſuit immédiatement. Les parents en grand deuil, & tous les con-
» viés, deux à deux, ſont le reſte du convoi. L'ordinaire eſt qu'on
» porte ainſi le corps dans l'égliſe, au milieu de laquelle on le poſe
» ſur deux tretaux pendant qu'on fait, ou un ſermon contenant l'é-
» loge du mort, ou ſon oraiſon funebre, ou que l'on dit les prieres
» compoſées ou ordonnées pour pareille occaſion. Si l'on n'enterre
» pas le corps dans l'égliſe, on le porte au cimetiere de la même
» égliſe; alors le miniſtre fait ſur le bord de la foſſe le ſervice qui,
» autrement, ſe fait dans l'égliſe : il eſt enterré à la vue de tout le
» convoi qui environne la foſſe, & qui ne ſe retire que quand la
» foſſe eſt recouverte. Le convoi s'en retourne dans le même ordre
» qu'il eſt venu, & l'on boit encore chacun deux ou trois coups à
» la ronde. Parmi les perſonnes diſtinguées, on embaume ordinaire-
» ment les corps, & on les expoſe pendant quinze jours ou davantage
» ſur un lit de parade : après quoi on les tranſporte dans un chariot
» garni de drap noir & deſtiné à cet uſage, dans le lieu que le dé-
» funt s'eſt choiſi; ce chariot eſt ſuivi d'un cortége de caroſſes
» drapés ».

Après avoir expoſé la croyance & les cérémonies religieuſes des
anglois, nous penſons qu'il ne ſera pas inutile de placer ici une fête
ridicule, que l'on célebre tous les ans à Coventry, ville de la province de Warwick, & que l'auteur des mémoires & obſervations
ſur les anglois, a décrit de cette maniere. Sous le regne d'Edouard le

confesseur, dit-il, Geoffroy, seigneur de Coventry, ayant quelque sujet de plainte contre cette ville, la dépouilla de tous les priviléges dont elle jouissoit. Les habitans, après avoir mis en œuvre tous les moyens propres à les tirer de l'état d'opprobre & d'humiliation dans lequel ils avoient été plongés, penserent enfin que Godiva seule, épouse du prince, pouvoit mettre une fin à leurs malheurs. Ils allerent se précipiter à ses pieds, & la conjurerent d'intercéder pour eux auprès de Geoffroy, son mari : elle promit de le faire : ses premiers soins furent inutiles ; & telle étoit l'opiniâtreté du seigneur de Coventry, que les larmes de son épouse, ses prieres, ses représentations, ne purent l'ébranler. Cependant Godiva ne se rebuta pas ; elle importuna tant son mari, qu'enfin il lui promit de lui accorder sa demande, pourvu qu'elle remplît la condition qu'il alloit lui imposer : « Par Saint Matthieu, répondit la princesse, je ferai jusqu'à l'impossible pour délivrer Coventry de la servitude dans laquelle elle gémit. » Par Saint Thadèe, reprit Geoffroy, vous serez donc mise toute nue » sur une haquenée blanche, & promenée ainsi par toutes les rues » de la ville ». Godiva balança un peu ; mais comme elle avoit juré de faire même l'impossible, pour soustraire ses protégés au joug qui s'appesantissoit de jour en jour sur leur tête, elle accepta l'humiliante condition qu'on lui imposoit. Cette convention étant faite, elle fit publier à son de trompe, qu'un tel jour & à telle heure, chacun eût à se retirer, & qu'on ne laissât ni portes ni fenêtres ouvertes dans le temps qu'elle passeroit, sous peine de mort. Tous obéirent, à l'exception d'un boulanger, dont l'indiscrétion fut punie comme elle le méritoit ; & Godiva obtint ainsi la délivrance de Coventry. Une action aussi généreuse lui concilia les cœurs de tous ses sujets ; &, pour immortaliser la procession extraordinaire qui les avoit délivrés de la servitude, ils instituerent une fête en son honneur, & qui se célebre encore tous les ans. La statue de cette princesse, magnifiquement vêtue & ornée de fleurs, est portée annuellement dans la ville en procession solemnelle, au milieu des illuminations & des acclamations publiques : on voit aussi la statue du boulanger à la même fenêtre & dans la même posture où il étoit lorsqu'il fut arrêté. Celui qui demeure dans cette maison, est obligé de faire peindre tous les ans la statue, & de lui donner une perruque & un chapeau.

COUTUME *observée à* SCHERMERHORN *à la* PENTECÔTE.

COUTUME *de la* PENTECÔTE *à la* HAYE.   *L'*ETOILE *des* ROIS *promenée dans* AMSTERDAM.

Le BAPTÊME des LUTHERIENS d'AUGSBOURG.

Les FUNERAILLES des LUT...

Le MARIAGE des LUTHERIENS d'AUGSBOURG.

...UTHERIENS d'AUGSBOURG.

B. Picart sculp. direxit 1732.

L'IMPOSITION des mains faite à un CANDIDAT Lutherien reçu MINISTRE, dans l'Eglise de S.te ANNE à AUGSBOURG, en presence de 14. MINISTRES, et des MAGISTRATS qui ont la juridiction Episcopale.

RECEPTION d'un nouveau MINISTRE Lutherien dans L'EGLISE de S.t JAQUES à AUGSBOURG.

Le CATECHISME des ENFANS dans L'EGLISE des MINORITES, à AUGSBOURG.

La CONFESSION.

L'ABSOLUTION.

dans le Choeur de L'EGLISE de S.te ANNE à AUGSBOURG.

La COMMUNION des LUTHERIENS dans L'EG.

L'EGLISE des MINORITES à AUGSBOURG.

Tom III N° 12

DEVÏL de ZURICH.

DEVÏL d'AUGSBOURG.

DEVÏL des FRISONES.

DEVÏL de SARDAM.

Le BAPTÊME de R.

le RHINSBOURG.

Le BAPTÊME des REFORMÉS.

La COMMUNION des REFORMES.

ASSEMBLÉE de ceux qu'on appelle COLLEGIANS a Amsterdam.

Leur CENE a Rynsburg.

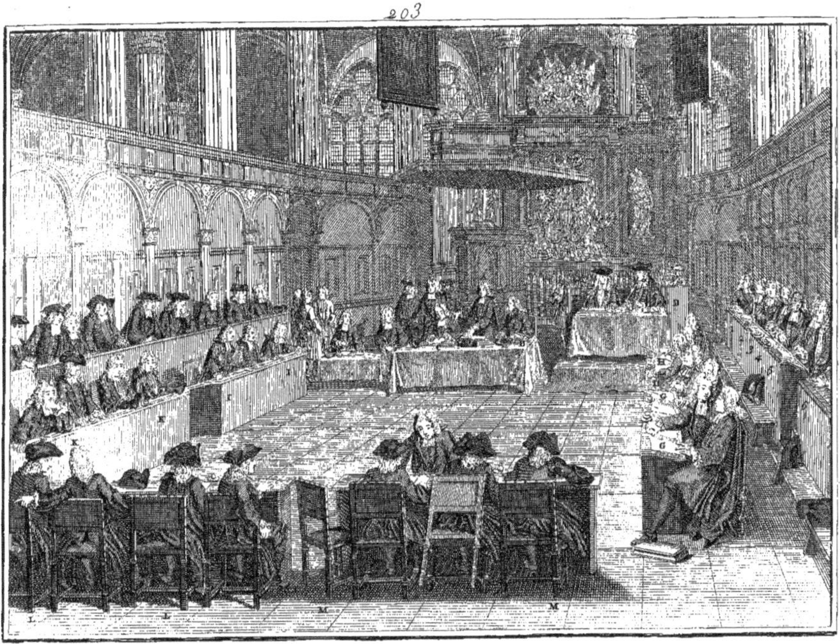

SYNODE *tenu dans le Chœur de* L'EGLISE NEUVE, *à* AMSTERDAM *en 1730.*

A. Le Président du Synode.
B. L'Assesseur C. le Secretaire.
D. le Commissaire Politique.
E. le Député des Magistrats d'Amsterdam.

P. Deux Députez les Synodes.
Les Députez des Classes Savoir.
G. Ceux d'Alkmaar H. Naarden.
I. Amsterdam K. Weesp.

L. Enkhuizen M. Edam.
Les Correspondans des Synodes Savoir.
1. Ceux de Gueldre.
2. de Sud-Hollande.

3. Utrecht 4. Frise.
5. Overyssel.
6. Groningue.
7. différens Pasteurs et Anciens.

R. Picart delin.

L'IMPOSITION *des mains faite à un* PROPOSANT *reçu* MINISTRE *dans une* EGLISE WALLONE *et* FRANÇOISE *de* HOLLANDE.

Tom. III. N.º 18.

A. Le Fiancé et la Fiancée sous un Miroir.
B. La Mere et les Parentes de la Fiancée.
C. La Mere et les Parentes du Fiancé.
D. Paranimphes qui vont au devant des Dames, et les presentent aux Fiancés.

FELICITATION
telle qu'on la fait aux
FIANCES
a Amsterdam.

E. Celles qui apres avoir fait leur Compliment se placent aux deux cotez de la Chambre.
F. Apartement ou les Nourrices vont feliciter les Parens apres avoir complimenté les Fiancés.
G. Confitures que l'on presente de tems en tems aux Dames.
H. Homme destiné dans les Ceremonies Nuptiales pour servir les Confitures, le Vin, et l'Hipocras.

B. Picart inventit et fecit 1734.

CEREMONIE appellée chez les Hollandois PALMKNOOPEN.

Qui consiste à nouer et assortir des fleurs, et des feuilles de trainasse qu'on jette aux MARIÉS le jour de leurs NOCES. De jeunes gens de l'un et de l'autre Sexe et invités
à cette Ceremonie font cet assortiment deux jours avant le mariage. On y mêle des feuilles d'or et d'argent, et l'on en applique aussi sur les feuilles de la trainasse.

A. le Fiancé, et la Fiancée.
B. la Servante qui leur jette des fleurs &c.
C. la Slée, ou Traineau, où les Fiancé vont entrer.

FIANCEZ
qui vont à L'EGLISE pour se
MARIER.

D. carosse pour les Paranimphes, et amis qui les acompagnent à l'Eglise. E. celui qui jette des Dragees au peuple, FF. garçons qui acompagnent le traineau pour ecarter la foule.

CEREMONIE du MARIAGE chez les REFORMEZ, à Amsterdam.
A. le Marié, et la Mariée. B. les Paranimphes, et amis. C. le Ministre. D. le Diacre avec la bourse, pour recevoir les Aumônes des Mariez.

Tom. III. N° 15.

CEREMONIES FUNÉBRES *comme on les fait à* AMSTE

CEREMONIES FUNÉBRES *comme on les fait à la* HA

*...STERDAM & en plussieurs villes de la **HOLLANDE**.*

*... HAYE, et en quelques autres villes de la **HOLLANDE**.*

La COMMUNION des ANGLIC

LICANS à SAINT PAUL.

Le MARIAGE CLANDESTIN.

Ceremonies FUNEBRES DOMESTIQUES chez les ANGLOIS.

Le SERMENT de la FILLE qui se trouve enceinte.

CONVOI Funebre des

Le BAPTÊME domestique.

des ANGLOIS.

ARTICLE XII.

Religion des Quakers.

La secte humaine & pacifique des quakers ou *trembleurs* (*fig.* 210), s'éleva en Angleterre parmi les troubles de la guerre sanglante qui traîna un roi sur l'échafaut par la main de ses sujets. Elle eut pour fondateur un cordonnier, nommé George Fox, né vers le commencement du dernier siecle, dans le comté de Leicester en Angleterre. Son caractere naturellement sérieux & atrabilaire, le dégoûta d'une profession mécanique, & lui fit quitter son atelier. Pour se détacher des affections de la terre & se livrer entiérement à la contemplation, il rompit toute liaison avec sa famille; & de peur de contracter de nouveaux liens, il ne voulut plus avoir de demeure fixe. Souvent il s'égaroit dans les bois, sans autre compagnie, sans autre amusement que sa bible : il nourrissoit alors son esprit de ces idées noires qui plaisoient tant à son humeur mélancolique : sans cesse il avoit sous les yeux l'appareil terrible du jugement dernier, les feux de l'enfer & l'abyme effrayant de l'éternité. Bientôt il parvint à se passer de la bible, quand il crut y avoir assez puisé l'inspiration des prophetes & des apôtres. Son cerveau, échauffé par une méditation continuelle & des mortifications multipliées, ne lui offrit plus que les plus hideux phantômes : à chaque pas, son imagination lui faisoit appercevoir une troupe de diables, semblables à ceux que la légende donne pour escorte à Saint Antoine, & dont l'objet étoit de le persécuter par leurs tentations. Pour triompher de tant d'attaques, sous lesquelles il craignoit si fort de succomber, il redoubla ses prieres, ses méditations, ses jeûnes & ses abstinences : tout cela ne fit qu'affoiblir de plus en plus sa raison & multiplier les chimeres qui le tourmentoient : bientôt ce ne furent qu'extases, que visions, que ravissements : tous les écarts de son imagination blessée furent autant de révélations célestes; & enfin il parvint à ce degré de folie qui fait communément le caractere des apôtres & des prédicans.

Ce fut alors qu'il chercha des profélytes : il ne lui fut pas difficile d'en trouver dans un temps & dans un pays où les délires de la religion enthousiasmoient toutes les têtes, troubloient tous les esprits :

il se mit à dogmatiser dans les places publiques : bientôt les cabarets, les temples, les maisons particulieres, les carrefours, tout retentit de ses exhortations pathétiques : « Quel est, disoit ce nouvel apôtre, » le culte que les chrétiens doivent rendre à Dieu ? c'est un culte » spirituel & intérieur fondé sur la pratique des vertus, & non sur » de vaines cérémonies. Quel est le véritable esprit du christianisme ? » c'est de réprimer ses passions, d'aimer ses freres, & de préférer la » mort au péché. Or, je vous le demande, dans quelle société trou- » verons-nous cette religion pure & intérieure ? sera-ce dans l'église » romaine ? sera-ce dans les églises réformées ? elles ont toutes renou- » vellé le judaïsme : leurs liturgies, leurs sacrements, leurs rits, sont » des restes des cérémonies judaïques, expressément abolies par Jésus- » Christ. C'est de ces formalités extérieures qu'elles font dépendre la » justice & le salut : elles chassent de leur sein ceux qui n'observent » point ces rits, sans examiner si d'ailleurs ils sont vertueux ; mais » elles y reçoivent avec honneur les plus grands scélérats, pourvu » qu'ils soient fideles à ces pratiques extérieures. Les ministres du » Seigneur, faits pour éclairer les autres, sont les premiers à prê- » cher la nécessité de ces cérémonies, qui sont la source de leur » revenu : aucune de ces sociétés n'est donc la véritable église de » Jésus-Christ ; & ceux qui desirent sincérement leur salut doivent » s'en séparer, pour former entre eux une nouvelle société d'hommes » sobres, patients, charitables, mortifiés, chastes & désintéressés : » c'est une telle association qui doit être la véritable église de Jésus- » Christ ».

Fox, vraiment pénétré des rêveries qu'il débitoit ainsi avec em- phase, accompagnoit ses discours de pleurs, de gémissements & de toutes les grimaces propres à faire impression sur la multitude. Un grand nombre de personnes se laisserent séduire par les austérités & l'éloquence triviale de cet imposteur : sa réputation se répandit en peu de temps dans toutes les provinces d'Angleterre ; & bientôt ses dis- ciples furent assez nombreux, pour lui permettre de former une société considérable. Ce fut alors que Fox commença à tenir des assemblées régulieres : là, sa doctrine ne permettoit pas que l'on pra- tiquât aucunes cérémonies religieuses ; le lieu où se tenoient ces assem- blées ne différoit en rien d'un lieu profane ; tous ses disciples, les bras croisés, la tête baissée, le chapeau sur les yeux, la pénitence & la modestie peintes sur leurs visages, méditoient dans le plus

profond recueillement les vérités importantes de la religion chrétienne, Figures.
& attendoient en silence qu'il plût au Saint-Esprit de les inspirer.
Celui d'entre eux, dont l'imagination s'échauffoit le plus promptement, annonçoit le premier l'opération de l'esprit-saint sur son
ame; il entroit alors dans un véhément enthousiasme, dont les accès
faisoient frémir tous ses membres : dans cet état extraordinaire, qui fit
donner aux sectateurs de Fox le nom de trembleurs, il débitoit à
l'assemblée les rêveries que lui suggéroit le génie qui l'avoit inspiré :
tous ses confreres ressentoient bientôt successivement, ou tous ensemble, le même esprit de prophétie (*fig.* 211); chacun s'échauffoit, 211.
parloit, trembloit & extravaguoit à son tour : l'inspiration devenoit
générale : un tintamarre effrayant, des gestes ridicules, des saillies
absurdes, étoient le caractere de ces assemblées. Fox & ses disciples
n'en sortoient cependant jamais que fort satisfaits : le silence, le
recueillement & la majestueuse gravité qu'ils montroient en se reti-
rant, voiloient parfaitement les folies dont ils venoient de se rendre
coupables, & séduisoient la multitude toujours trop encline à se
laisser tromper par les apparences.

La tournure que Fox donna à sa doctrine pensa devenir funeste
à l'Angleterre. Cet enthousiaste, soutenant que chacun pouvoit recevoir les inspirations du Saint-Esprit, une foule de fanatiques de tout
sexe & de tout âge, se répandirent dans les provinces & s'érigerent
en prédicans. Bientôt toute l'Angleterre fut inondée de ces novateurs, qui inculquoient dans les ames des gens foibles la théologie
du cordonnier de Leinster. Des milliers de prosélytes vinrent se
ranger sous leurs étandards; prêtres, magistrats, soldats, artisans,
laboureurs, en un mot, des gens de tout sexe & de toutes conditions s'empresserent de se faire quakers. Peu de familles se préserve-
rent de la contagion, & l'ambition de prophétiser séduisit sur-tout
les femmes, dont l'imagination naturellement vive les porte sans effort
à la contemplation.

Les trembleurs, originairement fort modestes & paisibles, devinrent
séditieux, fanatiques, furibonds, lorsque leur secte se vit accréditée
par le nombre & la qualité des personnes qu'elle avoit subjuguées.
Ils se porterent jusqu'à invectiver publiquement l'église anglicane,
insulter ses ministres, & à troubler insolemment l'ordre du service
divin. Ce zele indiscret, ce fanatisme intolérant, leur attira une
violente persécution : les magistrats employerent cependant d'abord

les remontrances pour gagner des citoyens trompés par une piété amere & un rigorifme condamnable ; mais ayant employé inutilement toutes les tentatives, ils furent enfin obligés d'avoir recours aux voies de rigueur pour réprimer les procédés audacieux de ces novateurs turbulents. Les quakers furent emprifonnés, dépouillés de leurs biens, humiliés, confondus avec les mal-faiteurs, & réduits à la plus affreufe indigence. Cette punition, loin de faire périr leur fecte, ne fit que lui donner plus d'éclat : les trembleurs fe firent un mérite des tourmens qu'on leur faifoit éprouver ; &, à la maniere de tous les fectaires, tant anciens que modernes, ils les fupportoient avec une patience incroyable : cette opiniâtreté les fit confidérer comme autant de martyrs de la foi ; & la multitude redoubla la vénération qu'elle leur portoit, à mefure que les tribunaux augmentoient les fupplices.

De fon côté, Fox ne s'oublioit pas, malgré la rigueur des loix qui l'avoient profcrit. Il envoya des lettres paftorales dans tous les endroits où le quakérifme commençoit à s'introduire : il fit plus, il écrivit au roi de France, à l'empereur, au fultan, en un mot, à tous les fouverains de l'europe, pour leur ordonner de la part de Dieu de fe faire quakers. Cromwel, qui venoit d'ufurper la fouveraine puiffance en Angleterre, fut curieux de voir le chef d'une fecte auffi finguliere. Cet ufurpateur conçut du fanatique une opinion d'autant plus avantageufe, qu'il crut appercevoir dans fon ame quelque trait de fon caractere : il eut la politique de vouloir les attirer, lui & fes fectateurs dans fon parti, pour lui concilier plus de refpect & de confidération : il publia un édit qui ordonnoit aux magiftrats de protéger les quakers contre toutes les infultes qu'on voudroit leur faire. Cependant, pour les empêcher d'occafionner de nouveaux tumultes en Angleterre, il leur défendit expreffément de tenir aucune affemblée publique. Cette prohibition étoit trop génante pour des fanatiques auffi ardens & auffi fougueux que l'étoient les difciples de Fox : auffi le protecteur ne fut-il pas obéi : les quakers continuerent à tenir leurs affemblées ; ils reçurent comme auparavant les infpirations de l'Efprit-faint, & ils continuerent à raffembler fous leurs drapeaux tous ceux qui fe préfentoient. Ces procédés féditieux fouleverent de nouveau contre eux le gouvernement ; & l'on renouvella les actes de rigueur dont on avoit déjà fait ufage contre eux. On les ménagea beaucoup moins encore fous Charles II : on les peignit aux yeux de ce prince foible & voluptueux, comme des hommes dangereux, ennemis de l'état & perturbateurs du repos public.

Cependant, le zele outré qu'ils faifoient paroître à multiplier leurs profélytes, étoit le plus grand crime qu'on pût leur oppofer. La douceur de leurs mœurs, la fimplicité de leurs vêtements, la fainteté de la plupart de leurs maximes; tout cela eût été fort propre à leur concilier les cœurs, fi le fanatifme n'eut pas mêlé à leur vertu fes accens fanguinaires. Ce qui frappa fur-tout les yeux, fut la modeftie de leur maintien : fans galons, fans broderies, ni dentelles, ni manchettes, ils avoient bani tout ce qu'ils appelloient ornements ou fuperfluités : point de plis dans leurs habits, pas même un bouton au chapeau, parce qu'il n'eft pas toujours néceffaire. Ce mépris fingulier pour les modes les avertiffoit d'être plus vertueux que les autres hommes, dont ils fe diftinguoient par des dehors modeftes.

„ Toutes les déférences extérieures, dit un auteur auffi fenfé qu'il „ eft éloquent, que l'orgueil & la tyrannie impofent à la foibleffe, devin- „ rent odieufes aux quakers, qui ne vouloient avoir ni maîtres ni „ ferviteurs. Ils condamnoient les titres faftueux, comme orgueil dans „ ceux qui les exigeoient, & comme baffeffe dans ceux qui les défé- „ roient : ils ne reconnoiffoient nulle part, ni *grandeur,* ni *excellence,* „ ni *éminence;* & ce qu'il y avoit de moins fupportable, ils fe refu- „ foient aux égards réciproques, que l'on appelle politeffe : le nom „ d'*ami* ne devoit, felon eux, fe refufer à perfonne, entre des citoyens „ & des chrétiens : la révérence étoit une gêne ridicule & cérémonieufe : „ fe découvrir la tête en faluant, c'étoit manquer à foi pour honorer „ les autres : le magiftrat même ne pouvoit leur arracher aucun figne „ extérieur de confidération. Revenus à l'ancienne majefté, ils tutoyoient „ les hommes, les rois mêmes, & ils juftifioient cette licence par „ l'ufage de ceux mêmes qui s'en offenfoient, & qui tutoyoient leurs „ faints & leur Dieu.

„ L'auftérité de leur morale ennobliffoit la fingularité de leurs „ manieres : porter les armes leur paroiffoit un crime; fi c'étoit pour „ fe défendre, on pêchoit contre le chriftianifme. Leur évangile étoit „ la paix univerfelle : donnoit-on un foufflet à un quaker, il préfen- „ toit l'autre joue; lui demandoit-on fon habit, il offroit fa vefte & „ fes culottes : jamais ces hommes juftes n'exigeoient pour leur falaire „ que le prix légitime dont ils ne vouloient pas fe relâcher : jurer

» devant un tribunal, même la vérité, leur fembloit une proftitution
» du nom de l'Être faint, pour des miférables débats entre des êtres
» foibles & mortels.

» Le mépris qu'ils avoient pour la politeffe dans la vie civile, fe
» changeoit en averfion pour les cérémonies du culte dans le rite
» eccléfiaftique. Les temples n'étoient à leurs yeux que des boutiques
» de charlatanerie; le repos du dimanche, qu'une auftérité nuifible;
» la cêne & le baptême, que des initiations ridicules. Auffi ne vou-
» loient-ils point de clergé: chaque fidele recevoit immédiatement
» de l'Efprit-faint, une illumination, un caractere fort fupérieur au
» facerdoce ».

Long-temps les quakers, plus pieux qu'éclairés, occafionnerent,
malgré la fainteté de leurs maximes, beaucoup de bouleverfement en
Angleterre. Ils entroient, comme autant d'enragés dans les églifes,
outrageoient les miniftres, & fe livroient à divers excès fort propres à décréditer leur fecte. Il fe trouva cependant des hommes
favans & éclairés, qui ne rougirent pas de fe mettre dans le parti
de ces forcenés, & qui, entraînés par la fimplicité de leurs principes, braverent les railleries de ceux qui ne connoiffoient qu'exté-
rieurement les trembleurs. Les plus illuftres furent Guillaume Penn
& Robert Barclay; ces deux perfonnages, d'un mérite diftingué,
firent tous leurs efforts, & employerent tous leurs talens pour réduire
le quakérifme en fyftême théologique, & pour donner à cette fecte
une forme propre à la faire confidérer. Ils pafferent l'un & l'autre
en Hollande & en Allemagne pour y faire des profélytes. Penn,
fils du vice-amiral d'Angleterre, paya en cette occafion, autant de
fa bourfe & de fon crédit, que de fa perfonne. Son pere, créancier
du roi d'Angleterre, avoit reçu en payement une province d'Amérique. Le jeune Penn, jaloux d'établir fa fecte dans un pays de
liberté, profita de cette circonftance, pour réunir fon troupeau fous
les mêmes étendards. Il fe tranfporta au nouveau monde, avec tous
ceux qui jugerent à propos de le fuivre; & il fonda la colonie
aujourd'hui fi floriffante, fur les bords de la Delaware, dans la
région qu'il eut la bonne foi d'acheter des naturels, & qui prit dès-
lors le nom de Penfilvanie.

Jacques II étant monté fur le trône d'Angleterre en 1685,
les quakers lui préfenterent une fupplique conçue en ces termes:
» Nous venons te témoigner la douleur que nous reffentons de la

mort

» mort de notre bon ami Charles , & la joie que tu fois devenu notre
» gouverneur. Nous avons appris que tu n'es pas dans les fentimens de
» l'églife anglicane , non plus que nous : c'eft pourquoi nous te deman-
» dons la même liberté que tu prends pour toi-même. Ce faifant , nous
» te fouhaitons toutes fortes de profpérités. Adieu ». Cette adreffe ;
malgré la liberté familiere qui y regne , fut très-bien reçue du monarque
anglois. Ce prince leur permit l'exercice de leur religion ; & il les dif-
penfa de prêter le ferment de fidélité. Le regne de la reine Anne &
celui de Guillaume III ne furent pas moins favorables aux quakers. Le
parlement , fous ce dernier prince , porta une loi qui accordoit le libre
exercice de toutes les religions , à l'exception du focinianifme & du
catholicifme. Depuis cette époque qui fut l'aurore du beau jour qui luit
aujourd'hui fur l'Angleterre , les quakers protégés par la loi , ont vécu
affez paifiblement dans cette ifle. Leur repos n'a été troublé que par
quelques cataftrophes que leur a occafionné leur obftination à ne pas
vouloir faire de ferment dans les tribunaux. Mais ces troubles ont été
paffagers , fouvent même perfonnels ; & chaque fois qu'ils ont eu affaire
à des magiftrats paifibles & éclairés , on ne s'eft pas opiniâtré à exiger
d'un peuple modefte & vrai , un vain formulaire qui épouvante les
fourbes fans les corriger.

Lorfqu'une heureufe paix eut fuccédé aux troubles qui agiterent le
berceau du quakerifme , ces fectaires établirent parmi eux des miniftres.
Forcés de reconnoître , malgré l'égalité qu'ils affectoient , que , dans
toutes les fociétés il y a toujours des perfonnes fupérieures aux autres par
leurs talens & par leurs vertus , ils en choifirent parmi celles-ci de propres
à diriger leurs affemblées , & à entretenir le bon ordre parmi eux. Ceux
de ces pafteurs qui , dans les commencemens , parcouroient les provinces pour inftruire les fideles & examiner les profelytes , prirent le titre
d'*apôtres.* Ce privilege n'eft pas reftreint à la fphere des hommes ; il
s'étend auffi aux femmes. Après ces miniftres viennent les anciens & les
anciennes , que l'on fuppofe plus fages que les autres , à caufe de l'âge
qui donne de l'expérience. Ceux-ci veillent , avec les miniftres , au
maintien de la difcipline , & ils les affiftent de leurs confeils. Ils pour-
voient aux befoins des pauvres & des malades ; ils recueillent les aumônes , vifitent les veuves & les orphelins ; ce font les diacres des quakers.

Tous ces miniftres ont des affemblées régulieres , qui reffemblent affez
aux confiftoires des proteftans. Il y a auffi parmi les quakers des affemblées plus générales , que l'on appelle *fynodes.* C'eft dans ces efpeces de

conciles que l'on fait les cenfures, la révifion des affaires eccléfiaftiques, l'examen des livres , & que l'on enregiftre les affaires importantes. Ces affemblées fe tiennent plus ou moins fréquemment, felon les befoins de la religion. En Angleterre le fynode annuel eft fixé au troifieme jour d'après la Pentecôte. Ces fynodes ont un fecrétaire dont les fonctions confiftent à dreffer procès-verbal de tout ce que l'on y décide ; mais on n'y voit pas de préfident, parce que le Saint-Efptit feul peut en remplir la charge. D'ailleurs les quakers ne connoiffent ni dimanches ni jours de fêtes. L'Efprit faint qu'ils prennent pour guide, néglige ces fortes de diftinctions purement humaines. Leur culte eft également deftitué de cet éclat majeftueux qui en impofe à la multitude. Leurs temples n'offrent à l'œil que les quatre murailles ; & toutes leurs cérémonies confiftent en diverfes grimaces que l'Efprit faint leur fuggere.

De tous les écrits qui ont été publiés fur les maximes des quakers, l'apologie de cette fecte, compofée par Robert Barclay, eft inconteftablement le meilleur. Cette apologie eft terminée par un parallele intéreffant des quakers & des autres chrétiens, fort propre à faire connoître les principes & la morale des premiers. Voici comme s'exprimoit ce refpectable fectaire :

« Si donner & recevoir des titres de flaterie defquels on ne fe fert
» point, à caufe des vertus inhérentes aux perfonnes, mais qui font
» pour la plupart employés par des hommes impies, à l'égard de ceux qui
» leur reffemblent ; s'incliner, gratter du pied en révérence, & ramper
» jufqu'à terre l'un devant l'autre : fi, s'appeller à tout moment l'un
» l'autre le très-humble ferviteur, & cela le plus fréquemment, fans
» aucun deffein de fervice réel ; fi c'eft là l'honneur qui vient de
» Dieu, & non pas l'honneur qui vient d'en-bas : alors à la vérité
» on pourra dire de nos adverfaires, qu'ils font fideles, & que
» nous fommes condamnés comme des orgueilleux & des opiniâtres,
» en refufant toutes ces chofes. Mais fi, avec Mardochée, refufer
» de s'incliner devant l'orgueilleux Aman ; & avec Élifée, refufer de
» donner des titres flateurs aux hommes, de peur que nous ne foyons
» réprimandés par notre créateur ; & fi, fuivant l'exemple de Pierre &
» l'avis de l'Ange, s'incliner feulement devant Dieu, & non pas devant
» nos compagnons de fervice ; & fi, n'appeller perfonne feigneur ni
» maître, hormis fuivant quelques relations particulieres, fuivant le com-
» mandement de Jefus-Chrift : je dis que fi ces chofes ne font à blâmer,
» donc nous ne fommes pas blâmables d'en agir ainfi.

» Si être vain, extravagant en habits, se farder le visage, s'entortiller &
» se friser les cheveux ; si être chargé d'or, d'argent & de pierres pré-
» cieuses ; si être couvert de rubans & de dentelles, c'est être humble,
» doux & mortifié ; si ce sont là les ornemens du chrétien : alors à la vérité
» nos adversaires sont de bons chrétiens ; & nous sommes des orgueilleux,
» des singuliers & des fantasques, en nous contentant de ce que le né-
» cessaire & la commodité demandent, & en condamnant tout le reste
» comme superflu.

» Si pratiquer le jeu, les passe-tems, les comédies ; si jouer aux cartes,
» jouer aux dés, danser ; si chanter & user des instrumens de musique ;
» si fréquenter les théatres, mentir, contrefaire, supposer ou dissimuler,
» & être toujours en crainte, & user de ce monde, comme si nous n'en
» usions pas : alors nos adversaires sont de bons chrétiens ; & nous som-
» mes condamnables en nous abstenant de toutes ces choses.

» Si la profanation du saint nom de Dieu ; si exiger le serment l'un de
» l'autre à chaque occasion ; si appeller Dieu à témoin dans des choses
» pour lesquelles aucun roi de la terre ne se croiroit pas honorablement
» appellé, sont des devoirs d'un homme chrétien, j'avouerai que nos
» adversaires sont d'excellens chrétiens, & que nous manquons à notre
» devoir. Mais si le contraire est véritable, il faut de nécessité, que notre
» obéissance à Dieu, dans cette chose-là, lui soit agréable.

» Si nous venger nous-mêmes, ou rendre injure pour injure, mal pour
» mal ; si combattre pour des choses périssables, aller à la guerre l'un
» contre l'autre, contre des gens que nous n'avons jamais vus, & avec
» qui nous n'avons jamais eu la moindre contestation ni la moindre que-
» relle, étant de plus tout-à-fait ignorans de la cause de la guerre, &
» ne sachant de quel côté est le droit ou le tort ; si détruire & saccager
» tout, afin que ce culte soit aboli, & que cet autre soit reçu, c'est
» accomplir la loi de Jesus-Christ : alors à la vérité nos adversaires sont
» de véritables chrétiens ; & nous ne sommes que de misérables héré-
» tiques, nous qui souffrons d'être pris, emprisonnés, bannis, battus
» & maltraités, sans aucune résistance, mettant notre confiance en Dieu
» seul, afin qu'il nous défende, & nous conduise en son royaume par
» le chemin de la croix ».

ARTICLE XIII.

Religion des Anabaptistes.

ON n'est pas d'accord sur le temps auquel cette secte a commencé; ni sur celui qui en a été l'auteur. Le plus grand nombre des historiens prétendent que Melchior Offmann, pelletier de profession, se mit à prêcher vers l'an 1522, & fut le patriarche des anabaptistes des Pays-Bas & de la Basse-Allemagne. Après avoir débité ses rêveries en Livonie & ailleurs, il alla porter les fruits de son ministere à Emden, où il laissa ensuite son disciple Trypmaker qui delà porta l'anabaptisme en Hollande. La secte se répandit insensiblement en Bohême, en Saxe, en Thuringe, en Suisse, dans toute l'Allemagne & les Pays-Bas. Malheureusement les apôtres qui la prêchoient, différoient entre eux sur les dogmes dont ils prescrivoient la croyance. Ils n'avoient pas le même principe sur le baptême des enfans. Les uns vouloient que tous les biens fussent communs, que tous les hommes fussent libres & indépendans. Ils inspiroient de la haine pour les magistrats, pour les puissances, pour la noblesse, & promettoient un empire heureux, ou ils régneroient seuls, après avoir exterminé tous les impies. Ils prétendoient que les hommes ne devoient se conduire que par les révélations; aussi se vantoient-ils d'en avoir un grand nombre, qu'ils se disoient suivre avec le plus grand scrupule. D'autres, outre ces excès, dépouilloient Jesus-Christ de la nature humaine, & plusieurs entierement de la nature divine. Quelques-uns soutinrent qu'il n'étoit point descendu aux enfers; que les ames des morts dormoient jusqu'au jour du jugement; & que le supplice des impies ne feroit pas éternel.

Pour donner plus de poids à cette secte naissante, trois hommes réunirent leur zele pour l'étendre; Nicolas Stork, Marc Stubner & Thomas Munzer. Ce triumvirat prévint d'abord par un extérieur dévot & mortifié. Les trois apôtres affectoient de pratiquer des jeûnes & des austérités; ils ne s'habilloient que d'étoffes grossieres; ils laissoient croître leur barbe, & ils négligeoient jusqu'aux bienséances. D'un autre côté ces imposteurs profitérent des troubles que le luthéranisme occasionnoit dans toute l'Allemagne, pour étendre leur doctrine. Ils prêcherent au peuple leur *liberté évangélique*; ils ameuterent les nations contre les puissances, & ils entreprirent d'ôter la subordination qui

uniſſoit les ſujets aux ſouverains. Munzer, le plus entreprenant & le
plus ſéditieux des trois, leva un armée conſidérable de payſans, avec
laquelle il ravagea l'Allemagne. Cette guerre, que les hiſtoriens appellent communement la gùerre des payſans, fut précédée d'un manifeſte
qui contenoit une douzaine d'articles. Par l'un de ces articles, ils
prétendoient n'obéir au prince & aux magiſtrats, qu'autant que cette
ſoumiſſion leur paroîtroit juſte & raiſonnable. Mais ce débordement
ne fut pas d'une longue durée. L'armée du fanatique Munzer fut
entierement défaite au mois de mai 1525. Ce ſectaire, ayant été fait
priſonnier, eut enſuite la tête tranchée avec un certain moine nommé
Pfeifer, qui portoit le titre de ſon premier miniſtre.

La mort de Munzer ne mit pas fin aux fureurs de l'anabaptiſme.
Ses diſciples & ceux des deux autres principaux ſectaires firent tant de
progrès en Pologne, en Bohême, en Hongrie, en Suiſſe & dans les
Pays-Bas, que les puiſſances furent obligées de s'armer pour les détruire. En 1530, les magiſtrats de Zurich publierent un édit qui
condamnoit à la mort tous ceux qui ſeroient convaincus d'appartenir
à cette ſecte. La ſévérité de cette ordonnance, qui fut imitée dans
toute l'Allemagne, & les divers ſupplices qui en furent la ſuite,
contribuerent beaucoup à ce débordement qui couvrit la Baſſe-Allemagne
& la Hollande de fanatiques. Ces régions plongées alors dans la plus
ſombre ignorance ne retentiſſoient que de prophéties, de miracles &
de nouvelles doctrines. Les anabaptiſtes, plus orgeuilleux que jamais,
publierent des livres où étoient dépoſées toutes ces chimeres. Ils firent
plus; ils leverent de nouvelles armées, & ils menacerent pluſieurs villes
de toute la fureur dont ils étoient animés. En 1534, ils ſe rendirent
maîtres de la ville de Munſter, ſous la conduite de Jean Mathieu.
Celui-ci ayant été tué, pendant le ſiege, Jean Becold, plus connu
ſous le nom de Jean de Leyde, tailleur de profeſſion, lui ſuccéda
dans le commandement, & ſe fit roi de Munſter, par le moyen d'une
pretendue révélation de Dieu à l'anabaptiſte Knipper-Doling. Cette
nouvelle royauté fit couler des torrens de ſang. Tous ceux qui ne
convenoient point au nouveau monarque, furent indignement ſacri-
fiés. La ville de Munſter fut bientôt convertie en déſert. Cependant,
pour conſerver la mémoire d'un événement qui avoit métamorphoſé un
tailleur en monarque, Jean de Leyde fit frapper différentes médailles,
qui repréſentent & les attributs de ſa royauté, & diverſes traits du
fanatiſme qui animoit alors les anabaptiſtes (*fig.* 212).

La ville de Munfter ne demeura pas long-temps entre les mains de ces fectaires. Elle fut reprife au mois de Juin 1535 ; & cette réduction fut couronnée par le fupplice du roi des anabaptiftes, de fes confeillers & de fes prophetes. On publia de nouveaux édits contre eux. On remarque furtout les réfolutions fanglantes prifes contre eux dans une affemblée tenue à Hambourg. On les pourfuivit avec toute l'exactitude poffible ; & ceux que l'on découvrit furent traités fans miféricorde. En Hollande, en Frife & en d'autres endroits des Pays-Bas, on leur fit fouffrir les plus cruels tourments ; & ce qu'il y de plus extraordinaire, ces fectaires fouffroient les fupplices qu'on leur inffligoit avec une patience étonnante. En tout autre temps on eut pû en faire des martyrs. Cependant la plupart d'entre eux, peu jaloux de s'expofer à une mort douloureufe & infamante, fe retirerent en Angleterre. Cette fecte fubfifte encore dans cette ifle, ou elle fait une branche des indépendants. On en trouve auffi quelques-uns en Hollande ; car dans ces deux régions, toutes les fectes ont fçu s'y étendre & s'y multiplier. Les dogmes que les anabaptiftes profeffent, reffemblent affez à ceux des quakers. Cependant comme ils admettent la néceffité du baptême, ils doivent être confidérés comme de vrais chrétiens ; au lieu que ceux-ci profeffent le chriftianifme, fans appartenir effentiellement à cette

213 religion. Les anabaptiftes font auffi la cêne ; (*fig.* 213.) & leur croyance, à cet égard, paroît être la même que celle des calviniftes ; c'eft-à-dire qu'ils prétendent que le pain & le vin confacrés ne contiennent que la figure du corps & du fang de Jefus-Chrift. Ils ne baptifent d'ailleurs leurs enfants, que lorfqu'ils font en age de répondre eux-mêmes de leur doctrine. Ils croient, comme les quakers, qu'il n'eft pas permis de prêter ferment, ni de faire la guerre ; que par conféquent un bon chrétien, un véritable anabaptifte, ne peut occuper aucune place dans la magiftrature. Ces fectaires ne font pas d'ailleurs grand cas des fciences ; & rarement il arrive que l'on voie parmi eux des gens favans.

ARTICLE XIV.

Religion des Mennonites.

LES mennonites reconnoiſſent pour fondateur le nommé Mennon ,
né dans la Friſe , & qui commença à débiter ſes erreurs vers l'an
1540. Ces ſectaires furent long-temps membres de l'égliſe anabaptiſte ;
auſſi appelle-t-on leur croyance l'anabaptiſme mitigé. Ces hérétiques ,
qui tous font leur ſéjour en Hollande , ſont diſtribués en deux claſſes ;
dont l'une comprend les *Water-Landers* , & l'autre les Flamans. Dans
ceux-ci ſont renfermés les mennonites Friſons & les Allemands , qui
appartiennent proprement à la ſecte des anciens anabaptiſtes. On
trouve beaucoup de ſociniens parmi ces Flamands. Ils ont tous une
paſſion ſinguliere pour la diſpute & les ſubtilités. C'eſt ce qui détermina les Etats-Généraux , en 1664 , de leur défendre expreſſément de diſputer ſur la divinité de Jeſus-Chriſt. Quelques-uns de ces
ſectaires s'appellent *Galenites* , du nom d'un certain Galenus , médecin ,
l'un des plus fameux prédicateurs de leur communion. Indépendamment de ces diverſes branches du mennoniſme , on en voit à Amſterdam pluſieurs autres moins connues , & qui different entre elles ſur
quelques points peu importans.

Pluſieurs auteurs, peu inſtruits de la croyance des mennonites , leur
attribuent des dogmes & des folies que ces ſectaires ne connurent
jamais. L'analyſe qu'on va faire de la confeſſion de foi de l'une des
branches de cette communion va nous mettre à portée de juger des
principes fondamentaux de leur croyance. Ils reconnoiſſent en général
le myſtere de la trinité ; & ils rejettent le péché originel. « Nous
» croyons & confeſſons , dit Galenus , dans l'apologie pour ſa ſecte ,
» que Jeſus , né de la vierge Marie , nourri à Nazareth , attaché à la
» croix , eſt véritablement le Chriſt , fils de Dieu , qui devoit venir
» au monde , auquel les patriarches ont eſpéré avec joie , qu'ils ont
» attendu avec un déſir ardent , qui a été figuré par la loi en diver-
» ſes manieres , & prédit par les prophetes long-temps avant ſa mort ».

» Nous eſtimons que cette confeſſion ſuffit en ce qui concerne la
» perſonne de notre ſeigneur Jeſus-Chriſt , ſans qu'il ſoit préciſément
» néceſſaire au ſalut d'entrer plus profondément dans une exacte recher-

che au sujet de sa préexistence, de son origine dans la chair, de l'union
» de ce que l'on nomme les deux natures divine & humaine, & toutes
» les autres choses sur quoi on conteste si fortement parmi les chrétiens;
» puisque Jesus-Christ notre seigneur lui-même & ses saints apôtres se
» sont contentés de cette simple profession.

» Mais pour nous expliquer un peu plus sur cette matiere, quoique
» nous soyons persuadés que cette confession, accompagnée d'une véri-
» table obéissance, suffise au salut; nous déclarons que le fils de Dieu
» n'a pas seulement commencé d'exister, lorsqu'il a pris naissance dans
» les flancs de la vierge Marie; mais qu'étant la splendeur de la gloire
» de Dieu son pere, & l'image de sa personne, il a été dans la gloire
» avec Dieu son pere céleste, avant que le monde fût fait ».

Les mennonites, comme les catholiques, admettent deux églises,
dont l'une est visible & l'autre invisible. L'église invisible est composée de
tous les fideles dispersés dans toutes les régions de la terre, sous quelques
noms qu'ils se manifestent aux yeux des hommes auxquels ils demeurent
inconnus. Le LXIII⁰ article de leur confession de foi porte, qu'aucune
église quelle qu'elle soit, ne doit être considérée comme la véritable
église visible de Jesus-Christ, à l'exclusion des autres. Ces sectaires reconnoissent que l'église chrétienne doit avoir des pasteurs & des docteurs
spécialement consacrés à l'instruction des peuples. L'élection de ces
ministres est confiée à tous les membres du clergé; & il appartient aux
anciens du peuple de les confirmer dans leurs fonctions.

Le LXIV⁰ article de leur profession de foi, déclare que les directeurs,
les ministres & les diacres des assemblées fraternelles ne doivent pas être
considérés comme s'ils avoient le droit d'exercer sur les autres freres une
autorité particuliere & divine : & c'est pour cela qu'il seroit ridicule de
leur obéir comme si Dieu parloit par leur bouche, ou qu'ils eussent le
caractere d'infaillibilité ; car ce privilege n'a été confié qu'aux apôtres.
Delà Galenus conclud que l'excommunication ne peut être mise en usage
aujourd'hui dans les sociétés chrétiennes, & qu'il n'est plus permis de
passer au-delà des remontrances & des exhortations fraternelles. Si la
conversion, ajoute-t-il, du frere ou de la sœur corrompus ne suit pas
l'exhortation des pasteurs, on doit leur déclarer, au nom de toute l'assemblée, qu'on ne peut plus entretenir avec eux la communion & la
fraternité chrétienne, & qu'on est forcé de se séparer d'eux jusqu'à une
entiere conversion. On doit même les fuir à l'égard de la conversation
spirituelle, afin de leur inspirer plus de honte de leur crime. Il faut

cependant

cependant agir, en pareil cas, avec beaucoup de difcrétion, & faire
enforte qu'on ne bleſſe en rien la charité chrétienne. De cette opinion
peu avantageuſe que les Mennonites ont de leur clergé, il en réfulte
qu'ils ne reconnoiſſent l'autorité d'aucun concile, & qu'ils prétendent
que l'écriture-fainte feule eſt capable de captiver leur croyance.

Ces fectaires admettent deux facremens, le baptême & la cêne. Comme
les anabaptiftes, ils croient que les enfans ne font pas capables de recevoir la grace du baptême. Tous reçoivent ce facrement après être parvenus à l'âge de puberté (*fig.* **214**). On le confere ordinairement après
le fermon. Ceux qui doivent le recevoir, fe rendent auprès du miniftre,
qui defcend de fa chaire pour remplir cette cérémonie. Il leur demande
d'abord s'ils veulent être baptifés. Tous répondent par une inclination du
corps, qui défigne le defir qu'ils ont de recevoir ce facrement. Ils fe
mettent enfuite à genoux avec le miniftre; & celui-ci fait la priere. Puis
celui qui remplit la fonction de lecteur ou de chantre, s'avance avec un
baffin plein d'eau, & fuit le miniftre à mefure qu'il paſſe de l'un à l'autre
de ces néophytes. En verfant de l'eau fur la tête de chacun d'eux, il dit
ces paroles : « Pierre, je te baptife avec de l'eau ; que notre feigneur
» Jefus-Chriſt te baptife, avec fon Saint-Efprit ». Lorfqu'ils font tous
baptifés, le même miniftre les releve l'un après l'autre ; &, après leur
avoir fait à tous un compliment chrétien & une exhortation pathétique
fur leur entrée dans l'églife des fideles & fur les devoirs du chriftianifme,
il leur donne le baifer de paix.

Le facrement de l'euchariftie eſt auffi adminiſtré après le fermon. Le
miniftre prend dans l'une des trois corbeilles qui font fur la table de la
communion, des pains qu'il rompt & qu'il diftribue d'abord à fes collegues, en prononçant ces paroles : « Faites ceci en mémoire de notre
» feigneur Jefus - Chriſt ». Après cette diftribution, deux des collegues fe joignent à lui ; & tous trois, fuivis de trois diacres, qui tiennent chacun une corbeille à la main, vont de rang en rang communier
tous les fideles de l'affemblée; mais la communion du pain étant finie ,
le miniftre qui a été le prédicateur du jour, fe rend feul à la table de la
communion ; les autres fe retirent avec les trois diacres. Le miniftre fe
tenant alors debout devant la table, demande à voix haute à l'affemblée,
fi tout le monde a été communié; & s'il arrivoit que quelqu'un ne l'eût
pas été, il doit fe lever & faire un figne de tête, pour demander le pain
facré.

Il faut obferver que les Mennonites ne mangent point le pain de la communion, immédiatement après l'avoir reçu. Ils attendent que le ministre soit de retour à la table, où, après avoir fait une courte priere, il invite, en se communiant, les fideles à participer au même sacrement. Avant cette cérémonie ils tiennent à la main, ou plient dans un mouchoir, ou mettent simplement dans la poche le pain que le ministre leur a distribué. Le vin est partagé de la même maniere, après qu'il a été consacré par le ministre, après que celui-ci s'en est communié avec ses collegues. Une priere & le chant d'un pseaume sont chez eux, comme chez les autres protestans, la clôture de cet acte religieux.

A R T I C L E   X V.

Religion des Adamites.

LES Adamites sont les plus anciens hérétiques de l'église chrétienne. Leur folie remonte au second siecle de notre ere. Les uns leur donnent pour chef *Prodicus*, & les autres *Carpocrates*. Leur premier principe consistoit à imiter la nudité d'Adam, le premier pere du genre humain. Cette indécence étoit fondée sur ce qu'ayant été rétablis dans l'état d'innocence, ils étoient devenus aussi simples & aussi purs que l'étoient autrefois Adam & Eve, lorsqu'ils étoient dans le paradis terrestre. On apprend de saint Epiphane, qu'avant d'entrer dans leur temple ils se dépouilloient de leurs habits, & alloient ainsi nuds, hommes & femmes, pêle-mêle 215. pour prier ou entendre la lecture *(fig. 215)*. Si l'on en croit S. Augustin, ces sectaires abhorroient le mariage, parce qu'Adam n'avoit connu sa femme qu'après son péché. Cette opinion ridicule ne les rendoit pas plus chastes; ils se permettoient l'usage des femmes en commun. Ils avoient pour cet effet un lieu particulier où tous se rendoient à certains jours. Là, nuds & en silence, ils attendoient respectueusement le signal qui devoit ouvrir la carriere à leurs desirs déréglés; & le chef de l'assemblée n'avoit pas plutôt prononcé ces paroles de la Genese; *Croissez & multipliez*, qu'ils mettoient en pratique leur abominable morale, sans respect même pour les liens du sang les plus sacrés. Au milieu de toutes ces indécences, les Adamistes vouloient passer pour les amis de la pudeur & de la chasteté. Leur extérieur étoit modeste, leur vie d'ailleurs trèsréguliere, & leurs mœurs douces. Si quelqu'un d'entre eux étoit convaincu d'avoir usé des plaisirs charnels ailleurs que dans leurs assemblées, on les chaſſoit auſſi-tôt, comme Adam & Eve l'avoient été autrefois du paradis terreſtre.

Cette ſecte licencieuſe, quoique bientôt éteinte, s'eſt, dit-on, renouvellée pluſieurs fois parmi nous. Les Adamites modernes, ceux que l'on voit encore à Amſterdam, en Bohême, en Angleterre, reconnoiſſent pour chef un certain Picard. Chez ceux-ci, comme chez les anciens, les aſſemblées religieuſes ont pour objets la propagation du genre humain. (*fig.* 215). Ils s'accouplent dans les maiſons qui leur ſervent de temples; & aux abominations d'une luxure déréglée, ils y ajoutent les plus grandes extravagances. On aſſure que pluſieurs d'entre eux, pourſuivis par les magiſtrats pour l'indécence de leur pratique, ont ſubi courageuſement la mort, & que pluſieurs femmes entêtées de l'adamiſme, ſe ſont préſentées volontairement au martyre. Si l'on en croit un auteur, d'ailleurs fort peu exact, ces ſectaires étoient en uſage, ſur la fin du XVIᵉ ſiecle, de faire promener tout nuds, au milieu de l'aſſemblée, ceux qui ſe diſpoſoient à ſe faire initier dans la ſecte. Celui qui ne manifeſtoit pas la ſenſibilité de la chair par quelque ſigne caractériſtique, étoit admis avec applaudiſſement; mais on rejettoit les autres comme trop enclins à la volupté.

Nous ignorons d'ailleurs quelle eſt la vraie théologie de ces peuples, & s'ils admettent quelques-uns des ſacremens preſcrits par l'égliſe chrétienne. La variété qui ſe trouve dans les relations de ceux qui parlent de ces ſectaires, ne nous permet pas de fixer ſur ce point notre jugement. Telle eſt l'incertitude qui regne à ce ſujet, que des écrivains même d'un grand mérite ont ſoutenu que l'Europe étoit depuis long-temps purgée des abominations des picards & des adamites.

ARTICLE XVI.

Religion des Hernhutes.

L'HÉRÉSIE des Hernhutes doit ſa naiſſance au comte de Zinzendorff. Ce ſeigneur dont les folies l'ont rendu célebre dans les annales de ce ſiecle, naquit en Pologne le 29 Mai 1700, dans le ſein de l'une des plus anciennes familles de la Baſſe-Autriche. George-Louis, comte de Zinzendorff, ſon pere, étoit conſeiller privé du roi de Pologne. Ce ſeigneur étant mort ſix femaines après la naiſſance de ſon fils, celui-ci demeura pendant quatre ans entre les mains de la baronne de Geffdorff, fa mere. Celle-ci s'étant remariée, le jeune pupille fut confié au baron de Geffdorff, fon aïeul maternel. Il y fut accueilli avec tendreffe, & élevé avec tant de foin, qu'à l'âge de dix ans on le jugea capable de faire des études, qu'un enfant commence rarement avant d'avoir atteint fa quinzieme année. Le baron de Geffdorff envoya fon petit-fils à Halle, & confia fon éducation au favant Frankes, profeffeur auffi diftingué par fon érudition & la variété de fes connoiffances, qu'il étoit refpectable par fes mœurs & par fa vertu. Le jeune comte eut à peine quitté la maifon de fon aïeul, qu'oubliant les principes qu'il y avoit reçus, il ne fongea qu'à profiter de tous les agrémens que lui préfentoit l'indépendance. Son ame impatiente devançoit, s'il eft permis de s'exprimer ainfi, les plaifirs que fes fens ne pouvoient connoître encore. Son indocilité, la perverfité de fes goûts, fon caractere impétueux, firent bientôt repentir M. Frankes d'avoir admis un tel éleve au nombre de fes difciples : il fe fervit envain des moyens les plus propres à fixer cet efprit volage ; fes efforts furent tous inutiles.

Les débauches de l'amour & toutes les licences qui en font le trifte apanage, acheverent de corrompre le cœur de M. de Zinzendorff. Il n'avoit pas treize ans encore, qu'il connoiffoit déjà les excès de la volupté & les malheurs qu'entraîne après foi le défordre. Quand la foibleffe de fon âge, fon inconftance naturelle ou le defir d'en impofer à fes parens ou à fes maîtres, le forçoient d'interrompre le cours de fes plaifirs, il fe livroit férieufement à l'étude. Extrême dans tout ce qu'il faifoit, on ne pouvoit alors l'arracher de fes livres. La lecture des poëtes exaltoit fon imagination ; il aimoit infiniment fur-tout la multiplicité des figures, la pompe des expreffions, la hardieffe des images : les hyperboles gigantefques, les métaphores outrées l'élevoient au-deffus de lui-même. Le ftyle oriental le faifoit treffaillir. Il compofa fur ce ton, fauffement fublime, des cantiques facrés, fi finguliers & d'une telle extravagance, qu'on foupçonna quelque dérangement dans la tête de l'auteur.

Deftiné par fa naiffance & le vœu de fa famille à remplir une place diftinguée dans la magiftrature, M. de Zinzendorff fe rendit à Wirtemberg, & fe fit infcrire fur les regiftres de l'univerfité ; mais bientôt la fcience des loix lui parut aride & rebutante. Il fubftitua le jeu à cette étude. Pendant une année entiere, cette paffion aviliffante lui tint lieu d'univerfité. Son temps, fes revenus, fes meubles, fa fanté, tout fut facrifié à la fureur de ce nouveau penchant. Quand il n'eut plus de livres, il fit des réflexions & renonça au jeu pour le refte de fes jours. Cependant, à mefure que l'âge & l'expérience développoient les talens , & étendoient les connoiffances du comte de Zinzendorff, l'orgueil & l'ambition tyrannifoient fon ame , & l'excitoient à s'élever au-deffus de fes compatriotes par quelques actions éclatantes. Il fe déguifa d'abord fous un extérieur fimple & décent, & fous le voile de mœurs aufteres & pieufes en apparence. Il annonça enfuite à fa famille , qu'une vocation irréfiftible l'engageoit à embraffer l'état eccléfiaftique. Déjà il voulut qu'on penfât qu'il étoit devenu favant controverfifte. Il fe difpofa même à donner publiquement des leçons de théologie ; & après avoir fait afficher l'annonce, il fut très-étonné de n'appercevoir perfonne dans fon auditoire. Il accufa les profeffeurs de Wirtemberg d'avoir cabalé contre lui ; &, quittant cette ville ingrate & trop opiniâtre , il commença le cours de fes voyages.

Il fe tranfporta d'abord à Paris ; mais , n'ayant trouvé dans cette ville perfonne qui voulût s'affocier à fes vifions , il en fortit après quelques mois de féjour pour paffer en Angleterre. Il trouva beaucoup plus de plaifir à Londres, qu'il n'en avoit goûté à Paris. Les nombreufes fectes qui regnent dans cette capitale , fervirent, pendant quelque temps, d'aliment à fes réfléxions, & à la réforme qu'il méditoit de faire dans la religion. Les quakers fur-tout, fixerent fon attention ; & il trouva tant d'analogie entre les folies fuperftitieufes de ces fectaires & les idées qu'il rouloit depuis long-temps dans fa tête, qu'il quitta prefque toute autre fociété, pour s'attacher à ces vifionnaires.

De retour à Wirtemberg , le comte de Zinzendorff publia qu'il étoit venu pour réformer le culte, & profcrire les abus qui s'y étoient gliffés. L'églife de Wirtemberg , qui fe rappelloit encore les orages , dont au feiziéme fiecle elle avoit éprouvé les triftes effets, ne voulut pas fe laiffer réformer. En vain le nouvel apôtre preffa, follicita, fit fentir la néceffité de paffer l'éponge fur les abus qui déshonoroient l'églife, fes efforts demeurerent impuiffans, & le clergé de Wirtemberg eut la fatisfaction de voir le peuple traiter unanimement le réformateur de vifionnaire. Ces démarches inutiles, ces combats mortifians, ne déconcerterent pas le comte. Après avoir féduit quelques femmes de la lie du peuple, il fe confola des outrages qu'il avoit reçus, en difant que le temps du *triomphe* n'étoit pas encore venu. D'un autre côté, fa famille inftruite de fes égaremens, & defirant fixer cet efprit impétueux, par une place propre à lui faire perdre de vue ſes anciennes chimeres, lui fit obtenir en **1721**, une place de conſeiller de cour à Dresde.

M. de Zinzendorff, revêtu de cette charge, n'en remplit qu'imparfaitement les fonctions. Toujours occupé de ſes idées de réformation, il ſe livroit plutôt aux occupations d'un prédicant, qu'au miniſtere important de la magiſtrature. Etant un jour à l'égliſe, il monta dans la chaire, d'où il fit deſcendre le prédicateur, & prêcha lui-même avec toute la véhémence d'un énergumene. Son ſermon ne convertit perſonne; mais il fit beaucoup d'éclat. Les paſteurs ſe ſcandaliſerent de ce qu'on empiétoit ainſi ſur leurs fonctions ; & la magiſtrature trouva fort mauvais, qu'un conſeiller de cour allât prêcher dans les égliſes. Cette conduite imprudente attira bien des déſagrémens au comte, & les reproches amers qu'il en reçut de la part de ſes confreres & les plaiſanteries qu'il occaſionna à la cour, l'obligerent à ſe retirer dans ſes terres. Là, toujours dévoré du feu du fanatiſme, il appella les freres Moraves, ordre de gens indigens, qui végétoient dans la Bohême, en attendant les ſecours divins que leur avoit promis Jean Hus, leur prophéte. Non-ſeulement il leur donna un aſyle ſur ſes domaines; mais il leur fit conſtruire à ſes dépens, une égliſe & quelques maiſons, où ces malheureux s'empreſſerent à venir chercher un aſyle. Arrivés à Hernhut, ces Huſſites furent obligés d'abjurer leur ancienne doctrine ; & ce fut alors que le comte de Zinzendorff commença à compter des ſectateurs. Flatté d'être devenu chef de parti, & de laiſſer après lui une mémoire auſſi éclatante que celle de Mahomet, il penſa à ſe procurer, comme ce prophete Arabe, une digne compagne de ſon apoſtolat. Vivement épris des charmes de la comteſſe de Reuſſ, jeune perſonne auſſi crédule qu'elle étoit ſenſible & peu ſpirituelle, il obtint aiſément le conſentement du vieux comte de Reuſſ, & il l'épouſa.

Le comte de Zinzendorff fut à peine marié, qu'il développa à ſa nouvelle épouſe le projet qu'il avoit conçu de fonder une nouvelle ſecte. Aſſuré de ſon conſentement, comptant même beaucoup ſur les reſſources qu'elle pourroit lui fournir, il alla viſiter ſes diſciples à Berthelsdorff, pour les encourager à perſiſter dans leur croyance. Le concours prodigieux de libertins & de fanatiques, qu'attiroient de toutes parts la licence des mœurs & la plus infâme débauche, avoit déjà changé le hameau de Berthelsdorff en un bourg très-conſidérable. On le nomma le bourg d'Hernhute; & ce nom eſt demeuré à la ſecte qui étoit alors dans ſon berceau.

Le comte de Zinzendorff, jugeant, par la rapidité de ces premiers progrès, du degré de puissance où son établissement pourroit un jour parvenir, ne s'occupa plus qu'à dicter des loix propres à y maintenir la subordination. Il publia d'abord un catéchisme, un livre de cantiques, fit imprimer la bible qu'on nomme d'Ebersdorff, & traduisit en langue Allemande le nouveau testament. Tous ces écrits, dit l'auteur de l'*essai sur les erreurs & les superstitions*, portent l'empreinte de la folie outrée de leur auteur. Un style fastueux, inégal, enphatique, des expressions forcées, des principes hardis, des maximes fanatiques, font les plus légers défauts qu'on trouve dans ces livres, d'ailleurs remplis d'absurdités & des plus grossieres erreurs.

Impatient d'accroître encore sa puissance, le comte fit plusieurs voyages en diverses contrées de l'Allemagne, prêcha par-tout où il passa, & chercha des prosélytes dans les univerſités, dans les tavernes, dans les places publiques, & par-tout où il croyoit pouvoir séduire quelqu'un par ses discours. Le tableau qu'il représentoit à la jeunesse dans ses sermons, étoit fort propre à se la concilier. Non-seulement ce nouveau Diogène permettoit le crime & le libertinage; mais ses loix ecclésiastiques les prescrivoient formellement. Il annonçoit à ses disciples que, n'y ayant pas moins de sainteté dans l'acte de la génération, qu'il y en avoit dans le sacrement de la communion, ils étoient obligés, pour se rendre agréables à Dieu, d'abandonner leur ame aux voluptés des sens. Il ordonnoit aux personnes mariées qui vouloient être reçues dans la classe des *parfaits*, de cohabiter ensemble en préfence des anciens des deux fexes. Ce n'est pas Dieu le pere, disoit-il, qui est notre Dieu, c'est Jesus-Christ en qui toute la Trinité est concentrée ; de maniere qu'il n'y a qu'une seule personne, qui est tout-à-la-fois, *mari, époux & fils.*

Arrêtons-nous ici, avec l'auteur de l'*essai sur les erreurs & les superstitions*, que nous suivons dans cet article, sur les extravagances théologiques du comte de Zinzendorff.

Jesus-Christ, confideré comme femme, est représenté par la plaie du côté. Ainsi, lorsqu'il fût percé sur la croix d'un coup de lance, les ames des hernhutes sortirent principalement en foule de sa blessure. Aussi ce Dieu des chrétiens aime-t-il les hernhutes beaucoup plus que le reste des hommes ; & ceux de cette secte, pour plaire à Dieu, doivent adorer le *cher petit agneau*, & prendre en qualité de son substitut la premiere femme avec laquelle ils jugent à propos de passer au saint acte de la génération. Ces opinions de M. de Zinzendorff, & qu'il a publiées dans fes écrits, font, ajoute l'auteur qu'on vient de citer, mille fois plus impies encore. Ce font cependant ces mêmes opinions qui forment la doctrine de la fecte dont il eft l'auteur.

A l'égard des principes dictés par M. de Zinzendorff, ils ne font pas moins détestables : » il faut toujours s'exprimer, dit-il, de maniere que l'on puifse fe retracter, fi le public n'étoit pas bien difpofé. Un homme n'eft criminel, qu'autant qu'il fe perfuade qu'il commet effectivement une action criminelle ; de maniere qu'il fuffit pour ne pas péchet de fe per-fuader qu'on ne péche pas. Ainfi, quiconque fe croit bien confirmé dans la grace peut tout faire fans la perdre, & fe livrer fans fcrupule à toutes fortes d'excès, pour rendre à la chair ce qui appartient à la chair ». Fondé fur ces principes abominables, M. de Zinzendorff préfcrivoit aux jeunes filles, comme un devoir facré, de fe proftituer fous fes yeux, d'exciter les jeunes hernhutes, de &c. La pudeur eft allarmée d'un tel tableau, & elle défend de dévoiler cet horrible tiffu d'abominations.

Cependant, le comte jaloux de cimenter de plus en plus l'union entre fes difciples, fit divers reglemens. En 1730, il défendit aux hern-hutes de fe donner à l'avenir d'autre nom que ceux de freres & de fœurs ; il voulut qu'ils fe tutoyaffent, & qu'il regnât entre eux la plus intime fa-miliarité. La fageffe, que la multitude croyoit appercevoir dans fon administration, lui attira fucceffivement un grand nombre de difciples. Sa troupe s'augmenta fur-tout par la réunion de plufieurs fanatiques de Himbach, qui, guidés par Frédéric Rock, leur chef, le fupplierent de le recevoir dans fon berçail. Il prit enfuite le parti de voyager dans diverfes Cours d'Allemagne. S'étant trouvé à Copenhague, au mois de juin 1731, il affifta au couronnement du roi de Dannemarck, & fut honoré du collier de l'ordre de Danebrog. Il paffa enfuite à Dresde ; mais les nouvelles hu-miliations qu'il y éprouva, l'obligerent bientôt à abandonner cette capi-tale de l'électeur de Saxe. Il fe détermina alors en 1732, à abdiquer la charge de confeiller de cour ; & laiffant à fon époufe l'entiere adminif-tration de fes biens, il ne s'occupa plus que des intérêts de fa fecte.

Le bruit que faifoient les innovations du comte de Zinzendorff en Al-lemagne, forcerent les univerfités à les foudroyer par leurs decrets. Le clergé plus intéreffé encore à étouffer cette fecte dès fa naiffance, publia divers anathêmes contre leur auteur. Rien ne put intimider le comte. Réfolu de facrifier fa propre vie, à l'éclat qui accompagne la mémoire des chefs de parti, il s'efforçoit d'autant plus de donner de la confiftance à fa doctrine, qu'on fe donnoit plus de mouvement pour la décréditer. Il

ne

ne fe contentoit pas de prêcher lui-même dans tous les lieux où il paſſoit, ni de féduire par l'appât des voluptés ceux qu'il vouloit enrôler fous fes étendards, il envoyoit de toutes parts des émiſſaires Hernhutes qu'il décoroit du nom d'Apôtres. Dans le nombre de ces miſſionnaires, il y eñ eut deux qui fe diſtinguerent beaucoup, Spangenberg & David Nitschmann. Le premier faifoit fa réſidence en Géorgie, & le fecond à Pétersbourg.

Il y avoit long-temps que le comte de Zinzendorff defiroit être élevé à l'épiſcopat. Quelque célébre que fût déja fa doctrine, il prétendoit, fans doute, que cette dignité contribueroit beaucoup à la répandre. Malheureufement il étoit l'ennemi déclaré du clergé; & aucuns des fouverains ne vouloient permettre qu'il fût facré dans fes états. Fatigué de tous les refus qu'il avoit éprouvés à ce fujet, il conçut le deſſein de fe facrer lui-même évêque d'Hernhute & de Berthelsdorff. Mais comme, avant d'être évêque, il falloit être prêtre, il fe rendit à Berlin, où un eccléſiaſtique peu fcrupuleux lui conféra la prêtrife, le 23 Mai 1737. Devenu prêtre & fucceſſivement évêque, le comte de Zinzendorff s'appliqua à mettre encore beaucoup plus d'ordre qu'auparavant dans fon berçail. Il partagea fon églife d'Hernhute en deux troupeaux; l'un étoit luthérien, & avoit un temple à Berthelsdorff; & l'autre réformé avoit une églife dans le bourg d'Hernhute.

Fier de fa dignité, M. de Zinzendorff fentit rédoubler fon zèle & fon enthouſiaſme. Il partit rapidement, revint, difparut encore; il alloit de tous côtés; on le voyoit par-tout où le nom d'Hernhute avoit pu pénétrer. Il n'employa que fix mois à parcourir la Wétéravie, la Hollande & l'Angleterre. La comteſſe de Zinzendorff, fon époufe, ne s'oublioit pas non plus; elle faifoit de fon côté des miſſions, & fa beauté lui faifoit beaucoup plus de profélytes que fa doctrine.

La fecte des Hernhutes devenoit de jour en jour plus floriſſante. Protégée par diverfes perfonnes en place, aſſez aveugles pour ne pas appercevoir le mafque qui la couvroit, elle comptoit déja divers établiſſements confidérables dans les quatre parties du monde, lorfqu'elle fut violemment perfécutée en Allemagne. Ses difciples, qui déja parloient en maîtres dans les lieux où ils s'étoient multipliés, furent chaſſés en 1740 de prefque tous les afyles qu'on avoit eu la foibleſſe de leur accorder. On les obferva de près; ils furent démafqués & bannis pour toujours du pays d'Hanovre, de Lubeck, de la Pomeranie fuédoife & du Holftein royal. Ces revers imprévus ne l'étonnerent pas. Il indiqua une aſſemblée de freres Hernhutes à Gotha, où il employa toute son éloquence pour les consoler. Ce fut, dans cette assemblée qu'il expédia, en qualité d'évêque, un acte d'excommunication lancée contre Vende & son épouse, dont il retint la fille, qui, dit-on, étoit fort jolie. Cet acte étoit ainsi conçu :

» A mon cher Vende & à son épouse ».

» Quoique je vous tienne pour la proie assurée du diable, & que
» je vous croie, vous en particulier, femme de Vende, doublement
» enfant de l'enfer ; je desire néanmoins que votre condamnation soit
» aussi douce qu'il se pourra. Ainsi, comme il est bien certain que tous
» vos enfans appartiennent au sauveur, & qu'il n'y en a point qui m'in-
» quiette autant que votre Magdeleine, qui fait tant de difficulté de se
» conformer aux intentions du sauveur ; & qui ne l'écoute pas, quoi-
» qu'il lui crie : *Qui aime son pere ou sa mere plus que moi, n'est pas digne
    de moi : je déclare positivement, que je souhaite que vous me livriez
» votre fille, car, quoique vous agissiez contre la loi en la retenant,
» vous ne laissez pas de tourmenter son ame. Les sept diables qui vous
» obsedent, vous permettent-ils donc de réfléchir ? Pensez-y-bien, &
» laissez votre fille en paix dans la société, pour son salut éternel &
» temporel. Celui qui entend mieux vos intérêts que vous-même. Signé
» Louis ».

L'année suivante, le comte de Zinzendorff renonça à l'épiscopat, & ne voulut désormais d'autre titre que ceux *d'ancien, de tuteur, de serviteur & d'économe du mystere de la croix.* Revêtu de ces titres modestes, il partit pour Genêve, parcourut la Hollande & passa en Angleterre, d'où il s'embarqua pour l'Amérique. Il étoit accompagné dans ce voyage de sa fille, jeune fanatique, digne à tous égards d'un tel pere. L'apôtre du nouveau monde arriva à Newyorck le 7 Décembre 1741, & il se mit aussi-tôt à prêcher. Cependant, comme, après avoir abdiqué l'épis-copat, il croyoit n'avoir plus de caractere, il se fit consacrer de nouveau prêtre luthérien à Philadelphie. Il se donna alors beaucoup de soins pour attirer les quakers dans sa croyance ; mais tous ses efforts furent inutiles. Indigné d'éprouver tant de résistance de la part d'un peuple qu'il estimoit, il quitta précipitamment l'Amérique, & revint en Europe.

Il essuya à son retour diverses mortifications qui altérerent beaucoup sa santé. Ayant été se plaindre à la cour de Pétersbourg de l'affront qu'on lui avoit fait, en interdisant l'entrée de deux maisons saintes que sa femme avoit fait construire, on le fit renfermer dans la citadelle, d'où il fortit quelques jours après, efcorté par des gardes jufques fur les frontieres de la Ruffie, avec les ordres les plus févéres de n'y paroître jamais. Cet affront le détermina à ne plus voyager. Livré entierement aux foins de fa fecte & de fon ménage, il maria fa fille aînée à un nommé Michel Panggut, jeune homme fans mœurs, fans biens, fans talens & fans nom. Le comte, afin d'arracher fon gendre à l'obfcurité, le fit adopter par le baron de Wateville, qui lui donna fon nom. Les autres enfans du comte moururent dans leur jeuneffe, & quelque temps avant leur mere qui décéda le 19 Juin 1756.

Accablé fous le poids de fes malheurs domeftiques, défefpéré de voir périr prefqu'en même temps fa femme & fes enfans, de voir s'évanouir auffi fes efpérances, fes projets, & d'être hors d'état de relever la gloire du hernhutifme abattue, ou de raffembler fes difciples profcrits & difperfés; le fenfible Nicolas Louis, comte de Zinzendorff, mourut à Hernhute, entre les bras de fes enthoufiaftes, le 9 Mai 1760, agé de 60 ans.

Sa fecte fubfifte encore; elle a même quelques établiffements en Hollande; mais elle n'a jamais pu fe relever des coups rédoublés qu'elle a reçue peu de temps avant la mort de fon fondateur. Elle vit languiffante, méprifée, déteftée même à caufe de fes impiétés; & il ne paroît pas qu'aucune autre fecte veuille jamais s'unir à elle.

PRÉCIS

SUR

LES ORDRES DE CHEVALERIE,

ÉTABLIS EN FRANCE.

PRÉCIS

SUR LES ORDRES DE CHEVALERIE,

Établis en France.

LES Romains donnoient autrefois le nom de chevaliers à ceux qui, parmi les fénateurs & les plébeiens, occupoient le fecond rang dans la ré-publique. On les appelloit ainfi, parce que l'état leur donnoit, par honneur, un cheval & un anneau d'or. Louis du May obferve que les rois ne fe trouvant pas affez riches, pour reconnoître les fervices que les gentilshommes leur rendoient, imaginerent les ordres de chevalerie. Ainfi, fans épuifer leurs finances, ils trouverent le moyen de contenter ceux qui attachent la plus haute opinion à ce qu'on appelle *l'honneur*. C'eft pour cela qu'autrefois on créoit les chevaliers, foit avant le combat, afin qu'ils fe battiffent avec plus d'ardeur, foit après la bataille, afin de ré-compenfer fur le champ ceux qui avoient eu plus de part à la victoire. La chevalerie étoit autrefois fi confidérée parmi nous, que les enfans des princes & des feigneurs n'étoient pas admis à la table de leur pere, s'ils n'étoient chevaliers; & c'eft pour cela que les fimples écuyers n'avoient pas le privilege de manger à la table des grands. Les plus grands princes ne dédaignoient pas de s'enrôler fous les étendarts de la chevalerie. Louis XI, roi de France, voulut recevoir l'ordre de chevalerie, de la main de Philippe, duc de Bourgogne, le jour de fon facre en 1641; & François I, avant la bataille de Marignan, l'an 1515, reçut le même ordre de Pierre Bayard, gentilhomme du Dauphiné, que fa vertu fit furnommer, *le chevalier fans reproche*. L'hiftoire remarque encore que Guillaume, comte de Hollande, ayant été élu roi des Romains, voulut être créé chevalier, avant de recevoir la couronne. Enfin, les rois de France, dans la cérémonie de leur couronnement, ont fouvent donné l'ordre de chevalerie à leurs fils & à d'autres princes de leur fang. Il y a cependant en Italie quelques exemples de chevaliers héréditaires; telle eft la qualité de chevalier de S. Jean-de-Latran, qui a paffé de pere en fils dans certaines familles, par priviléges des empéreurs. Mathieu Paris dit, que pour être capable de combattre dans un tournois, il falloit être chevalier ; & que c'est pour cela , que le comte de Glocester fit en Angleterre , Guillaume son frere , chevalier. Anciennement la récéption des chevaliers se faisoit pour l'ordinaire aux fêtes de Pâques , de la Pentecôte & de Noel , avec de grandes cérémonies , parmi lesquelles , il y en avoit une entr'autres fort singuliere. On faisoit d'abord la barbe à celui qui vouloit être chevalier : on le mettoit ensuite dans un bain , où on lui jettoit de l'eau sur les épaules ; puis on le mettoit dans un lit , au sortir duquel on le conduisoit, vêtu d'une robe & d'un capuchon', à une chapelle , où il passoit la nuit en prieres. Le matin il entendoit la messe , alloit ensuite se coucher ; & quand il avoit réposé quelque temps , on l'éveilloit pour recevoir une chemise blanche , une robe rouge , des chausses noires & une ceinture blanche. On le menoit ensuite à celui qui le devoit faire chevalier , qui lui donnoit l'acollade avec quelques coups de plat d'épée sur les épaules , & qui lui faisoit attacher des éperons d'or aux pieds ; enfin, on le conduisoit à la chapelle , où il faisoit serment sur l'autel, de soutenir les droits de l'église toute sa vie ; il se mettoit à table avec les chevaliers assemblées : mais il n'y pouvoit manger ni boire. Cette pratique a été long-temps en usage en France , en Italie & en d'autres contrées de l'Europe. On l'observoit aussi e n Angleterre , & on y ajoutoit même beaucoup d'autres cérémonies, également divertissantes pour les spectateurs & , incommodes pour le postulant. On assure que Saladin fut fait chevalier de cette maniere par Hugues de Tabarie , son prisonnier , qui ne changea dans les cérémonies que ce qui ne pouvoit s'accorder avec la religion du soudan , & les coups de plat d'épée. Godefroi , fils de Foulques , comte d'Anjou , fut aussi fait chevalier avec ces cérémonies , en 1128, par Henri , roi d'Angleterre. En donnant au chevalier l'épée , la lance , le chapeau , le haubert , les chausses de fer, les éperons, les molettes, le gorgerin , la masse , l'écu, les gantelets , le cheval , la selle & divers autres équipages , on lui faisoit entendre que tout y étoit mystérieux , & chacune de ces choses le devoit instruire de son devoir. Chamberlaine dit , que , lorsqu'un chevalier est condamné à mort pour un crime énorme , on lui ôte sa ceinture & son épée, on lui coupe ses éperons avec une petite hache , on lui arrache son gantelet & on lui biffe ses armes. Du temps de Pierre de Beloy, on procédoit à la dégradation d'un chevalier , en l'armant de pied en cap , comme s'il eût dû combattre , & en le faisant monter sur un échafaud , où le héraut le publioit *traitre* , *vilain* , *déloyal.* Après que le roi, ou le prince chef d'ordre , accompagné de douze chevaliers vêtus de deuil , avoit prononcé la condamnation , on jettoit le chevalier attaché

à

à une corde fur le carreau, & en cet équipage, il étoit conduit à l'églife. On lui chantoit le *Deus laudem meam*, &c. pfaume plein de malédictions; puis on le mettoit en prifon, pour être puni par la juftice ordinaire felon les loix militaires. La maniere de revoquer la chevalerie, eft exprimée dans l'arrêt du grand-confeil, du fixieme Août 1579, où il fut enjoint au chevalier dégradé, de rendre le collier & le petit ordre de S. *Michel*, pour être mis entre les mains du tréforier de l'ordre. Il faut remarquer que celui qui a la fouveraine puiffance, fait faire quelquefois des chevaliers par ceux qui ne font pas chevaliers. Ainfi, le roi Louis XIII reçut l'ordre du S. *Efprit* à fon facre, en 1600, des mains de François, Cardinal de Joyeufe, quoiqu'il ne fût pas affocié à cet ordre. Les papes ont donné le même pouvoir au gardien des Cordeliers de Jérufalem, de conférer l'ordre de chevalerie du S. *Sepulchre* aux Pélerins ou voyageurs de la Terre-Sainte. Il eft inutile d'obferver ici, que l'on peut être aggrégé à divers ordres de chevalerie. Ainfi, en France, les chevaliers du S. *Efprit*, font chevaliers de S. *Michel*, & de la *toifon d'or*; comme en Efpagne, il y a des chevaliers d'Alcantara, qui font auffi chevaliers de Calatrava, & ainfi des autres ordres de cette nation, lorfqu'ils fe rapportent aux mêmes vues & aux mêmes fonctions, qui font de combattre les ennemis de la religion chrétienne. Néanmoins les ordres militaires religieux, comme celui des hofpitaliers de S. *Jean* de Jérufalem, le *teutonique* & autres de cette nature, font incompatibles avec les ordres militaires des rois; parce que dans ces premiers on fait les vœux qui attachent des chevaliers au fervice de leur ordre. Il faut auffi remarquer, qu'on ne peut accepter l'ordre de chevalerie d'un prince étranger, fans le confentement du fouverain; parce que cet engagement porte le caractere d'abjuration de fa patrie. C'eft pourquoi, *François* I, duc de Bretagne, fit mourir fon frere Gilles de Bretagne, baron de Château-Briant, en 1450; parce que fans fon confentement, & au mépris de fes défenfes, il avoit reçu l'ordre de Saint-George d'Angleterre. On a douté long-temps, fi les femmes pouvoient être chevalieres. Si l'on a égard à toute l'étendue que l'on doit donner à ce terme, il eft certain que les fonctions de la chevalerie ne conviennent pas à des femmes; mais, comme l'objet primitif de l'inftitution de ces fociétés ne fubfifte plus, on peut y admettre aujourd'hui des femmes parmi les hommes, ou créer des ordres deftinés uniquement à des femmes d'un rang diftingué. Ainfi, la reine *Anne*, ducheffe de Bretagne, veuve du roi Charles VIII, créa une efpece d'ordre de la Cordeliere, qui ne fe communiquoit qu'à des veuves. L'impératrice Eléonore de Gonzague, troisieme femme de l'empereur Ferdinand III, institua en 1662 l'ordre des Dames de la vertu, & en 1668, celui des Dames réunies pour honorer la croix. L'Impératrice Eléonore, veuve de l'empereur Léopold, établit aussi l'ordre de la Croisade, qu'elle donna aux premieres dames de la cour. Enfin, nous avons vu de nos jours l'Impératrice reine Marie Thérèse, instituer l'ordre de la Croix étoilée, qui n'est destinée qu'à des femmes.

Quelque grand seigneur que l'on fût, il n'étoit permis autrefois de porter le manteau, qu'après avoir été fait chevalier. Les princes & les seigneurs qui n'étoient pas encore chevaliers, étoient appellés de leur nom de baptême, suivi du titre de *Monsieur*. C'est ainsi qu'il est dit dans les histores de France, *Charles*, *Monsieur de Bourbon*; *Antoine*, *Monsieur de Bourgogne*; *Charles*, *Monsieur d'Albret*; *Jacques*, *Monsieur deS . Pol*. Mais, après avoir été faits chevaliers, on leur donnoit le titre de *Monseigneur*, qui précédoit le nom de baptême. On donnoit aussi ce titre aux anciens chevaliers, sous leur banniere. Les bannerets qui possédoient plusieurs fiefs directs, dont relevoient d'autres fiefs de chevaliers, se disoient doubles bannerets; & les chevaliers leurs vassaux, bacheliers. La qualité de *miles* en latin, est la même que celle de chevalier en françois; & ces mots *miles militum*, qui se trouvent dans quelques histoires de France, désignent des chevaliers vassaux des bannerets. Les damoiseaux, en latin, *domicelli*, diminutif de *Domini*, étoient au-dessous des chevaliers, & au-dessus des écuyers. C'étoit proprement des novices de chevalerie, qui, avec l'âge, devenoient chevaliers par leurs services. Cela donna lieu à beaucoup de simples écuyers d'usurper la qualité de damoiseaux, pour parvenir plus facilement à la chevalerie. Les éperons d'or, & le cordon d'or autour du bonnet, étoient des marques de chevalerie; car il n'y avoit que les chevaliers qui eussent droit d'en porter selon les ordonnances. Les écuyers ne portoient que des éperons blancs. Les évêques portent encore aujourd'hui la ceinture & le cordon d'or, parce qu'ils étoient autrefois du corps des barons & des chevaliers.

Ordre de Saint-Lazare.

L'ordre de S. Lazare, le plus ancien de ceux qui subsistent actuellement en France, fut institué en 1119, à Jérusalem, lorsque les chrétiens d'Occident se furent rendus maîtres de la Palestine. Le pape Alexandre IV le confirma par une bulle de l'an 1255, & lui donna la regle de S. Auguſtin. L'objet primitif de ſon inſtitution étoit de protéger les pellerins contre les inſultes des Muſulmans ; mais les chrétiens ayant été chaſſés de l'Aſie , la plupart des chevaliers qui compoſoient l'ordre de S. Lazare , ſe retirerent en France , où Louis VII leur donna la terre de Boigni , près d'Orléans. Depuis cette époque , l'ordre a toujours ſubſiſté en France avec aſſez d'éclat ; & le 16 février 1608 , il fut uni à celui de Notre-Dame du Mont-Carmel, inſtitué par Henri IV.

L'ordre de S. Lazare eſt à préſent compoſé de 79 chevaliers-prieurs de l'ordre , dont 71 commandeurs ; de 35 chapelains , dont 3 ſont commandeurs ; de 86 freres-ſervans d'armes , dont 2 ſont commandeurs , qui jouiſſent des mêmes privileges & prérogatives que les chevaliers : le tout monte à 77 commanderies.

Ces chevaliers & les freres d'armes jouiſſent auſſi des penſions ſur les bénéfices , quoique mariés ; & cet ordre a été réuni par une bulle du pape Clément XIII, à l'ordre royal & hoſpitalier du S. Eſprit de Montpellier.

Cet ordre étoit déchu ſucceſſivement de ſon premier luſtre : mais Monsieur , frere du roi , aujourd'hui grand-maître , lui a redonné ſon premier éclat , & a ordonné que , pour y être admis , on feroit preuve de neuf degrés de nobleſſe , y compris le préſenté. S'il eſt militaire , il faut qu'il ſoit au moins breveté lieutenant-colonel ; & s'il eſt eccléſiaſtique , il prouvera au moins les 20 ans de ſervice du pere. Ce prince les a diviſés en trois claſſes ; ſavoir , commandeurs , profès , & ſimples chevaliers , & chaque claſſe avec ſa marque diſtinctive.

La croix de cet ordre eſt à huit pointes d'un côté , émaillée d'amarante avec l'image de la Sainte-Vierge au milieu , environnée de rayons d'or , & de l'autre côté émaillée de ſinople , avec l'image de S. Lazare ; les angles cantonnés de fleurs de lys d'or. La croix attachée à un grand ruban de couleur amarante , qui ſe porte au col ou en écharpe , ayant pour deviſe : *Dieu & mon Roi*

La petite croix de cet ordre eſt ſeulement la marque diſtinctive des jeunes gentilshommes , éleves de l'Ecole royale militaire , & que l'on appelle *la croix de l'école*. Ils la portent à la boutonniere , pendante à un ruban couleur de feu. Les jours de cérémonie , le grand-maître eſt revêtu d'une dalmatique de toile d'argent , & par deſſus d'un grand manteau traînant , de velours amarante , ſemé de fleurs de lis d'or , de chiffres & de trophées en broderie d'or & d'argent. Les chiffres forment le nom de *Marie* au milieu de deux couronnes.

Tome III.   Y 2

L'habit des chevaliers de juſtice conſiſte en une dalmatique de ſatin blanc, ſur laquelle eſt une croix de la hauteur & de la largeur de la dalmatique, écartelée de couleur tannée & de ſinople, & par deſſus un grand manteau traînant de velours amarante, ſur le côté gauche duquel eſt brodée une croix de l'ordre, avec l'image de la Sainte-Vierge au milieu.

Les chevaliers eccléſiaſtiques ou chapelains portent un camail de velours amarante, avec la croix de l'ordre brodée au côté gauche.

Le manteau des freres ſervans n'eſt que de drap, ayant ſur le côté gauche la médaille en broderie. Les novices ont ſeulement un petit manteau de ſatin verd, avec une eſpece de capuchon.

Le hérault d'armes porte une dalmatique de velours amarante, chargée pardevant des armes de l'ordre en broderie, leſquelles ſont d'argent à la croix écartelée, de couleur tannée & de ſinople, l'écu timbré d'une couronne ducale.

Tous, à l'exception des eccléſiaſtiques, portent une toque de velours noir, avec des plumes noires & une aigrette. Les ſimples chevaliers ne font que des vœux ſimples, juſqu'à ce qu'il plaiſe au grand-maître de les recevoir au nombre des chevaliers-profès, lorſqu'ils ont l'âge de trente ans. Le roi eſt ſouverain chef, fondateur & inſtituteur de cet ordre.

Ordre de Saint-Michel.

L'ordre de S. Michel, inſtitué en **1469** par Louis XI, a été toujours le plus diſtingué du royaume, juſqu'au commencement du dernier ſiecle; car, comme dit Mézerai, nos rois ne le conféroient qu'à des perſonnes de très-ancienne nobleſſe, de vie irréprochable, d'éminente vertu, & qui avoient fait quelqu'action qui méritât une récompenſe ſi glorieuſe & ſi éclatante. Mais l'établiſſement de l'ordre du S. Eſprit, par Henri III, l'ayant un peu fait déchoir de ſa premiere ſplendeur, Louis XIV voulut le rétablir dans ſon ancien luſtre : aujourd'hui l'ordre de S. Michel ſert principalement à récompenſer ceux des artiſtes qui ſe ſont le mieux diſtingués dans leur profeſſion; ce qui donne la nobleſſe au moins de trois degrés; cependant tous ceux que le roi ſe propoſe d'élever à l'ordre du S. Eſprit, ſont encore obligés de ſe faire chevaliers de S. Michel, la veille de leur promotion.

La marque de cet ordre eſt une croix d'or à huit pointes émaillée de blanc, cantonnée de quatre fleurs de lis d'or, chargée en cœur d'une médaille repréſentant S. Michel foulant aux pieds un dragon : le tout émaillé au naturel. Cette croix eſt attachée à un grand ruban noir que les chevaliers portent en écharpe. Le grand collier eſt d'or, fait à coquilles, entrelacées l'une dans l'autre, & poſées ſur une chaîne d'or, où pend une médaille repréſentant S. Michel. Le collier doit être du poids de 200 écus d'or, & ne peut être enrichi d'aucunes pierreries.

L'habit de cérémonie eſt un grand manteau de damas blanc, ou de toile d'argent, traînant à terre, avec une broderie d'or tout autour, re-préſentant le collier de l'ordre : il eſt fourré d'hermine, le chaperon eſt de velours cramoiſi, orné de la même broderie, & ſous le manteau les chevaliers portent un habit court de même étoffe que le chaperon.

Ordre du Saint-Eſprit.

L'ordre du S. Eſprit, le plus diſtingué de tous ceux que l'on voit en France, fut établi par Henri III, le 31 janvier 1578. Le but de ce prince en le créant, étoit de réunir les grands du royaume diviſés par les factions ; & le prince crut avec raiſon, les attacher plus étroitement à la couronne, en leur diſtribuant ces marques de diſtinction, & en les aſſu-jettiſſant à un ferment qui dans ces ſiecles de revolte & de férocité, pa-roiſſoit cependant formidable.

Ce prince mit ſon nouvel ordre ſous la protection du Saint-Eſprit, en mémoire des bienfaits qu'il avoit reçus du ciel le jour de la Pen-tecôte. En effet, il étoit né, il avoit été élu roi de Pologne, & il étoit parvenu à la couronne de France, le jour de la Pentecôte.

Henri III, dont la plupart des penchans montroient une apparence de piété, voulut que les chevaliers ſe diſtinguaſſent par la dévotion. Il les exhorta à aſſiſter tous les jours à la meſſe, & les jours de fêtes à la célébration des offices divins. Il les obligea à dire journellement leur chapelet, avec injonction de le porter ſur eux. Il les aſſujettit auſſi à lire tous les jours les pſaumes & les oraiſons qui ſe trouvent dans un livre qu'on leur diſtribue pour cet objet. Ce prince puſillanime fit divers autres reglemens de piété, dont on trouve le détail dans les ſtatuts de ſon ordre.

Les chevaliers du S. Eſprit ſont commandeurs des ordres du roi. Leur collier, qui doit être du poids de 200 écus d'or, eſt compoſé alternati-vement de la lettre H, d'une fleur de lis d'or, d'où ſortent des flammes émaillées couleur de feu, & d'un chiffre que Henri IV changea depuis en un trophée d'armes : à ce collier pend une croix d'or émaillée de blanc, avec une fleur de lis d'or dans chacun des angles, & dans le milieu une colombe d'un côté, & de l'autre une médaille repréfentant l'image de S. Michel. Ceux qui font décorés de cet ordre, prennent la veille celui de S. Michel. Il n'y a que les prélats qui n'obfervent pas cet ufage. C'eſt pourquoi ils portent une colombe des deux côtés de la croix pendue au col avec un ruban bleu. Lorfqu'un évêque devient commandeur, il quitte fa croix d'or, pour ne plus porter que celle du S. Efprit.

Le manteau de l'ordre eſt femblable à celui de S. Michel pour la forme; mais il en diffère par la couleur. Il eſt de velours noir, femé de flammes d'or, orné tout autour d'une broderie qui repréfente le grand collier, la croix brodée en argent fur la poitrine. Le chaperon eſt de toile d'argent à fond verd, brodé comme le manteau; la doublure eſt de fatin orangé. Le manteau fe porte retrouffé du côté gauche, & l'ouverture eſt du côté droit. Sous le manteau les chevaliers portent des chauffes & des pourpoints de fatin blanc. Les fouliers font blancs; mais le bout de l'empeigne eſt de velours noir. L'habillement de tête eſt une toque de velours noir, rehauffé de plumes blanches.

Le nombre des chevaliers eſt fixé à cent, & dans ce nombre font compris quatre cardinaux, quatre archevêques, évêques ou prélats, le grand aumônier de France, qui eſt commandeur né, fans être obligé de faire preuve de nobleffe, le chancelier & garde des fceaux, le prévôt-maître des cérémonies, le grand tréforier & le greffier, tous affujettis aux mêmes preuves que les chevaliers. Outre ces quatre grands officiers-commandeurs, compris dans le nombre des cent chevaliers, il en eſt d'autres qui ne font point commandeurs. Ces officiers font, l'intendant, le généalogiſte, le hérault d'armes, l'huiffier, les tréforier & controleur du marc d'or. Ces officiers ne portent point la croix de l'ordre brodée fur leurs habits; mais feulement une croix plus petite, attachée à la boutonniere avec un ruban bleu.

C'eſt un des ſtatuts irrévocables de l'ordre pour tous les commandeurs & chevaliers, de porter toujours la croix brodée en argent fur le côté gauche des manteaux, robes & autres habillemens de deffus, & la croix d'or au col, pendante à un large cordon bleu célefte. Les chevaliers & commandeurs laïcs la portent en écharpe de droit à gauche. Les commandeurs eccléfiaſtiques la portent au col pendante fur la poitrine. Le fouverain chef & grand-maître a feul le droit de recevoir les chevaliers. La grande maîtrife eſt unie irrévocablement à la couronne, fans qu'elle puiffe jamais en être féparée. Les rois jurent à leur facre l'obfervation des ſtatuts de l'ordre.

Nul ne peut être admis dans l'ordre, s'il ne fait profeſſion de la religion catholique, apoſtolique & romaine; s'il n'eſt gentilhommme de nom & d'armes, & de trois races paternelles pour le moins; & n'ait, à l'égard des princes, 25 ans accomplis, & 35 pour les autres.

Aucun chevalier-commandeur n'eſt reçu dans l'ordre du Saint-Eſprit, qu'il ne ſoit auſſi chevalier de S. Michel, à l'exception des commandeurs eccléſiaſtiques. C'eſt pourquoi, comme on l'a dit, la veille qu'il doit recevoir l'habit & le collier du Saint-Eſprit, il eſt fait chevalier de l'ordre de S. Michel. Il ſemet à genoux devant le roi qui le frappe légérement ſur les *sis.* épaules avec une épée nue, en lui diſant: *De par S. George & de par S. Michel, je vous fais chevalier.* Le lendemain, il ſe trouve à l'égliſe, où il ſe met à genoux devant le roi pour prêter ſerment de l'ordre; après lequel, le prévôt & maître des cérémonies préſentent au roi le manteau pour le donner au chevalier. En le donnant, le roi dit: *l'ordre vous revêt du manteau de ſon aimable compagnie & union fraternelle, à l'exaltation de notre foi & religion catholique : au nom du pere & du fils & du S. Eſprit.* Le grand tréſorier préſente enſuite à ſa majeſté le collier qu'elle met au col du chevalier, en diſant: *Recevez de notre main le collier de notre ordre du benoît S. Eſprit, auquel nous, comme ſouverain grand-maître, vous recevons, & ayez en perpétuelle ſouvenance la mort & paſſion de N. S. & R. J. C. en ſigne de quoi nous vous ordonnons de porter à jamais, couſue en vos habits extérieurs, la croix d'icelui, la croix d'or au col, avec un ruban de couleur bleu céleſte, & Dieu vous faſſe la grace de ne contrevenir jamais aux vœu & ſerment que vous venez de faire, leſquels ayez perpétuellement en votre cœur, étant certain que ſi vous y contrevenez en aucune ſorte, vous ſerez privé de cette compagnie, & encourrez les peines portées par les ſtatuts de l'ordre : au nom du pere, &c.* à quoi le chevalier répond : *Sire, Dieu m'en donne la grace, & plutôt la mort que jamais y faillir, remerciant très-humblement votre majeſté, de l'honneur & bien qu'il vous a plu me faire:* & en achevant, il baiſe la main du roi.

Les chevaliers & grands officiers-commandeurs, ſont payés de la ſomme de 3000 liv. de penſion par chacun an, ſur leurs ſimples quittances. De plus, ils ſont exempts de contribuer au ban & arriere-ban, de payer aucuns rachats, lods, ventes, quints & requints, tant des terres qu'ils vendent, que de celles qu'ils peuvent acheter: ils ont leurs cauſes commiſes aux requêtes du palais à Paris. Ils ſont francs & exempts de tous emprunts, ſubſides, impoſitions, péages, travers, paſſages, fortifications, gardes & guets de villes & châteaux. Enfin, ils ont l'honneur de manger avec le roi à la même table, les jours de cérémonie de l'ordre;

Ordre de Saint - Louis.

Cet ordre fut établi en Avril 1693, par Louis XIV, pour recompenfer le mérite des officiers des troupes de France.

La croix de cet ordre eft d'or à huit pointes, comme celle de l'ordre du Saint-Efprit, émaillée de blanc, avec des fleurs de lis d'or dans les angles. Au milieu eft un cercle dans lequel eft d'un côté, l'image de Saint-Louis armé en cuiraffe, ayant par-deffus le manteau royal, tenant de fa main droite une couronne d'épines & les clous de la paffion, avec cette légende tout autour : *Ludovicus magnus inftituit 1693* ; & de l'autre côté du cercle, il y a une épée dont la pointe perce une couronne de laurier attachée à un ruban blanc, avec cette légende autour : *bellicæ virtutis præmium.*

Le revenu de cet ordre eft de 450000 liv.

Le roi, par une ordonnance du 12 Décembre 1781, a rétabli une penfion de 1000 liv. en faveur du plus ancien chevalier de cet ordre, choifi parmi les troupes de terre, qui ne fera pas d'ailleurs chevalier des ordres du roi, ni grand-croix de celui de Saint-Louis ; penfion dont cet officier jouira fans altérer celles qui pourroient lui avoir été déja accordées fur les fonds de l'ordre.

Dans les armoiries, les grand-croix entourent l'écuffon de leurs armes du grand cordon rouge, & mettent par derriere la grande-croix de l'ordre. Les commandeurs ne mettent que le grand cordon rouge ; & les fimples chevaliers mettent la croix de l'ordre attachée à un nœud de ruban rouge au bas de l'écu de leurs armes.

Ordre du Mérite.

Les chevaliers de Saint-Louis devant être tous catholiques, Louis XV. fe détermina, le 10 Mars 1759, à inftituer un nouvel ordre du Mérite militaire, en faveur des officiers des troupes françoifes, nés en pays proteftans. Les rangs & les marques d'honneur de cet ordre font les mêmes que dans celui de S. Louis. Le cordon eft bleu foncé ; la croix eft d'or émaillée de blanc fur un des côtés ; au milieu eft une épée en pal, avec ces mots : *pro virtute bellicâ* ; fur le revers une couronne de laurier avec cette légende : *Lud. XV inftituit*, 1759.

Article

ARTICLE XVII.

Couronnement des Rois de France.

LE couronnement des rois de France eſt l'une des plus auguſtes & des plus importantes cérémonies, dont la religion puiſſe offrir le ſpectacle au peuple. C'eſt là que le roi s'unit à la nation par le vœu le plus ſolemnel, & que les François reſſerrent les liens ſacrés qui les uniſſent à leur ſouverain. Le cœur de la nation entiere eſt intéreſſé à une cérémonie à laquelle la religion imprime un caractere de majeſté ; & les promeſſes réciproques que ſe font en cette occaſion le monarque & ſes ſujets, la rendent extrêmement intéreſſante.

L'uſage exige que les rois ſoient ſacrés dans l'égliſe métropolitaine de Reims (*fig.* 217). Quelques jours auparavant ce prince fait ſon entrée ſolemnelle dans cette ancienne ville de la Gaule. Il ſe rend à la grande porte de l'égliſe, où il eſt reçu par l'archévêque duc de Reims, à la tête du chapitre, aſſiſté des évêques de Soiſſons, de Laon, de Beauvais, de Châlons, de Noyon, d'Amiens & de Senlis ſes ſuffragans. Le roi ſe met à genoux à la porte de l'égliſe ; & après avoir baiſé le livre des évangiles, porté par l'un des chanoines en tunique, le monarque eſt complimenté par l'archévêque de Reims. Après ce diſcours, on adreſſe à Dieu quelques prieres ; on conduit proceſſionnellement le roi au milieu du chœur. Cette cérémonie préliminaire finit par un *Te Deum* chanté par la muſique du roi & par celle de la métropole, au bruit de pluſieurs ſalves de l'artillerie de la ville. Pendant qu'on le chante, on apporte un ciboire d'or, deux burettes, leur baſſin & deux inſtrumens de paix à baiſer, préſent que le roi fait à l'égliſe de Reims. Le premier gentilhomme de la chambre le remet entre les mains du monarque qui va l'offrir à Dieu, en le poſant ſur l'autel.

Après le *Te Deum*, l'archévêque donne la bénédiction, & enſuite le roi ſe retire dans le palais archi-épiſcopal paré des plus précieux ornemens de la couronne. Là le monarque reçoit les hommages de l'égliſe de Reims ; le doyen porte la parole & offre au roi le pain & le vin du chapitre. Le corps de ville apporte auſſi les préſens ordinaires ; & l'univerſité complimente le roi par la bouche de ſon recteur. Le préſidial & l'élection rempliſſent la même formalité.

Tome III.   Z

Le jour du facre arrivé, tous ceux qui doivent y figurer, fe rendent à l'églife méptropolitaine, & fe placent chacun felon fa dignité. L'archévêque de Reims s'affiet le vifage tourné vers le chœur, fur la chaife qui lui a été préparée vis-à-vis le prie-dieu du roi. Ce prélat eft accompagné de plufieurs autres évêques députés pour la cérémonie & qui fe placent à fes côtés. Le grand-aumônier de France, en rochet, & après lui les cardinaux invités & revêtus de leurs chappes de cardinal, font placés fur une forme un peu plus haute que le banc des pairs eccléfiaftiques, mais un peu moins avancé. Les archévêques & évêques invités font placés fur des formes, derriere les pairs eccléfiaftiques. Après eux font les agens du clergé, derriere lefquels font les aumôniers du roi en rochet & en manteau noir.

Les confeillers d'état & les maîtres des requêtes invités au facre, tous en robe de cérémonie, occupent les formes qui font au-deffous des archévêques & évêques; après eux font fix fécrétaires du roi, députés de leur compagnie pour affifter au facre.

Les pairs eccléfiaftiques en chappe & en mître de drap d'or, conduits par le grand-maître des cérémonies, fe placent fur un banc couvert d'un tapis de velours violet, fémé de fleurs de lis d'or auprès de l'autel du côté de l'épître. Les pairs font l'archévêque de Reims, qui doit facrer le roi, l'évêque duc de Laon, l'évêque duc de Langres, l'évêque comte de Beauvais, l'évêque comte de Châlons, & l'évêque comte de Noyon.

La reine, les princeffes & les dames de la cour font placées fur une tribune élevée au côté droit de l'autel. Le nonce du pape & les ambaffadeurs invités à cette cérémonie, font conduits à leur tribune par les introducteurs; & ceux-ci fe placent autour d'eux fur la même ligne. Le refte de la tribune eft occupé par les princes & les feigneurs étrangers.

Les pairs laïcs arrivent les derniers, conduits par le grand-maître des cérémonies. Tous fe placent fur la forme qui leur eft deftinée du côté de l'évangile, couverte comme celle des pairs eccléfiaftiques. Ils font vêtus d'une vefte d'étoffe d'or. Ils ont une ceinture d'or & par-deffus leur longue vefte un manteau ducal de drap violet, doublé & bordé d'hermine, ouvert fur l'épaule droite; l'épitoge ou colet rond eft auffi bordé d'hermine. Tous ont une couronne d'or fur un bonnet de fatin violet. Ce font communément les princes du fang qui repréfentent les anciens pairs laïcs de France. Les trois qui repréfentent les ducs, ont des couronnes ducales, & les autres qui repréfentent les comtes, des couronne de comtes; ils portent fur leur manteau les colliers de leurs ordres.

Un moment après que les pairs laïcs ont pris leur place, ils s'approchent avec les pairs eccléfiaftiques, de l'archévêque duc de Reims ; & ils conviennent de députer deux d'entre ces derniers pour aller chercher le roi. Ces deux prélats revêtus de leurs habits pontificaux, & ayant des reliquaires pendants à leur col, partent proceffionnellement précédés de tous les chanoines de l'églife de Reims, au milieu defquels eft la mufique. Le chantre & le fou-chantre marchent après le clergé & devant le grand-maître des cérémonies, qui précédent immédiatement les deux évêques. Arrivés à la chambre du roi qu'ils trouvent fermée, le chantre y frappe de fon bâton. Le grand - chambellan fans ouvrir la porte dit : *Que demandez - vous ?* L'un des prélats répond : *Le roi.* Le grand-chambellan répart : *Le roi dort.* On répéte trois fois la même cérémonie ; & la troifieme, le prélat député dit : *Nous demandons Louis . . . que Dieu nous a donné pour roi.* Auffi-tôt les portes de la chambre s'ouvrent, & le grand-maître des cérémonies conduit les prélats auprès du roi qu'ils faluent profondément. Ils trouvent le monarque couché fur un lit de parade ; vêtu d'une longue camifole cramoifie, garnie de galon d'or & ouverte ainfi que la chemife aux endroits où il doit recevoir les onctions. Par-deffus cette camifole, le roi a une longue robe d'étoffe d'argent & fur fa tête une toque de velours noir, garnie d'un cordon de diamant, d'une plume & d'une double aigrette blanche. L'un des prélats préfente de l'eau bénite au roi, en adreffant à Dieu quelques prieres. Les deux évêques foulevent alors le roi de deffus fon lit, & le conduifent proceffionnellement à l'églife, accompagné des officiers de fa maifon, tous fuperbement vêtus & d'une maniere analogue aux fonctions qu'ils rempliffent.

Le roi étant arrivé à l'églife, on adreffe à Dieu quelques prieres, après lefquelles on annonce la fainte ampoule. Cette ancienne relique de la piété françoife eft apportée proceffionnellement de S. Remi, par le prieur de cette abbaye, revêtu d'une chappe d'étoffe d'or, & monté fur un cheval blanc de l'écurie du roi, couvert d'une houffe d'argent richement brodée, & que deux maîtres palfreniers de la grande écurie, conduifent par les rênes. Ce religieux eft fous un dais de pareille étoffe qui eft porté par quatre barons, appellés chevaliers de la fainte ampoule, vêtus de fatin blanc, d'un manteau de foie noire & d'une écharpe de velours blanc garni de franges d'argent, avec la croix de chevalier paffée au col & attachée à un ruban noir. Les quatre feigneurs nommés pour ôtages de la fainte ampoule, marchent à cheval aux quatre coins du dais & font précédés chacun de fon écuyer portant un guidon chargé d'un côté des

<table><tr><td>*Tome III.*</td><td>Z 2</td></tr></table>

armes de France & de Navarre & de l'autre de celles de leur maison.

L'archévêque de Reims, averti par le maître des cérémonies de l'arrivée de la sainte ampoule, va à la porte de l'églife, accompagné de fes affiftans, & avec diverfes cérémonies la recevoir des mains du prieur de l'abbaye. Celui-ci, en la remettant à l'archévêque, lui dit ces paroles : *Monfeigneur, je mets entre vos mains ce préfent envoyé du ciel au grand faintRemi pour le facre de Clovis & des rois fes fucceffeurs ; mais auparavant je vous fupplie, felon l'ancienne coutume, de vous obliger à me le remettre entre les mains, après que le facre du roi fera fait.* L'archévêque le lui ayant promis, il lui remet la fainte ampoule entre les mains.

Cette cérémonie eft fuivie de plufieurs prieres, après lefquelles on prend le ferment du roi. L'archévêque de Reims affifté de deux autres prélats, adreffe d'abord la parole au prince & lui parle ainfi, en latin : « Nous » vous demandons de conferver les privileges canoniques, les droits & » la juridiction dont chacun de nous, & les églifes qui nous font con » fiées, fommes en poffeffion, & de vous charger de notre défenfe, comme » un roi le doit dans fon royaume à chaque évêque & à l'églife qui eft » commife à fes foins ». Alors le roi, fans fe lever de fon fiege & la tête couverte, répond ainfi : « Je promets de conferver à chacun de vous, » & aux églifes qui vous font confiées, les privileges canoniques, les » droits & la juridiction dont vous jouiffez, & de vous protéger & dé » fendre, autant que je le pourrai, avec le fecours de Dieu, comme il » eft du devoir d'un roi dans fon royaume, de protéger chaque évêque » & l'églife qui eft commife à fes foins ».

Le roi ayant fait cette promeffe, deux pairs eccléfiaftiques foulevent le roi de fon fauteuil ; & étant debout, il demande tout haut au peuple s'il accepte Louis . . . pour fon roi. Après un moment de filence que l'on confidere comme un confentement de la part des affiftans, l'archévêque de Reims préfente au roi le ferment du royaume. Le nouveau monarque étant affis & la tête couverte, prononce tout haut ce ferment en latin. En voici les termes traduits en françois :

« Je promets, au nom de Jefus-Chrift, au peuple chrétien qui m'eft » foumis : de faire conferver en tout temps, à l'églife de Dieu, la » paix par le peuple chrétien ; d'empêcher les perfonnes de tout rang, » de commettre des rapines & des iniquités de quelque nature qu'elles » foient ; de faire obferver la juftice & la miféricorde dans les jugemens, » afin que Dieu qui eft la fource de la clémence & de la miféricorde, » daigne la répandre fur moi & fur vous auffi ; de m'appliquer fincére-

» ment, & de tout mon pouvoir, à exterminer de toutes les terres fou-
» mifes à ma domination , les hérétiques nommément condamnés par
» l'églife. Je confirme par ferment toutes les chofes énoncées ci-deffus ;
» qu'ainfi Dieu & ces faints évangiles me foient en aide ».

Après ce ferment, le roi prononce celui de chef & fouverain grand-maître de l'ordre du Saint-Efprit en ces termes :

« Nous Louis, par la grace de Dieu roi de France & de Navarre ,
» jurons & vouons folemnellement en vos mains , à Dieu le créateur,
» de vivre & mourir en fa fainte foi & religion catholique, apoftolique
» & romaine, comme à un bon roi très-chrétien appartient , & plutôt
» mourir que d'y faillir ; de maintenir à jamais l'ordre du S. Efprit, fondé
» & inftitué par le roi Henri III, fans jamais le laiffer décheoir, amoin-
» drir ni diminuer , tant qu'il fera en notre pouvoir ; obferver les ftatuts
» & ordonnances dudit ordre entierement , felon leur forme & teneur ,
» & les faire exactement obferver par tous ceux qui font ou feront ci-
» après reçus audit ordre , & par exprès ne contrevenir jamais , ni dif-
» penfer, ou effayer de changer ou innover les ftatuts irrévocables
» d'icelui ».

Le roi prononce enfuite le ferment de chef & fouverain grand-maître de l'ordre militaire de Saint-Louis en ces termes :

« Nous jurons folemnellement en vos mains , à Dieu le créateur , de
» maintenir à jamais l'ordre militaire de Saint-Louis, fondé & inftitué
» par le roi Louis XIV de glorieufe mémoire, notre très - honoré fei-
» gneur, & par nous confirmé , fans jamais le laiffer décheoir, amoin-
» drir ni diminuer , tant qu'il fera en notre pouvoir, obferver & faire
» obferver les ftatuts & ordonnances dudit ordre ; favoir , le ftatut
» d'union de la grande maîtrife à la couronne de France , celui par lequel
» il eft dit, que tous grand-croix , commandeurs , chevaliers & officiers
» ne pourront être autres que catholiques, apoftoliques & romains ; &
» de n'employer ailleurs les deniers affectés aux revenus, entretenement
» & penfions desdits grand-croix , commandeurs , chevaliers & officiers ,
» pour quelques caufes & occafions que ce foit , & de porter la croix
» d'or pendante à un ruban de foie couleur de feu : ainfi le jurons &
» promettons fur la fainte vraie croix , & les faints évangiles touchés ».

Enfin, le roi prononce le ferment de l'obfervation de l'édit contre les duels en ces termes :

« Nous, en conféquence des édits des rois nos prédéceffeurs , regiftrés
» en notre cour de parlement contre les duels , voulant fuivre fur-tout

» l'exemple de Louis XIV de glorieuſe memoire, qui jura ſolemnelle-
» ment au jour de ſon ſacre & couronnement l'exécution de ſa décla-
» ration, donnée dans le lit de juſtice qu'il tint le ſeptieme jour de Sep-
» tembre 1651 ».

« A cette fin, nous jurons & promettons en foi & parole de roi, de
» n'exempter à l'avenir aucune perſonne, pour quelque cauſe & conſi-
» dération que ce ſoit, de la rigueur des édits rendus par Louis XIV en
» 1651, 1669 & 1679 ; qu'il ne ſera par nous accordé aucune grace ou
» abolition, à ceux qui ſe trouveront prévenus desdits crimes de duels,
» ou rencontres préméditées ; que nous n'aurons aucun égard aux ſollicita-
» tions de quelques prince ou ſeigneur qui intercedent pour les coupables
» desdits crimes : proteſtant que, ni en faveur d'aucun mariage de prince
» ou princeſſe de notre ſang, ni pour les naiſſances de dauphin & prin-
» ces qui pourront arriver durant notre regne, ni pour quelqu'autre con-
» ſidération générale & particuliere que ce puiſſe être, nous ne per-
» mettrons ſciemment être expédiées aucunes lettres contraires aux ſuf-
» dites déclarations ou édits ; afin de garder inviolablement une foi ſi
» chrétienne, ſi juſte & ſi néceſſaire : ainſi Dieu me ſoit en aide & ſes
» ſaints évangiles ».

Après que le roi a prononcé ces ſermens, l'archévêque de Reims fait
apporter ſur l'autel les ornemens royaux dont le roi doit être revêtu à
ſon ſacre. Ces ornemens ſont la grande couronne de Charlemagne, &
deux autres, dont une enrichie de pierres précieuſes & l'autre d'or ; l'épée,
le ſceptre, la main de juſtice, les éperons & le livre des cérémonies ;
une camiſole de ſatin rouge, garnie d'or, une tunique & une dalmatique,
des bottines & un manteau royal de velours bleu, ſemé de fleurs de lis
d'or, doublé d'hermine. On procéde enſuite à la conſécration du roi.
Alors, ce prince ſe met à genoux, & l'archévêque de Reims adreſſe à
Dieu diverſes prieres analogues à la cérémonie. Enſuite, le prélat, ſe
tenant aſſis comme à la conſécration d'un évêque, tient en main la patene d'or du calice de S. Remi, ſur laquelle eſt l'onction ſacrée. Il en
prend avec le pouce droit, & oint le roi 1° ſur le ſommet de la tête,
2° ſur l'eſtomac, les évêques de Laon & de Beauvais ouvrant les ouvertures faites à la chemiſe, à la camiſole du roi & à chacun des endroits
où doit ſe faire l'onction, 3° entre les deux épaules, 4° ſur l'épaule doite,
5° ſur l'épaule gauche, 6° aux plis & jointures du bras droit, 7° aux plis
& jointures du bras gauche. Ces onctions, toutes accompagnés de diverſes prieres, étant finies, l'archévêque de Reims, aidé des évêques de

Laon & de Beauvais, referme les ouvertures de la chemife & de la camifole du roi, avec des lacets d'or. Enfuite le roi debout, le grand chambellan le revêtit de la tunique, de la dalmatique & du manteau royal. Ces vêtemens font de velours violet, fémés de fleurs de lis en broderie d'or, & repréfentant les habits des trois ordres, de fou-diacre, de diacre & de prêtre.

Le roi, ainfi revêtu, fe met à genoux devant l'archévêque de Reims, qui, affis fa mître en tête, reprend la patene, & fait au monarque la huitieme onction fur la paume de la main droite, & enfuite la neuvieme fur celle de la main gauche, en faifant quelques prieres. Le prélat bénit enfuite les gants, l'anneau royal, le fceptre & la main de juftice, qu'il met fucceffivement dans la main du roi. On en vient enfuite au couronnement. Le chancelier de France, ou celui qui le repréfente, monte alors à l'autel du côté de l'évangile, le vifage tourné vers le roi & le chœur, & appelle ainfi les pairs felon leur rang.

Monfieur . . . . qui repréfentez le duc de Bourgogne, préfentez-vous à cet acte.

Monfieur . . . . qui repréfentez le duc de Normandie, préfentez-vous à cet acte.

Monfieur . . . . qui repréfentez le duc d'Aquitaine, préfentez-vous à cet acte.

Monfieur . . . . qui repréfentez le comte de Touloufe, préfentez-vous à cet acte.

Monfieur . . . . qui repréfentez le comte de Flandres, préfentez-vous à cet acte.

Monfieur . . . . qui repréfentez le comte de Champagne, préfentez-vous à cet acte.

Il appelle les pairs eccléfiaftiques de la même maniere. Il ne nomme cependant pas l'archévêque duc de Reims, le premier des fix pairs ; parce que fa fonction eft de facrer le roi.

Le chancelier de France s'étant remis à fa place, l'archévêque de Reims prend fur l'autel la grande couronne de Charlemagne, & la foutient feul à deux mains fur la tête du roi, fans le toucher. Auffi-tôt les pairs laïques & eccléfiaftiques y portent la main pour la foutenir ; & le prélat la tenant toujours de la main gauche, adreffe à Dieu une oraifon, après laquelle il met feul la couronne fur la tête du roi.

Cette cérémonie eft accompagnée de diverfes prieres. L'archévêque de Reims, précédé de fon porte-croffe & de deux chanoines en chappe, prend alors le roi par le bras droit , & le conduit avec tous les grands officiers de la couronne, au trône élevé pour cet effet fur le jubé. C'eft ce qu'on appelle l'*intronifation.* Là, on fait encore quelques prieres analogues à la cérémonie ; après quoi, l'archévêque de Reims ayant quitté fa mître , fait une profonde révérence au roi , & le baife. Alors il dit tout haut, & par trois fois : *vivat rex in æternum.* Enfuite les pairs eccléfiaftiques & les pairs laïques baifent le nouveau monarque , avec pareille acclamation , à leur tour. On ouvre alors les portes de l'églife , & le peuple y entre en foule, pour voir fon chef , affis fur fon trone, dans toute la pompe de la royauté ; & , dans ce moment, toute l'églife rétentit d'acclamations de *vive le roi.* En même temps les trompettes & les autres inftrumens de mufique , qui font dans le chœur, fe font entendre, & fe joignent aux cris de joie de tout le peuple. Les oifeleurs lâchent une grande quantité d'oifeaux , en figne de la liberté que la nation va recouvrir fous le nouveau monarque.. Les Gardes Françoifes & Suiffes qui font dans la place , & autour de l'églife , font une triple falve de moufqueterie. Pendant ces acclamations , les hérauts d'armes diftribuent dans le chœur & dans la nef une grande quantité de médailles d'or, que l'on a frappées pour la cérémonie. L'archévêque de Reims defcend du jubé; monte à l'autel & entonne le *Te Deum* qui lui eft annoncé par le grand chantre, & qui eft continué en plain-chant par la mufique du roi. On chante enfuite la meffe où le roi communie. Après le facrifice , le roi retourne en pompe à l'archévêché. Là, on célébre , ce qu'on appelle le *feftin royal ,* où le roi eft fervi par les grands officiers de la couronne de France, chacun felon fon département. On dreffe communément cinq tables. Celle du roi eft placée fur une eftrade élevée de quatre marches , & fous un dais de velours violet, fémé de fleurs de lis d'or en broderie. Les tables des pairs eccléfiaftiques & des pairs laïques font dreffées à la droite & à la gauche de la falle, à égale diftance de l'eftrade du roi. Sur la même ligne & au bout de ces deux tables, il y en a deux autres ; l'une à droite pour le nonce du pape & les ambaffadeurs invités, & l'autre à gauche, appellée la *table des honneurs ,* pour le grand chambellan de France, le premier gentilhomme de la chambre , les chevaliers de l'ordre du Saint-Efprit qui ont porté les offrandes, & les autres feigneurs qui ont le droit de s'y placer. Ce grand feftin fe fait aux frais de la ville de Reims.

ARTICLE **XVIII.**

ARTICLE XVIII.

Tableau de l'Inquisition.

CE tribunal formidable, si connu en Europe, & qui subsiste encore avec éclat en Espagne & en Portugal, a pour objet la recherche & la punition de tout ce qu'on peut appeller *ennemis de l'église*. Le pape Innocent III & le grand S. Dominique en furent les premiers fondateurs. Quelque moyen qu'on eût pris pour extirper la secte des Vaudois & des Albigeois, il restoit encore un grand nombre de ces hérétiques, qui avoient échappé aux longues & sanglantes guerres qu'ils avoient eu à soutenir. La cour de Rome ne crut pas pouvoir mieux faire, que d'établir un tribunal uniquement occupé à en faire la recherche & à en procurer la punition. On nomma *inquisiteurs* ceux qui furent chargés de faire ces recherches. Les premiers que la cour romaine en chargea, furent les religieux des ordres de S. Dominique & de S. François, nouvellement institués, & qui jouissoient alors de la plus grande considération.

Les inquisiteurs n'eurent point d'abord toute l'autorité que les siecles suivans leur ont vue, & qu'ils ont encore à présent. Leur pouvoir fut borné d'abord à travailler à la conversion des hérétiques, par la voie de la prédication & de l'instruction ; à exhorter les princes & les magistrats à punir, même du dernier supplice, ceux qui persistoient avec obstination dans leurs erreurs ; à s'informer du nombre & de la qualité de ces hérétiques ; du zele des princes & des magistrats à les poursuivre ; du soin des évêques & de leurs officiaux à en faire la perquisition. Ils envoyoient ensuite toutes ces informations au Pape, pour en faire ce qu'il jugeroit à propos. Insensiblement ils virent croître leur autorité. Bientôt ils eurent la permission d'accorder des indulgences ; & ils en distribuerent abondamment à quiconque s'armoit contre les hérétiques, ou contribuoit à leur extirpation. Quelques princes, qui ne voyoient encore dans le tribunal de l'Inquisition rien qui ne leur fût avantageux, puisqu'en extirpant les hérésies, il assuroit la tranquillité de leurs états, le protégerent de toute leur autorité. Les inquisiteurs sçurent se servir de cette protection pour obtenir des privileges qui les rendirent en peu de temps très-redoutables. Ainsi l'Inquisition fut d'abord reçue assez paisiblement.

La cour de Rome voulut profiter de cet heureux commencement pour étendre le plus loin qu'elle pourroit sa jurisdiction. On vit paroître des bulles contenant des ordonnances à tous les magiſtrats des villes, à tous les gouverneurs de provinces, à tous les princes même, pour recevoir l'Inquiſition, & portant pouvoir aux inquiſiteurs d'excommunier quiconque s'oppoſeroit à l'exécution de ces ordonnances. Un pareil procédé fit ouvrir les yeux ſur les dangereux inconvéniens d'un tribunal établi, pour ainſi dire, par la force & par la violence. On jugea qu'il ne manqueroit point d'étendre de plus en plus ſes bornes. Les bulles du Pape ne furent point reçues en France, en Allemagne, en Suiſſe, dans les Pays-Bas. En Angleterre, on ne voulut ſeulement pas entendre parler d'Inquiſition, quelques efforts que fît la cour de Rome pour l'établir dans ces différens états. Les rois d'Arragon furent preſque les ſeuls qui la reçurent & l'établirent dans les états dépendans de leurs couronnes. Ce ne fut pas, il eſt vrai, ſans de grandes difficultés. Mais ils vinrent à bout de les vaincre; & l'Eſpagne, dès l'an 1484, fut entierement aſſujettie au joug de l'Inquiſition. Veniſe reçut auſſi ce tribunal : mais cette ſage & prévoyante république, qui ne l'avoit admiſe que pour ſe garantir des héréſies qui commençoient à infecter ſes états, ſçut lui preſcrire de juſtes bornes. En vain la cour de Rome s'en plaignit hautement; on fut ſourd à ſes plaintes. Il fallut qu'elle conſentît aux conditions que lui propoſa la république.

On n'avoit pas encore tenté d'introduire l'Inquiſition en Portugal. On déſeſpéroit même d'y réuſſir, lorſque l'intrigue & l'impoſture d'un certain moine, qui ſe ſervit d'un bref ou d'une bulle ſuppoſée, la firent recevoir dans ce royaume. Quoique depuis on découvrît l'impoſture, & qu'en punition ſon auteur fût envoyé aux galeres où il mourut, les inquiſiteurs ne laiſſerent pas de continuer l'exercice de leurs fonctions. Encore aujourd'hui l'Inquiſition eſt des plus accréditées en Portugal, mais cependant moins ſévere qu'en Eſpagne, où ce tribunal eſt redouté des rois même. Il n'y a guere que les nouveaux chrétiens qui ſoient expoſés aux rigueurs de l'Inquiſition portugaiſe. On appelle nouveaux chrétiens ceux qui ont changé de religion pour embraſſer la religion chrétienne, ou même ceux dont les ancêtres ont été mahométans, payens ou hérétiques. Pour ceux dont la famille a de tout temps été chrétienne, & eſt connue pour telle, ils n'ont preſque rien à craindre; car un chrétien nouveau ne peut pas accuſer un ancien chrétien, ſans être repris par l'Inquiſition comme faux témoin, quoique ſon témoignage ſoit reçu, s'il eſt contre un nouveau chrétien.

En Eſpagne au contraire, tout tremble & doit trembler ſous le joug de l'Inquifition. Il n'y a perfonne, à proprement parler, qui ne foit expofé continuellement à perdre fa liberté. Cette perte ne dépend que d'un léger foupçon, d'une délation, d'une accufation quelconque, furtout s'il s'agit du crime d'héréfie. Dans ce cas, toute dépofition eft valable, de quelque part qu'elle vienne. Il n'y a pas de témoin qu'on puiffe recufer, quel qu'il foit, fût-il hérétique, juif, mahométan, homme infame & connu pour tel. Un fils peut dépofer contre fon pere; un pere contre fon fils; un mari contre fa femme, une femme contre fon mari. Ainfi toutes les portes font ouvertes à la vengeance, aux trahifons, aux inimitiés particulieres. Quatre chofes paroiffent devoir les autorifer en quelque forte : 1°. les accufateurs ne rifquent point d'être connus de l'accufé, parce que jamais on ne les lui dénonce ; 2°. On n'oblige pas les témoins à prouver leurs dépofitions ; 3°. il n'y a jamais confrontation de témoins ; 4°. enfin, deux témoins par oui-dire, valent un témoin qui a vu ou entendu, & fuffifent pour faire donner la queftion, qui eft très-rigoureufe.

On diftingue quatre chefs principaux de crimes, dont on peut être accufé : 1° l'héréfie, le foupçon d'héréfie, la protection d'héréfie ; 2° la magie noire, les maléfices, les fortiléges & les enchantemens ; 3°. le blafphême qui contient quelqu'héréfie, ou quelque chofe qui y a rapport ; 4° les injures faites à l'Inquifition, à quelqu'un de fes membres ou de fes officiers ; la moindre réfiftance à l'exécution de fes ordres. On eft hérétique, feulement pour défaprouver quelque coutume établie dans des églifes particulieres où l'inquifition eft reçue ; pour dire ou enfeigner quelque chofe de contraire aux fentimens reçus à Rome & en Italie, touchant l'infaillibilité des papes, leur autorité fouveraine & illimitée, leur fupériorité fur les conciles, même généraux, & leur prétendu pouvoir fur le temporel des rois. Auffi, remarque un écrivain fort eftimé, qui a donné l'hiftoire de l'Inquifition, & dont nous n'avons prefque fait qu'extraire ce que nous en rapportons, la plupart des françois & des allemands, même catholiques, paffent pour luthériens dans les pays d'Inquifition.

Paffer une année fans fe confeffer & communier ; manger de la viande les jours défendus ; négliger d'aller à la meffe un jour commandé par l'églife ; fréquenter quelqu'hérétique, le loger, lui témoigner de l'eftime, l'avoir pour ami, lui rendre vifite, lui envoyer des marchandifes, de l'argent ; trafiquer avec des hérétiques, ne les pas déférer à l'Inquifition ; avancer quelque propofition qui fcandalife ceux qui l'entendent, & même ne pas déclarer ceux qui en avancent de pareilles, quels qu'ils foient,

amis, parens, pere, mere, freres, sœurs : dans tous ces cas, on est re-
gardé comme suspect d'hérésie ; conséquemment sans cesse exposé à se
voir citer au rédoutable tribunal. Il suffit pour être jugé fauteur d'hérétique, & puni comme tel, d'avoir sauvé un hérétique, de l'avoir em-
pêché d'être emprisonné, de l'avoir caché, de lui avoir donné conseil
pour se mettre à l'abri des pourfuites de l'Inquisition, de s'être opposé à
l'exécution des ordres de l'Inquisition, ou d'avoir favorisé & aidé ceux qui
s'y opposoient ; d'avoir parlé sans permission aux prisonniers de l'Inquisition ; de leur avoir écrit, soit pour leur donner conseil, soit même pour
les consoler.

Quant au crime de magie, il est incroyable combien de personnes, du
sexe sur-tout, sont tous les jours arrêtées sous prétexte d'avoir exercé
cet art diabolique. Les femmes en Espagne sont, plus que par-tout ailleurs, curieuses, & donnent dans tout ce qui peut satisfaire leur vaine
curiosité. Aussi, les voit-on imbues la plupart des vieilles erreurs de
l'astrologie, occupées de pratiques superstitieuses & ridicules ; ce qui les
fait passer dans l'esprit des inquisiteurs pour des personnes qui s'appliquent à la magie, & en conséquence contre lesquelles ils doivent sévir.

L'Inquisition ne sévit, comme nous l'avons dit, que contre les blas-
phêmes qui contiennent quelque hérésie. Elle ne punit point les Juifs à
cause de leur religion ; mais ils doivent bien se garder de rien dire contre
la religion chrétienne ; d'empêcher quelqu'un des leurs de se faire Chrétien,
ou d'engager quelque Chrétien de se faire Juif ; d'avoir aucun livre qui refute
ou qui traite avec mépris la religion chrétienne. Si leur religion a quelque
loi ou quelque coutume commune avec la religion catholique, & qu'ils
manquent à y être fideles, l'Inquisition en prend connoissance, & punit
sévérement les infracteurs comme hérétiques.

Enfin, quant au dernier chef, tout est crime capital. La plus légere
offense, la moindre ménace que l'on feroit au moindre des officiers de
l'Inquisition, ou même des délateurs ou des témoins, seroit punie avec la
derniere rigueur. Il n'y auroit ni naissance, ni caractere, ni emploi, ni
rang, ni dignité, qui pussent en mettre qui que ce fût à couvert. Il ne seroit
pas plus aisé d'échapper aux pourfuites des inquisiteurs : ils ont à leurs ordres une infinité d'espions infatigables, qui n'épargnent rien pour trouver
les criminels qui ont pris la fuite. Les pays étrangers ne sont pas même
un sûr asyle pour ces malheureux. On a vu des personnes être arrêtées à
Constantinople même, de la part de l'Inquisition. Elles s'étoient laissées
engager à quelque partie de plaisir ou à la campagne ou sur l'eau, par de

prétendus amis, qui, n'étant autre chofe que des efpions apoftés & mis à leurs trouffes, les faifoient enlever. Il y a encore une autre efpece d'ef- pions, du nombre defquels fe font honneur d'être les évêques, les arche- vêques, les grands d'Efpagne. Ils font uniquement occupés à veiller fur les mœurs des catholiques, & à les déférer, s'ils manquent à leur devoir de chrétiens.

Quand on eft cité devant le tribunal de l'Inquifition, le plus sûr eft de comparoître. Tout délai paroît un nouveau crime. Il arrive même fouvent qu'on ne s'arrête point à cette formalité de citer à comparoître. L'inquifition commence d'abord par ordonner une prife de corps contre l'accufé. Dans quelque lieu qu'il fe trouve, elle eft mife à exécution, fans que rien y puiffe apporter aucun rétardement. Un pere eft arrêté aux côtés de fon fils, un fils dans la compagnie de fon pere, une femme en celle de fon mari, fans que non-feulement on entreprenne de faire la moindre réfiftance, mais fans qu'on ofe prendre même le moindre délai pour donner ordre aux affaires les plus preffantes. Du moment que l'In- quifition s'eft emparée d'un accufé, la moindre liaifon avec lui eft cri- minelle ; tous fes biens font inventoriés & faifis par provifion. Une femme fe voit chaffée avec tous fes enfans de la maifon de fon mari, dès qu'il a été emprifonné, & paffe fouvent de l'état le plus opulent à celui de la derniere mifere. Les confifcations tournent prefque toutes entieres au pro- fit de l'Inquifition ; auffi met-elle tout en œuvre pour qu'on ne puiffe réchapper de fes mains fa fortune, fi l'on a le bonheur d'en réchapper fa vie. Elle n'épargne rien pour vous faire trouver ou vous faire avouer coupable des crimes dont on vous accufe. Dans l'un ou l'autre cas, vos biens font également confifqués, & vous devez vous regarder comme très-heureux d'en être quitte à ce prix.

Le premier foin des inquifiteurs, lorfqu'ils ont fait arrêter quelqu'un, eft donc de faifir tous fes biens ; après quoi ils le font fouiller exacte- ment lui-même. On le dépouille de tout, même de fes livres de piété s'il en avoit. On prend bien garde fur-tout qu'il n'ait aucun inftrument dont il puiffe fe fervir pour fe défaire : enfuite on le conduit dans les pri- fons ; ce font des lieux fouterrains où l'on defcend par quantité de détours, lieux fombres & affreux, inacceffibles à la lumiere du jour, où fe fait fentir l'infection la plus infupportable. Les prifonniers font forcés d'y demeurer des huit jours entiers au milieu de leurs propres ordures, même au plus fort de l'été. Les prifons font divifées en cellules, & chaque cel- lule contient ordinairement quatre ou cinq prifonniers également malheureux, soit qu'ils se trouvent seuls, soit qu'ils aient des compagnons. S'ils sont seuls, ils sont abandonnés à la plus affreuse solitude. S'ils ont des compagnons, ils risquent de se trouver avec des gens infâmes & pleins de vices. Il arrive souvent que de jeunes filles, des religieuses, des femmes distinguées par leur noblesse & pleines de vertus sont renfermées dans un même cachot avec des femmes perdues & débauchées; que des religieux, prêtres, des gens de la premiere qualité ont pour compagnons des gens grossiers, sans éducation, sans mœurs. Souvent même les compagnons qu'on donne à un prisonnier, sont apostés pour l'engager à avouer ce dont on l'accuse, ou même ses propres accusateurs.

Il n'est point de ressorts que l'Inquisition ne fasse jouer pour tirer de l'accusé l'aveu de son crime. Par cet aveu elle s'assure la possession absolue de ses biens qu'elle n'avoit d'abord saisis que par provision. Mais ce n'est pas assez que l'accusé fournisse un prétexte légitime de lui ravir ses biens; il faut qu'il donne encore matiere à d'autres rapts : ce qu'il ne peut faire qu'en accusant d'autres personnes d'être ses complices; sur son accusation, ces personnes sont arrêtées comme il l'a été lui-même, & leurs biens sont aussi saisis par provision, jusqu'à ce qu'ils aient fait un aveu qui donne dessus un plein droit à MM. les inquisiteurs. Ainsi, lorsqu'un accusé a avoué son crime, & qu'au moyen de cet aveu il croit s'être assuré de la plus prompte délivrance, tout-à-coup on lui signifie, ou qu'il y a un nouveau témoin, une nouvelle accusation contre lui; ou que ce n'est pas assez d'avoir fait l'aveu de son crime, qu'il faut encore qu'il avoue ses complices, & qu'il devine les témoins qui ont déposé contre lui, & qui souvent même se sont dits ses complices; que sans cela il n'y a pas de pardon pour lui & qu'il sera condamné au feu comme *diminutos*, c'est-à-dire comme un homme qui a déguisé une partie de la vérité. Pour éviter un supplice aussi cruel, il n'est rien que ne fasse un accusé. Dans l'obligation où il se trouve de nommer les témoins & ses complices, il n'épargne personne, pas même ses plus proches parens. Si le nombre des vivans ne suffit pas à ses recherches, il va jusques chez les morts, qui, sur son accusation, sont déterrés, & dont les successions ne manquent pas d'être confisquées. On a vu des accusés nommer jusqu'à sept à huit cent prisonniers pour leurs complices, & souvent ne pas rencontrer dans ce nombre un seul de ceux qui les avoient accusés. Malgré leur innocence, ces infortunées victimes de la cupidité sont jettées dans d'affreux cachots, où, pour comble de malheur, la plainte même leur est interdite.

Pour peu qu'on entende un prisonnier se plaindre, pleurer, gémir, soupirer, faire un peu trop de bruit, parler un peu haut, on lui met un bâillon dans la bouche ; & il eſt cruellement fuſtigé. Perſonne n'eſt épargné fur cet article, il n'y a point de remiſſion : le ſexe même y eſt traité fans diſtinction & ſans miſéricorde. Des femmes très-ſages, de jeunes demoi-ſelles très-vertueuſes, ſont impitoyablement dépouillées & traitées de la maniere la plus outrageanre, au mépris des loix ſacrées de la pudeur. Ce qu'il y a de plus déplorable, c'eſt que pour un ſeul qui aura fait du bruit, on punit tous ceux qui ſe trouvent dans le même cachot, l'un pour avoir commis la faute, & les autres pour ne l'avoir pas découverte : mais ce qu'ils n'oſeroient faire, dans la crainte d'avoir à leur tour pour accuſateur celui qu'ils auroient accuſé, non-ſeulemenr dans le même cas, mais même pour leurs affaires capitales.

Dans les priſons de l'Inquiſition, c'eſt peu de ne pouvoir recevoir au-cune conſolation de la part des hommes, il n'eſt pas poſſible d'en rece-voir de la religion même. Toute lecture eſt abſolument interdite aux pri-ſonniers. Les eccléſiaſtiques ne peuvent pas même avoir leur bréviaire. On ne leur laiſſe ni images, ni reliques de ſaints, ni croix, ni médailles, ni même aucun ſujet pieux, dont on craindroit, pour ainſi dire, que la vue ne ranimât leur courage, & ne les portât à la patience. On ne les confeſſe point ; on ne les inſtruit point ; on les laiſſe des ſix, huit, dix années ſans ſacremens, ſans meſſes ; en un mot, on les traite comme s'ils n'étoient pas chrétiens. Il n'y a qu'à l'article de la mort qu'on donne aux malades des confeſſeurs, qui dépêchent le plus promptement qu'ils peu-vent la confeſſion de ces pauvres pénitens, pour ne pas être expoſés long-temps à l'odeur infecte des cachots. Les priſonniers ne voient donc gue-res qu'une ſeule fois, & que très-peu de temps leurs confeſſeurs, lorſ-qu'à peine il leur reſte un ſouffle de vie : encore la plupart craignent-ils de leur faire une confeſſion trop exacte & trop ſincere, de peur que ce qu'ils leur avoueront ne ſoit rapporté aux inquiſiteurs, & qu'on ne s'en ſerve pour les perdre, s'ils viennent à recouvrer la ſanté. Malgré cette privation odieuſe de tout ſecours ſpirituel, on ſeroit étonné de voir dans quelle ferveur, avec quels ſentimens de piété meurent la plupart de ces prétendus hérétiques que l'Inquiſition retient dans ſes fers, & qu'elle ſe plaît, pour ainſi dire, à tourmenter. Tels ſont les maux que ſont forcés d'endurer les priſonniers, tout le temps que dure l'inſtruction de leurs procès, qui ſont quelquefois des dix années entieres & plus ſans ſe ter-miner ; car, quand on n'a pas de preuves ſuffiſantes contre un accuſé pour le condamner, on attend que le tems en fourniſſe ; ce qui ne manque

 gueres d'arriver. Mais remarquons ici la maniere de procéder de l'inquifition contre les accufés.

Quand un homme a été arrêté, on le laiffe quelquefois quatre ou cinq
mois dans les prifons, fans l'interroger. Enfin les inquifiteurs, qui tiennent
pour maxime conftante que l'accufé foit toujours demandeur, lui font
fuggérer par le geolier de demander audience ; & le geolier ne lui en
parle que comme un confeil qu'il lui donneroit par charité : » Lorfque
» l'accufé paroît devant fes juges pour la premiere fois, on lui demande,
» comme fi on ne le connoiffoit pas, & qu'on ne fçût rien de fon crime,
» qui il eft, ce qu'il veut, & s'il a quelque chofe à dire ? Le plus sûr,
» ou le moins dangereux, eft d'avouer tout ce que l'on veut, quand
» même on n'en feroit pas coupable, parce qu'on ne fait pas mourir l'ac-
» cufé la premiere fois qu'il eft déféré à l'Inquifition. Cependant la fa-
» mille eft taxée d'infamie ; & ce premier jugement rend les perfonnes
» incapables de toutes charges dans l'églife & dans l'état. Un autre
» moyen de fe tirer de l'Inquifition la premiere fois qu'on y eft déféré,
» eft de dire conftamment qu'on n'a rien à dire, & qu'on ne fe fent cou-
» pable de rien. Sur cela, fi les preuves ne font point fortes, on renvoie
» l'accufé : mais la plupart du temps il ne va pas loin ; car les inquifi-
» teurs lui mettent aux trouffes deux ou trois de ces efpions qu'on appelle
» *les familiers de l'inquifition*. Ces gens s'attachent à lui avec une obftina-
» tion inconcevable. Ils le fuivent partout ; ils obfervent toutes fes dé-
» marches, tout ce qu'il dit, tout ce qu'il fait. Rien ne leur échappe ; car
» le plus fouvent, ils font femblant d'être amis de la perfonne, & fe
» mettent le plus avant qu'ils peuvent dans fa confidence ; ou même ce
» font fes propres domeftiques, ou de fes parens les plus proches. Sur le
» moindre indice, ou fur un foupçon des plus légers, on l'arrête de nou-
» veau. Tout fe paffe comme la premiere fois, excepté qu'on en ufe en-
» core avec plus d'exactitude & de rigueur. C'eft alors qu'on peut dire
» qu'un malheureux eft perdu fans reffource ; car on ne fait à l'Inquifition
» ce que c'eft que de pardonner deux fois.

Après avoir laiffé l'accufé, comme la premiere fois, plufieurs mois
dans les prifons fans l'interroger, on lui fait enfin fuggérer de demander
218.   audience dans la grande falle de l'inquifition (*fig.* 218.). Il y eft conduit
par fes gardes. En y entrant, on le fait mettre à genoux, la tête découverte. Les inquifiteurs l'exhortent vivement à confeffer fon crime : s'il le
nie, ils le renvoient en prifon, en lui difant qu'ils lui donnent du temps
pour y penfer & s'en rappeller la mémoire. Ils le font revenir de nou-

veau

veau à l'audience après un certain temps , qui eft toujours fort long , &
le font jurer fur les évangiles qu'il dira la vérité. Après ce ferment , ils
l'interrogent fur toute l'hiftoire de fa vie , fur celle même de fes ancêtres ,
pour favoir fi quelqu'un d'eux n'auroit pas été hérétique , ou repris par
l'Inquifition ; ce qui feroit un fâcheux préjugé contre l'accufé, qu'on fuppofe toujours n'avoir pas moins hérité des fentimens de fes peres que de
leur fang. Si par toutes ces interrogations les inquifiteurs ne trouvent pas
de quoi le condamner , ils feront tout ce qu'ils pourront, l'affureront
même du pardon, pour qu'il donne lui-même un aveu qui le condamne.
Si l'accufé eft trop habile pour donner dans tous ces pieges , ils ont recours à celui-ci, dont il ne fe défie point ordinairement , & qu'il lui eft
par conféquent plus difficile d'éviter. Ils lui délivrent copie des accufations qu'ils difent avoir été faites contre lui. Ces accufations font mêlées
d'autres chefs d'accufations beaucoup plus graves. L'accufé ne manque
gueres de s'attacher principalement à fe difculper de ces derniers , &
paffe légérement fur les autres, qui font les vrais chefs d'accufation ; &
l'on en conclut qu'apparemment ces chefs d'accufation font bien fondés ,
puifqu'il n'infifte que fort peu à s'en juftifier. Lorfqu'on a délivré à un
prifonnier fon accufation, on lui donne un avocat pour le confeiller &
pour le défendre. C'eft, le plus fouvent, un homme dévoué aux inquifiteurs , de fort peu de mérite , & qui , s'il en avoit, ne pourroit pas
s'en fervir pour la défenfe de l'accufé ; car , quand il vient avec lui à
l'audience , il ne lui eft pas même permis de parler, ou s'il parle , ce
n'eft qu'après avoir confulté les inquifiteurs fur ce qu'il doit dire , &
feulement pour preffer vivement l'accufé d'avouer un crime dont fouvent
il n'eft point coupable. S'il perfifte toujours à nier , on inftruit fon procès. On lui donne , pour la premiere fois , les véritables dépofitions, mais
tronquées ; c'eft-à-dire dépouillées de toutes les circonftances des lieux
& des perfonnes qui pourroient faire connoître à l'accufé ceux qui ont
dépofé contre lui. L'accufé peut , s'il le veut, fournir fur le champ fes
réponfes ; finon, on le fait reconduire en prifon, & on lui donne trois
ou quatre jours pour y penfer. Après qu'il a donné fes réponfes , fi elles
ne fatisfont pas, & que d'ailleurs le crime ne foit pas fuffifamment prouvé,
il eft appliqué à la queftion.

Il y a trois fortes de queftions ou tortures, en ufage dans les tribunaux
de l'inquifition. La premiere eft la corde ; la feconde l'eau ; & la troifieme le feu. La torture de la corde fe donne en liant un criminel à une
corde , par les bras renverfés derriere le dos ; enfuite on l'éléve en

Tome III. B b

l'air avec une poulie; & après l'y avoir laissé quelque temps suspendu de toute la hauteur du lieu, on le laisse tomber à demi-pied de terre, avec des secousses qui disloquent toutes les jointures & font jetter au patient des cris horribles. Cette question dure une heure, quelquefois davantage, selon que les inquisiteurs qui sont présents le jugent à propos & que les forces du patient le permettent. Si cette torture ne suffit pas, on emploie celle de l'eau. On en fait avaler au criminel une grande quantité; puis on le couche dans un banc creux qui se ferme & presse tant que l'on veut. Ce banc a un bâton en travers qui tient le corps du patient comme suspendu, & lui rompt l'épine du dos avec des douleurs incroyables. La torture du feu est la plus rigoureuse de toutes. On allume un feu fort ardent; après quoi l'on frotte de lard, ou d'autres matieres pénétrantes & combustibles les plantes des pieds du criminel. On l'étend ensuite par terre & les pieds tournés vers le feu. Dans cette situation, on les lui brûle sans pitié jusqu'à ce qu'il ait confessé tout ce qu'on veut savoir. Ces deux dernieres questions durent comme la premiere, l'espace d'une heure & quelquefois davantage.

Quand donc un criminel est condamné à la torture, on le conduit dans un lieu disposé pour cet effet qu'on appelle *le lieu des tourmens*. C'est une grotte souterraine, où l'on descend par une infinité de détours, afin que les cris horribles que jettent les malheureux ne puissent être entendus. On n'y voit de sieges que pour les inquisiteurs, qui sont toujours présens quand on donne la torture, aussi bien que l'évêque du lieu, ou son grand-vicaire, ou du moins un député de sa part. La grotte n'est éclairée que par deux flambeaux sombres qui ne jettent qu'une très-foible lumiere, mais qui suffit pourtant pour faire voir au criminel les instrumens de la torture avec un ou plusieurs bourreaux, selon qu'il en est besoin. Ces bourreaux sont vêtus, à-peu-près comme les pénitens, d'une grande robe de treillis noir. Ils ont la tête & le visage couverts d'une maniere de capuchon noir qui a des trous aux endroits des yeux, du nez & de la bouche. Ces spectres viennent saisir l'accusé & le dépouillent tout nud, excepté les parties que la pudeur veut qu'on cache. Lorsqu'on donne la question à des femmes ou à des filles, on les dépouille aussi de leurs habits, on leur laisse seulement une large chemise de grosse toile, & on les applique ainsi à la question, d'une maniere très-immodeste, en la présence de plusieurs hommes; en sorte que la plupart effrayées par cet horrible appareil disent ou nient tout ce qu'on exige d'elles, afin d'éviter les tourmens. Quand, à force de supplices, on a tiré de l'accusé tout ce que l'on veut favoir, c'eft-à-dire, ce dont il eft innocent auffi-bien que ce dont il eft coupable, le malheureux n'en eft pas quitte encore; il faut qu'il fouffre une feconde torture fur l'intention & le motif qui lui ont fait faire la faute dont il eft demeuré d'accord; & après cette feconde une troifieme pour avoir révélation de fes complices ou de ceux qui l'ont aidé & favorifé dans ces fortes d'actions. On le remene enfuite à fon affreux cachot, pour attendre fon jugement définitif.

Si ces tortures ne fuffifent pas pour arracher l'aveu de la bouche de l'accufé, on le remene en prifon. On lui donne pour compagnons des gens apoftés exprès pour l'engager, fous une feinte compaffion, à fauver par un aveu fa liberté & fa vie. Les inquifiteurs eux-mêmes n'ont pas honte de venir feindre de confoler ces malheureux; de le folliciter inftamment à faire un aveu auquel ils lui promettent qu'eft attaché fon pardon; car ils ont pour maxime de toujours promettre à un prifonnier de lui faire grace s'il confeffe fon crime, & de ne lui rien tenir de ce qu'ils lui ont promis. Ainfi, quelque chofe que faffe un prifonnier, il lui eft prefqu'impoffible de ne pas laiffer échapper un aveu qui fait toujours fa perte en faifant fa condamnation. Il eft condamné felon l'énormité de fon crime, ou à la mort, ou à une prifon perpétuelle, ou au fouet, ou aux galeres. Mais fa condamnation n'eft pas mife fitôt à exécution : il faut qu'il endure encore le fupplice de l'attendre. On la differe fouvent d'une ou même de plufieurs années, afin qu'en puniffant tout-à-la-fois un plus grand nombre de coupables, l'appareil de leur fupplice foit d'un plus grand exemple. Avant leur exécution, les condamnés font obligés de faire un acte public de profeffion de foi; ce qui a fait appeller le jour de leur fupplice l'auto-dà-fé ou l'acte de foi.

Le jour de l'auto-dà-fé, cérémonie, dit M. de la Croix, où des miniftres de paix brûlent, en l'honneur du Dieu des miféricordes, des victimes humaines, eft comme le jour du triomphe de l'Inquifition (*fig.* 219). Pour que la cérémonie s'en faffe avec plus d'éclat & de célébrité, on a foin de l'annoncer au prône, dans toutes les paroiffes, long-temps avant qu'elle ne fe faffe. En Efpagne, les inquifiteurs vont eux-mêmes l'annoncer un mois d'avance dans la grande place de Madrid. Ils s'y rendent en fuperbe cavalcade, précédés de leurs bannieres, & au fon d'un grand nombre d'inftrumens. Dès que le jour marqué eft arrivé, un peu avant le lever du foleil, les airs commencent à rétentir de toutes parts du fon des cloches : c'eft comme le fignal pour avertir les peuples d'accourir voir l'augufte cérémonie de l'auto-dà-fé. Des gardes viennent ordonner aux

 prifonniers de fe préparer, & leur apportent l'habit que portent ce jour-
là tous les prifonniers. Cet habit fatal qui les diftingue, confifte dans
une vefte dont les manches viennent jufqu'aux poignets, & un calçon
qui defcend jufques fur les talons, le tout de toile noire rayée de blanc.
Quand on voit leur avoir donné affez de temps pour s'habiller, on les
fait fortir de prifon ; & ils font conduits dans une longue galerie où on
les fait ranger de file, & où tous gardent le plus profond filence.
Vêtus de même façon, ces infortunés prifonniers ne favent pas encore
quel eft le fupplice particulier qui les attend, ni quel fera leur fort. Ils
vont bientôt en être inftruits ; au moins le foupçonneront-ils. Enfin paroiffent ces lugubres habits, dont la différence bizarre va leur annoncer
la différence des peines auxquelles ils font condamnés. On diftribue à
ceux qui doivent être condamnés au feu, une efpece de dalmatique
220. dont le fond eft gris (*fig.* 220). Le portrait du patient y eft repréfenté
au naturel devant & derriere, pofé fur des tifons embrâfés avec des
flammes qui s'élévent & des démons tout autour. Leurs noms & leurs
crimes font écrits au bas du portrait. Outre ces habillemens épouvantables, ils portent encore fur leur tête de grands bonnets de carton, ter-
minés en pointe, en forme de pains de fucre, & couverts, comme l'habillement, de flammes & de démons. Tant que la proceffion ne s'eft pas
mife en marche vers le lieu du fupplice, il dépend encore de ceux qui
ont conftamment foutenu leur innocence, même après leur condamnation, d'éviter d'être impitoyablement brûlés. Ils n'ont qu'à s'avouer enfin
coupables, & témoigner un fincere repentir de leur erreur. On leur ôte
alors leurs premiers habillemens, pour leur en donner d'autres où font
peints auffi des flammes, mais renverfés la pointe en bas.

Les habits de ceux qui ont commis, ou qui paffent pour avoir commis
des crimes contre la foi, font faits de toile jaune, & auffi en forme de
dalmatique; par-deffus font peints en rouge devant & derriere des croix de
221. S. André. (*fig.* 221) On en donne aux juifs, aux mahométans, aux
forciers, aux hérétiques apoftats. Les plus coupables d'entre les forciers
portent encore de ces grands bonnets dont on vient de parler. Après cette
diftribution, on donne à chacun un cierge de cire jaune, & quelques
alimens à ceux qui en veulent prendre. Lorfque tout a été ainfi difpofé,
on fait fortir les prifonniers de la galerie, un à un, & on les fait paffer
dans une grande falle, à la porte de laquelle eft affis l'inquifiteur, ayant près
de lui un fecrétaire debout, tenant en fes mains une longue lifte où font
écrits les noms d'un grand nombre de perfonnes de toutes qualités qui fe

trouvent auſſi dans la même ſalle. En même temps qu'on fait ſortir un prifonnier, le ſecrétaire nomme un de ces meſſieurs, qui s'approche auſſi-tôt du criminel, pour l'accompagner & lui ſervir de parrain en l'acte de fci. On donne auſſi aux priſonniers des confeſſeurs qui ne ceſſent de les exhorter & de leur préſenter le crucifix tout le temps que dure la pro-ceſſion : elle ne commence gueres à ſe mettre en marche que ſur les ſept ou huit heures du matin. En Eſpagne, c'eſt un corps de cent charbonniers, tous armés de piques & de mouſquets, qui ouvrent cette marche. Ils ont ce privilege, parce qu'ils fourniſſent le bois qui ſert au ſupplice de ceux qui ſont condamnés au feu. En Portugal, on ne voit point de ces char-bonniers à la proceſſion ; elle commence par des Dominicains qui ont ce privilege, à cauſe que S. Dominique leur fondateur la auſſi été de l'inquiſition. Ils ſont précédés par la banniere (*fig.* 219), du ſaint-office, dans laquelle l'image du fondateur eſt repréſentée en broderie très-riche, tenant un glaive d'une main & de l'autre une branche d'olivier avec cette inſcription, *juſtitia & miſericordia*. Ces religieux ſont ſuivis des pri-ſonniers qui marchent l'un après l'autre, la tête & les pieds nuds, ayant chacun ſon parrain à ſon côté, & un cierge à la main. L'ordre de la marche n'eſt point reglé par la diverſité des ſexes, mais par l'énormité des crimes. Les femmes y vont pêle-mêle avec les hommes. Les moins coupables marchent les premiers ; ceux qui doivent être condamnés au feu ſont tous les derniers. Immédiatement devant eux on porte un grand crucifix, dont la face tournée vers ceux qui le précédent, marque la miſéricorde dont on a uſé à leur égard en les délivrant du monde, quoiqu'ils l'euſſent juſ-tement méritée ; & dont le dos tourné vers ceux qui le ſuivent, ſignifie que ces infortunés n'ont plus de grace à eſpérer. Souvent au nombre de ces derniers, on voit des hommes qui portent au haut d'un bâton des fi-gures en carton, repréſentant des perſonnes au naturel & revêtues comme les perſonnes vivantes qui doivent ſouffrir le ſupplice ; de ces vêtemens de toile griſe que nous avons dit être tout peints de diables, de flammes & de tiſons embrâſés. Ces ſtatues ſont les figures de ceux ou qui ont été con-damnés par contumace, ou qui ont échappé au ſupplice en s'échappant des priſons. On voit encore d'autres hommes porter ſur leurs épaules de petits coffres peints en noir, & auſſi couverts de diables. Dans ces cof-fres ſont enfermés les os des criminels qui ſont morts, ou à qui l'on a fait le procès avant ou après leur décès, pendant ou avant leur détention, afin de donner lieu à la confiſcation de leurs biens ; car l'Inquiſition ne borne pas ſa juriſdiction aux perſonnes vivantes ou à celles qui ſont mortes dans les prifons ; elle fait même fouvent le procès à des gens qui font décédés plufieurs années avant que d'avoir été accufés, lorf-qu'après leur mort ils font chargés de quelque crime confidérable ; dans ce cas on les exhume, & s'ils font convaincus, on brûle leurs offemens dans l'acte de foi, & l'on confifque tous leurs biens, dont on dépouille foigneufement ceux qui ont recueilli leur fucceffion. Après avoir parcouru les principales rues de la ville où fe fait l'*Auto-dà-fé*, la proceffion arrive

222. enfin à l'églife deftinée (*fig.* 222) pour la célébration de la cérémonie. Elle eft tendue en noir, auffi-bien que l'autel qui eft ordinairement couvert de fix chandeliers d'argent. Celui qui porte la croix va la dépofer fur l'autel au milieu des fix chandeliers. Vers les deux côtés de l'autel font placés deux trônes, l'un à droite pour l'inquifiteur & fes confeillers, & l'autre pour le roi & fa cour. Plus loin, en allant vers les portes de l'é-glife, font placés plufieurs rangs de bancs fur lefquels viennent s'affeoir les prifonniers & leurs parrains à mefure qu'ils entrent dans l'églife ; en forte que les premiers venus font plus près de l'autel. Lorfque tout le monde eft placé & que l'églife eft remplie d'autant de perfonnes qu'elle en peut contenir, un prédicateur monte en chaire & prononce à la honte de la religion & de l'humanité, le panégyrique de l'Inquifition. Le fer-mon étant fini, deux lecteurs montent tour-à-tour dans la chaire, pour y lire publiquement le procès de tous les coupables. Celui dont on lit le procès eft, pendant ce temps, conduit par l'alcaide, ou garde des pri-fonniers, au milieu de la galerie que laiffent entr'elles les deux colomnes de bancs dont nous avons parlé. Il y refte debout, un cierge allumé en la main, jufqu'à ce que fa fentence foit prononcée. En Efpagne il eft conduit dans une cage élevée prefque vers le pied de l'autel, afin que pendant qu'on lit la fentence, il puiffe être reconnu de tout le monde. Quand le lecteur a lu le procès d'un certain nombre, il ceffe cette lecture pour prononcer à haute voix une confeffion de foi, après toutefois qu'il a brié-vement exhorté les coupables à la réciter de cœur & de bouche en même temps que lui ; ce qui étant fait il recommence à lire jufqu'à la fin, en obfervant toujours la même cérémonie. Alors le grand Inquifiteur revêtu de fes habits pontificaux defcend de fa place, donne l'abfolution à ceux qui ne doivent point être exécutés, ou à qui l'Inquifition à accordé la vie. Pour les autres, après la lecture de leurs procès, ils font inconti-nent livrés aux juges feculiers, qui, fans autre examen, perfuadés de l'infaillibilité de l'Inquifition, fe bornent à leur demander dans quelle re-ligion ils veulent mourir ? Auffi-tôt qu'ils ont répondu à cette unique in-

terrogation, l'exécuteur se faifit d'eux, les attache à des poteaux fur le
bûcher, où ils font premierement étranglés, s'ils meurent chrétiens; &
brûlés vifs, s'ils meurent dans leur héréfie. Le lendemain on attache
devant le portail des églifes les portraits de ceux qu'on a fait mourir :
on met au bas leurs noms, ceux de leur pere & de leur pays, la
qualité du crime pour lequel ils ont été condamnés, avec l'année, le
mois & le jour de l'exécution. Ceux des prifonniers qui en font quittes
pour le fouet ou pour les galeres, & en général tous ceux qui fortent
la vie fauve des mains de l'Inquifition, font obligés au fecret le plus
inviolable fur tout ce qui s'eft paffé à leur égard, pendant leur captivité.
La plus legere indifcrétion fur ce fujet feroit un crime impardonnable.

Si le criminel qui a été brûlé, eft tombé deux fois dans le même
crime, on infcrit au bas du portrait, qu'il a été brûlé comme hérétique de laps. Si n'ayant été accufé qu'une fois, il perfevere dans fon
erreur, on y met ces mots, *par héréfie contumax*. Enfin, fi n'ayant été
accufé qu'une feule fois par un nombre fuffifant de témoins, il perfifte
à fe dire innocent & qu'il profeffe même le chriftianifme jufqu'à la mort,
on écrit au bas du tableau qu'il a été brûlé comme hérétique convaincu,
mais qui n'a pas confeffé; & l'on en voit un très-grand nombre de cette
efpece. D'ailleurs on peut être affuré que de ces négatifs, il y en a au
moins quatre-vingt-dix-neuf qui font innocens du crime qu'ils nient,
mais qui ont, outre l'innocence, le mérite d'aimer mieux mourir que de
mentir, en s'avouant coupables d'un crime dont ils font innocens : car il
n'eft pas poffible qu'un homme affuré d'avoir la vie s'il confeffe, perfifte à nier, & aime mieux être brûlé, que d'avouer une vérité dont
l'aveu lui fauve la vie.

Ces épouvantables repréfentations font mifes dans la nef & au-deffus
de la grande porte de l'églife, comme autant d'illuftres trophées confacrés à la gloire du faint-office; & quand cette face de l'églife eft ainfi
tapiffée, on en met auffi fur les aîles près de la porte. Ceux qui ont été
à Lisbonne dans la grande églife des Dominiquains, qui n'eft pas éloignée
de la maifon de l'Inquifition, ont dû y remarquer un grand nombre
de ces triftes peintures.

Nous terminerons le tableau de toutes ces horreurs, par une anec-
dote affez finguliere, que nous fournit à ce fujet l'hiftoire de Provence.
On connoît la fameufe difpute qui s'éleva au XIVe fiecle, dans l'ordre
de S. François, fur le coftume des habillemens féraphiques. Les non-
conformiftes, qui avoient à leur tête un nommé Henri de Céva, fai-

foient un tintamarre épouvantable, & foutenoient leur opinion avec toute la chaleur théologique. Il y avoit alors à Marfeille un inquifiteur, nommé Michel Monachi, religieux mineur. Ce moine fit charitablement emprifonner fes confreres, Jean Barrani, Dieudonné Michaelis, Guillaume Sauton, prêtres ; Jons Rocha, diacre, & Bernard de Harpa, profés de l'ordre. Ces infortunés furent interrogés par le tribunal du frere Monachi ; & ils furent affez imbecilles pour y foutenir leurs opinions extravagantes, malgré les dangers qui les menaçoient. Enfin, Monachi, par une très-longue fentence condamna quatre de ces infortunés à être livrés au bras féculier. Le frere de Harpa eut pour fa part la peine de porter une croix jaune fur le dos & une autre fur la poitrine, & d'être enmuré, comme dit la fentence. L'évêque de Marfeille, Raimond IV, divers autres prélats & théologiens fervirent d'affeffeurs au frere Monachi. La fentence fut lue & exécutée dans le cimetiere des Accoules ; mais avant de procéder à fon exécution, frere Monachi, quoique perfuadé que les laïques ne pouvoient, fans encourir le reffentiment du faint-office, moderer la peine des condamnés, crut cependant devoir s'intéreffer pour eux. Il pria, ainfi que l'évêque, les juges féculiers de ne pas prononcer contre eux la peine de mort. Ils furent enfuite dégradés folemnellement des ordres facrés par l'évêque, affifté de celui de Comminges, des abbés d'Huveaune & de Silvéçan, & d'une foule d'eccléfiaftiques, revêtus des marques de leurs dignités. Après quoi, freres Barrani, Michaelis, Sauton & Rocha furent brûlés pour l'édification des fideles. Cette fanglante tragédie eft du mois de Mai **1318**.

Fin du troifieme Volume.

TABLE

DES MATIERES

Contenues dans le *troifieme volume* des Cérémonies & Coutumes
Religieufes de tous les peuples du Monde.

Fin de la Table du troifieme Volume.

ANABAPTISTE.
de Oost frise.

QUAQUERESSE qui preche.

QUAQUER D'AMSTERDAM.

ANABAPTISTE D'AMSTERDAM.

ASSEMBLÉE des QUAQUERS à Londres
A. Quaqueresse qui prêche

ASSEMBLÉE des QUAQUERS à Amsterdam
A. Quaquer qui prêche

P. Tanjé Sculp.

Tom II N.º 8

MONNOIES et MEDAILLES frapées par les premiers ANABAPTISTES

La CENE des ANABAPTISTES premiere figure.

La CENE des ANABAPTISTES seconde figure

Le BAPTEME des MENNONITES.

La BENEDICTION qui suit le BAPTEME.

ASSEMBLÉES *nocturnes des* ADAMITES.

ADAMITES d'AMSTERDAM.

LA CÉRÉMONIE DES CHEVALIERS DU S.ᵗ ESPRIT.

LE SACRE DU ROY

La SALE de L'INQUISITION.

Diverses Manieres dont le S.t OFICE fait donner la QUESTION.

A. Le Roi, et la Reine, &c.
B. Le Grand Inquisiteur.
C. Les Conseillers de l'Inquisition.
D. Place de quelques Grands d'Espagne Familiers de l'Inquisition.

E. Place des Criminels, chacun avec deux Familiers de l'Inquisition, et plusieurs Moines de différent Ordres.
F. Deux cages, ou l'on met les Criminels pendant la lecture de leur Sentence.
G. Autel ou l'on dit la Messe.

HH. L'Etendart de l'Inquisition et la Croix Verte.
I. La Chaire du Predicateur.
KK. Deux chaises pour ceux qui lisent les Sentences.
L. Effigies de Carton representant ceux qui sont morts en prison, ou qui se sont sauvez de prison.

La PROCESSION de L'INQUISITION a GOA.

A. L'Etendart de l'Inquisition.
B. Les Dominicains.
C. Les Criminels qui on evité le feu par la confession.
D. Les Criminels qui on evité le feu par la confession apres leur condamnation.

N. Crucifix qui tourne le dos à ceux qui doivent être brulez.
O. Criminels qui doivent être brulez.
P. Effigies de ceux qui sont morts en prison.
H. Le Grand Inquisiteur.

HOMME Condamné au Feu, mais qui l'a évité par sa Confession. ‖ FILLE qui a évité le Feu, en avoüant après son jugement.

FEMME Condamnée par L'INQUISITION a être Brulée vive. ‖ HOMME qui va être Brulé par arrest de L'INQUISITION.

BANNIERE de L'INQUISITION D'ESPAGNE.

BANNIERE de L'INQUISITION de GOA.

HOMME convaincu D'HERESIE qui s'est accusé lui-même avant que d'être jugé.

RELIGIEUSE, qui a évité d'être brûlée en confessant avant que d'être jugée.

L'AUTO-DA-FÉ, ou l'Acte de Foi.

Suplice des Condamnez.